Ib 55/81.

IDÉES
RÉVOLUTIONNAIRES

LAGNY. — Imprimerie de Giroux et Vialat.

IDÉES
RÉVOLUTIONNAIRES

PAR

P.-J. PROUDHON

REPRÉSENTANT DU PEUPLE

AVEC UNE PRÉFACE

Par Alfred Darimon

Qui viendra me dire que le droit de travailler
et de vivre n'est pas contre la Révolution ?
Les Malthusiens.

**Les Malthusiens.
Programme révolutionnaire.—La réaction.
Question étrangère.
La présidence.—Argument à la Montagne.
Le terme.
Toast à la révolution, etc.**

PARIS
GARNIER FRÈRES, LIBRAIRES
40, RUE RICHELIEU

1849

écrits le plus souvent au courant de la plume, toujours sous le coup des premières impressions causées par les événements, et parfois comme jouant lui-même un rôle important sur la scène révolutionnaire.

Cette situation d'esprit, qui est habituellement un danger, en ce sens qu'elle laisse le champ libre aux passions, n'en a point été un pour lui. Soumis dans son intelligence comme dans sa conduite politique à une méthode sûre et rationnelle, il n'a mis de chaleur et de sentiment que dans son style; le logicien le plus sévère et l'impartialité la plus scrupuleuse ne trouveraient pas matière à l'accuser d'avoir manqué aux règles de la dialectique pour faire poser un préjugé, ou d'avoir rompu la série des événements pour faire triompher un parti.

Nous présentons donc hardiment ce livre comme pouvant donner seul la clé de cette charade révolutionnaire qui se joue en France depuis un an et qui se dénouera bientôt. C'en est plus que l'histoire, c'en est le commentaire.

Nous avions essayé, nous, le serviteur de l'idée qui fait la vie de ces pages, de coudre un lambeau à ces lambeaux, et d'y joindre quelques considérations nécessaires, ce nous semblait, à guider le lecteur? L'auteur ne commence son livre qu'au lendemain du 16 avril. Que faut-il penser des événements qui précèdent cette date devenue célèbre, et qui le deviendra bien plus encore? Voilà, disions-nous, ce qu'on se demandera sans doute, et ce sur quoi il est impossible de ne pas dire quelques mots.

Mais nous avons craint de rompre le fil logique qui unit ces pages, en déposant à côté notre pensée particulière. L'auteur du reste avait ailleurs (1), beaucoup mieux que nous ne pouvions le faire nous-même, exprimé son opinon sur ces événements extraordinaires. Nous n'avions rien de mieux à faire que de nous en référer à lui-même. Ce qu'on va lire n'est donc pas de nous ; mais de lui. Nous nous sommes permis de resserrer en quelques pages, ce qu'il avait dit plus longuement. Voilà à quoi s'est borné notre travail.

———

Qui a fait la Révolution de février? quel en est le véritable auteur ?

Certes, ce n'est point là une question indifférente, car de sa solution dépendent et la moralité et la justice et la légitimité de l'insurrection qui, en jetant à bas le trône de Louis-Philippe, nous a donné la République.

L'intérêt des passions monarchiques peut seul insinuer que cette Révolution n'est due qu'au hasard de quelques causes indifférentes. Il y a longtemps que tout le monde l'a dit : l'auteur de la Révolution de février, c'est le Peuple.

En effet, ce n'est pas l'Opposition qui, le 22 février, par la bouche de M. Odilon Barrot, se désistait devant le *veto* des ministres.

Ce n'est pas la garde nationale qui, malgré son sincère amour de la liberté et son dégoût de ce qu'on appelait le système ; malgré l'appui qu'elle a donné par

———

(1) Voir *Solution du problème social*, 1re livraison.

ses armes à la révolte, redoutait une catastrophe autant au moins qu'elle souhaitait la chute du ministère.

Ce n'est pas la presse radicale, puisque le 23 au matin la feuille la plus avancée du parti républicain, posant les conditions auxquelles elle pensait pouvoir garantir le rétablissement de l'ordre, était loin de s'attendre à l'étonnant succès du lendemain.

Enfin ce n'est point l'utopie socialiste, qui, dans toutes ses publications, prêchait aux ouvriers la patience, se défiant d'une République dans laquelle elle ne pouvait voir que l'ajournement indéfini de ses rêveries.

Ce n'est ni un parti ni une secte qui a fait la Révolution ; c'est le Peuple, le Peuple en dehors de tout parti et de toute secte. C'est lui dont la conscience a tout à coup fait explosion et qui, en moins de temps qu'on n'en avait mis en 1830 à bâcler la Charte, a constitué la République.

Mais comment le Peuple s'est-il levé? Pour qui, pourquoi a-t-il pris les armes ? Quel a été son but en ce grave événement ; — son idée ; nous dirons plus, son droit?

Il y a dans la réponse à ces questions un profond enseignement. C'est ici qu'il faut étudier la logique du Peuple, supérieure à la logique des philosophes, et qui seule peut nous guider dans les obscurités de l'avenir.

Si dans ces glorieuses journées le Peuple se fût comporté comme n'eût pas manqué de le faire tout homme amoureux de la légalité, il n'y aurait pas eu de révolution. Car, ne craignons pas de l'avouer, tout ce qui s'est fait par le Peuple a été fait en violation de la légalité.

En effet, le 20 février, par le manifeste de l'Opposition qui appelait dans ses rangs la garde nationale, la loi sur les attroupements était violée ! la loi sur la garde nationale, violée. Il n'est même pas sûr que sur ce droit de réunion, objet de tant de querelles, la loi et la jurisprudence ne fussent, quoi qu'on ait dit, pour le ministère : à cet égard, la légalité aurait donc été violée.

Ce n'est pas tout, la minorité de la Chambre, agissant par intimidation sur la prérogative royale, violait la Charte; l'abdication de Louis-Philippe, que la responsabilité ministérielle devait couvrir, violait la Charte ; la loi de régence était deux fois violée, d'abord par la substitution de la duchesse d'Orléans au duc de Nemours, puis par l'appel fait à la nation; enfin le Peuple, faisant prévaloir sa volonté par la force, au lieu de s'en tenir à un acte juridique, comme le voulait l'Opposition, foulait aux pieds toutes les lois.

Et cependant le Peuple n'a point été parjure ! La Révolution, produit d'une série d'illégalités, n'a point été faite contre le droit; elle est au contraire, dans son principe, marquée au coin de la légitimité la plus haute.

Le Peuple, — nous disons le Peuple un et indivisible, nous n'entendons point par là la multitude, ce qui n'est que pluralité sans unité, — le Peuple raisonne avec une conscience et d'un point de vue supérieur à toute raison individuelle : aussi ses conclusions sont-elles presque toujours autres que celles des légistes.

Le Peuple est souverain. Comme tel, il n'est obligé qu'envers lui-même. Nul ne traite avec lui d'égal à égal ; et lorsqu'il se lève pour sa dignité offensée ou compromise, il est absurde de demander si cette manifestation du Peuple est ou non légale. Une constitution n'est pas un contrat synallagmatique entre roi et Peuple, entre législateur et citoyens, entre mandants et mandataires. C'est le système par lequel le Peuple, l'homme collectif, organise éternellement ses fonctions, équilibre ses pouvoirs.

Le Peuple donc, lorsqu'il apprend que sa liberté est en péril et que le moment est venu pour lui de résister, ne comprend, ne peut comprendre qu'une chose : c'est qu'à lui appartient non pas de protester, mais de décider souverainement. L'Opposition était donc bien ignorante des droits du Peuple et de sa logique, quand voulant, disait-elle, montrer par un exemple que le Peuple était capable de respecter le pouvoir et de protester contre le pouvoir, elle l'invitait à venir avec elle signer une protestation contre le gouvernement. Protester, c'était abdiquer. Quand le Peuple se lève, il entend que c'est lui qui juge et qui exécute.

Le Peuple laissa l'Opposition se renfermer dans les limites étroites de la légalité. Sa protestation, à lui, fut un acte de souveraineté. D'une simple émeute, il fit une Révolution.

Or, s'il est vrai que l'acte du ministère qui interdisait le banquet du 12ᵉ arrondissement, légal en soi, n'a été pour le Peuple qu'une occasion; s'il est vrai ensuite que la protestation toute parlementaire des députés de la gauche n'a été qu'un cri d'alarme, sur quoi tombe l'insurrection qui a suivi? Y avait-il raison suffisante de renverser le ministère, de chasser une dynastie, de changer la forme du gouvernement, de révolutionner de fond en comble la société? Car c'est là, qu'on y prenne garde, que doivent se trouver la moralité de l'événement et toute l'idée révolutionnaire.

Il faut le dire bien haut, le mouvement n'était dirigé

ni contre le ministère, ni contre le prince, ni même contre le système. Tout cela, à certains égards, était indigne de l'attention du Peuple. Ce que le Peuple a voulu frapper et détruire, c'est la Constitution. Cela résulte des illégalités commises et du progrès des idées et des faits depuis dix-sept ans.

La Révolution de 1830, révolution légale s'il en fut, est essentiellement l'œuvre de la bourgeoisie ; la classe ouvrière n'en avait été que l'instrument. Quant au Peuple lui-même, pris dans son intégralité, il eut sans doute pour but en 1830 de pousser jusqu'au bout l'expérience du gouvernement constitutionnel, œuvre de 1789. Or, dix-sept ans ont suffi pour mener l'expérience à fin et pour démontrer au Peuple toutes les contradictions qui gisaient au fond de la Charte restaurée.

Tout, en effet, était louche et équivoque dans cette Charte de 1830, où tout était pour le prince, et rien pour le Peuple. Sur les choses les plus essentielles, la Charte était muette, et toujours ce silence était interprété en faveur de la prérogative royale, contre l'intérêt de la masse.

La Charte impliquait que le gouvernement, comme la loi elle-même, ne pouvait être que l'expression de la volonté générale. Le roi était préposé par la nation, non pour modifier cette volonté, mais pour en assurer la sincère exécution. La puissance législative distribuée entre le roi, la Chambre des pairs et la Chambre des députés semblait une combinaison heureuse capable de maintenir l'équilibre. Mais, à tort ou à raison, il arrivait que la loi, que le gouvernement était toujours plus l'œuvre du roi que des trois pouvoirs et des ministres; en sorte que la nation pouvait se dire souveraine, mais à condition seulement de consentir aux volontés du roi.

Ce mensonge constitutionnel, dénoncé par tous les hommes qui avaient occupé le pouvoir ou qui l'approchaient, a déterminé la Révolution. La difficulté eût été tranchée, qu'on le remarque bien, alors même que la Révolution se serait arrêtée aux manifestations du 22 et du 23, sans aller jusqu'à l'abdication du roi, jusqu'à l'expulsion de la dynastie. La Charte élucidée par l'abolition du gouvernement personnel, le pouvoir changeait de forme.

La question révolutionnaire était posée de cette façon depuis 1830 : en principe et au point de vue constitutionnel, la volonté du prince doit-elle l'emporter sur la volonté du Peuple? Le 22 février, le Peuple avait répondu d'une manière définitive : Non; désormais ce sera ma volonté qui prévaudra.

Tout en s'inclinant devant la souveraineté du Peuple, le gouvernement était devenu l'apanage, la propriété de la classe moyenne. Mais le Peuple : Je veux, dit-il, que les choses changent. Dorénavant les ouvriers, comme les bourgeois, auront part au gouvernement. Tel était le sens de la réforme électorale appuyée dans ces derniers temps par tout le monde.

Or, le gouvernement personnel aboli, la réforme électorale et parlementaire obtenue, le roi restant aux Tuileries, la royauté n'était déjà plus qu'un vain titre, la Révolution était politiquement consommée. Ce qui a suivi n'a été qu'une déduction rapide et sans moyens termes de ces deux prémisses : l'abolition du gouvernement personnel et la réforme électorale.

Le parasitisme proscrit dans son incarnation la plus

haute : la royauté qui règne ; comme le despotisme l'avait été dans son expression la plus complète, la royauté qui gouverne ; comme la vénalité, le privilége et l'agiotage l'avaient été dans leur source la plus profonde, la royauté qui corrompt ; la question sociale se trouvait posée de fait et de droit.

Le Peuple, quoi qu'en disent ceux qui ont intérêt à soutenir le contraire, demandait non pas que le gouvernement s'emparât du commerce, de l'agriculture et de l'industrie pour les ajouter à ses attributions, et faire de la nation française une nation de salariés ; mais qu'il s'occupât des choses du commerce, de l'agriculture et de l'industrie, de manière à favoriser, suivant les règles de la science, qui sont celles de la justice, le développement de la richesse publique, et à procurer l'amélioration matérielle et morale des classes pauvres. Et le gouvernement de répondre que ces choses n'étaient point de sa compétence, qu'il ne s'en occuperait pas. Mais moi, s'écria le Peuple, je veux que le gouvernement s'en occupe.

Ainsi, la réforme du gouvernement personnel contenait la réforme parlementaire ; la réforme parlementaire contenait la réforme électorale ; la réforme électorale impliquait la réforme de la Constitution ; la réforme de la Constitution entraînait l'abolition de la royauté, et l'abolition de la royauté était synonyme de révolution sociale. Les seuls qui eussent compris la situation, c'étaient d'une part le gouvernement, de l'autre le Peuple. Par le fait seul de la protestation de la gauche, qui devait avoir lieu le 22 février, la Révolution tout entière était accomplie ; le Peuple n'a fait que dégager l'événement qui était dans la pensée de tout le monde.

a.

Le problème de la reconstitution sociale étant posé, il s'agissait de le résoudre. Cette solution, on ne pouvait l'apprendre que du Peuple. On a vu comment, en généralisant ses idées sur le gouvernement, le Peuple avait conclu tout à coup à une révolution et converti la monarchie en République. Le tort de ceux qui prirent la tête de cette Révolution fut de n'être pas à la hauteur des idées du Peuple.

La Révolution de février n'était pas seulement une négation du principe monarchique, c'était une négation du principe représentatif, de la souveraineté des majorités.

Le gouvernement provisoire, composé en grande partie de juristes, déclara que la France serait constituée en République ; mais il y mit pour condition la ratification des citoyens. « Quoi de plus juste en effet, disaient les formalistes de l'Hôtel-de-Ville, que de réserver l'adhésion des départements ? Le bon plaisir de quelques centaines d'insurgés pouvait-il annuler le droit de 36 millions d'hommes, et la proclamation faite à Paris de la République obliger les cœurs monarchiques des départements ? N'y avait-il point en cela contradiction au principe républicain ? Ne serait-ce point une usurpation flagrante ? »

« Mais, disait de son côté le Peuple, si c'est moi qui ai parlé à Paris, je ne puis me contredire à Bordeaux. Le Peuple est un et indivisible ; il n'est pas majorité et minorité ; il n'est point une multitude ; il ne se scinde pas. Sa volonté ne se compte ni ne se pèse comme des suffrages d'actionnaires : elle est unanime. Partout où il y a division, ce n'est plus le Peuple : les théories représentatives sont une négation de sa souveraineté. Le

Peuple est toujours d'accord avec lui-même; tout se tient, tout se lie dans ses décisions; tous ses jugements sont identiques. Supposer qu'après l'événement du 24 février, préparé, prévu de si loin, accompli par le concours ou l'antagonisme de toutes les idées, la proclamation de la République pût être objet de controverse, c'était frapper de nullité tout ce que, pendant ces trois jours, avait fait le Peuple, et donner gain de cause à M. Guizot. »

En effet si, après la déclaration du Peuple de Paris, la République devait être remise en question devant les assemblées électorales, cela laissait supposer que la volonté du Peuple n'est pas unanime et que cette volonté n'est autre que la volonté de la majorité. Or, si c'est à la majorité de faire la loi, il faut dire encore que c'est à la majorité des majorités, et ainsi de suite jusqu'à ce qu'on revienne au gouvernement personnel; qu'ainsi le gouvernement appartient à la classe moyenne élue par la majorité des assemblées primaires; que la classe moyenne à son tour doit respect à sa propre majorité, à la majorité de ses électeurs; que la majorité des électeurs doit obéir à la majorité des députés, la majorité des députés se soumettre au ministère, lequel est tenu de faire la volonté du roi, qui, en vertu de la majorité, règne et gouverne.

Jamais, avec la théorie représentative, on ne sortira de ce cercle, et c'est justement hors de ce cercle que venait de se placer le Peuple. La loi de majorité, avait-il dit, n'est rien, si ce n'est comme transaction provisoire entre des opinions antagonistes, et en attendant la solution du Peuple.

Ainsi trois questions générales avaient été résolues

par la Révolution du 24 février en sens diamétralement contraire à toutes les idées reçues :

1° *Question de résistance légale.* — Le Peuple l'avait dit une fois pour toutes : Protester, pour lui, est synonyme d'ordonner; blâmer est synonyme de s'opposer; résister, synonyme de renverser l'objet de sa résistance.

2° *Question de réforme.* — L'Opposition, tout en demandant les mêmes choses et dans les mêmes termes que l'insurrection, mais ne les envisageant pas séparément et en détail, réservait expressément dans la protestation la monarchie, la Charte, les institutions constitutionnelles, en même temps qu'elle repoussait la réforme sociale. Le Peuple, au contraire, embrassant toutes les réformes demandées en un seul faisceau, avait compris que de ce faisceau résultait une idée nouvelle; il avait tout réduit en poussière, royauté et Constitution.

3° *Question de majorité représentative.* — Tous les publicistes sont d'accord que c'est la majorité non du Peuple, mais de ses représentants, qui fait la loi. Le Peuple, au rebours, avait vu que l'autorité des majorités n'est point absolue; qu'elle est sujette à caution, et que, dans certains cas, il peut arriver que l'intégralité du Peuple soit condamnée par la majorité du Peuple ; qu'il y avait donc lieu à réviser ce principe dans la Constitution nouvelle.

Sans doute, si chaque citoyen prenait pour règle cette logique, nous aboutirions forcément à la guerre civile; mais cette individualité supérieure qu'on appelle LE PEUPLE conclut toujours à la paix et à l'unité. La logique du Peuple est la loi de l'histoire, la source du droit et du progrès, le principe de toute moralité, la source de toute justice. — INTERROGER LE PEUPLE ! là est le secret de l'avenir ! INTERROGER LE PEUPLE ! c'est toute la science de la société.

INTERROGER LE PEUPLE ! Le gouvernement qui s'installa le 24 février à l'Hôtel-de-Ville ne sut point le faire, et faute de le savoir, il perdit la Révolution.

Qu'avons-nous vu le lendemain du triomphe populaire ? La République transformée en une démocratie doctrinaire ; l'empirisme et l'utopie prenant la place des idées et faisant du Peuple une matière à expérimentation ; de petits hommes, de petites idées, de petits discours ; la médiocrité, le préjugé, le doute, et bientôt la colère de la multitude. La volonté du Peuple, qui aurait dû grandir ses chefs, les avait amoindris. On attendait de ces magistrats improvisés, portés sur les ailes de la Révolution, qu'ils ramèneraient la sécurité, ils semèrent l'épouvante ; — qu'ils feraient la lumière, ils créèrent le chaos ; — qu'ils sauraient préciser les questions, dire ce que le Peuple voulait et ce qu'il ne voulait pas, ils n'affirmèrent rien, laissèrent tout croire et firent tout craindre. Il fallait tout à la fois rassurer la propriété et donner des garanties au prolétariat par la conciliation de leur antagonisme ; ils les mirent aux prises, ils soufflèrent la guerre sociale. On comptait sur des actes, ils produisirent l'inertie. On leur demandait du travail, ils formèrent des cadres ; du crédit, ils décrétèrent les assignats ; des débouchés, ils s'en référèrent à l'attitude de la République. Une fois ils nous dirent que *l'organisation du travail* ne pouvait *se faire d'un jour ;* une autre fois, que la question était complexe ; quinze jours après, ils nous renvoyèrent au bureau de placements. Le Peuple s'était retiré de ces hommes ; ils l'ai-

maient cependant, ils daignaient le lui dire. Mais rien, rien, rien ne décelait en eux l'intelligence de ce Peuple, dont ils portaient les destinées. Partout dans leurs actes, au lieu de ces pensées universelles, sublimes, qu'enfante le Peuple, on ne trouvait que *chaudes allocutions, chaleureuses paroles,* utopie, routine, contradiction, discorde.

Examinons quelques-uns des actes de ce gouvernement qui avait en main la plus grande Révolution qui se fût jamais accomplie sur la terre, et qui la livra misérablement par son incapacité à ses ennemis.

La première chose dont s'est occupé le gouvernement, c'est d'exclure le drapeau rouge. La Révolution, on ne peut le dissimuler, avait été faite par le drapeau rouge; le gouvernement provisoire décida de garder le drapeau tricolore. En agissant ainsi, il ne faisait rien de moins que d'éliminer la question sociale : toutes les fois que le Peuple, vaincu par la souffrance, veut exprimer, en dehors de cette légalité juridique qui l'assassine, ses vœux et ses plaintes, il marche sous une bannière rouge. Qu'on garde, si l'on veut, le drapeau tricolore, symbole de notre nationalité; mais qu'on se souvienne que le drapeau rouge est le signe d'une révolution qui sera la dernière. — Le drapeau rouge! c'est l'étendard fédéral du genre humain.

Après l'interdiction du drapeau rouge, est venu le décret d'accusation des ministres. *Informer,* passe; mais *accuser* était absurde, surtout après l'abolition de la peine de mort pour crimes politiques. De plus c'était injurieux au Peuple. Comment! le gouvernement provisoire n'avait pas compris que la Révolution de février était la fin d'une constitution, et non le renversement d'un ministère? Le 22, M. Guizot pouvait être mis en accusation ; mais seulement par les députés de la gauche : son crime alors était de jouer l'existence de la monarchie et de compromettre par un conflit les institutions de juillet. Le 23 encore, M. Guizot, quoique démissionnaire, était responsable du sang versé; l'opposition triomphante pouvait lui demander compte de sa résistance intempestive. La victoire du 24 avait absous M. Guizot; elle avait changé pour lui comme pour tout le monde le terrain de la légalité. Elle l'honorait même en un sens; car elle prouvait qu'il avait mieux jugé du Peuple que l'Opposition. M. Guizot ne pouvait être accusé qu'en vertu de la Charte : la Charte détruite, M. Guizot n'était plus justiciable que de sa conscience et de l'histoire : il avait le droit de décliner la compétence de tribunaux républicains.

Faut-il que nous parlions de tous ces décrets incompréhensibles dans lesquels éclate à chaque instant l'inintelligence des hommmes de la Révolution?

Et d'abord à quoi bon un décret pour délier les fonctionnaires de leur serment? Quoi! il ne suffisait pas, pour la conscience des fonctionnaires, d'une révolution qui abolissait la monarchie constitutionnelle, qui non-seulement évinçait la dynastie, qui changeait le principe! Il fallait aux fonctionnaires l'absolution d'un M. Crémieux. Ce n'était pas savoir le premier mot du catéchisme politique. Louis-Philippe et sa race vivaient encore, c'est vrai; mais la royauté était morte. Or, la royauté morte, vive la République! Cela ne souffrait pas plus de difficulté que de passer de Louis XVIII à Charles X.

Et le décret qui garantissait l'organisation du travail? Remarquons ceci. Ce n'était pas la République qui garantissait; c'était le gouvernement provisoire. Mais qu'était-ce, nous vous le demandons, que la *garantie* d'un *provisoire?* N'était-ce pas le cas de dire : *Le bon billet qu'a La Châtre !* Qu'est-il arrivé? que le gouvernement définitif a donné tort au gouvernement provisoire. Il a trouvé que ce n'était pas à lui d'organiser ; un de ses premiers actes a été de décréter la liquidation des ateliers prétendus nationaux et de déclarer vide de sens la pensée de la Révolution. A force de vouloir que l'idée vînt de plus haut que la République, le gouvernement a fait la planche à la réaction.

Un décret qu'on peut considérer comme le plus au rebours des idées de la Révolution, ç'a été la création des ateliers nationaux. Le socialisme en a toujours décliné la responsabilité, et il a eu raison. De tous les actes du gouvernement provisoire, c'est celui qu'on peut considérer comme ressemblant le plus à une trahison. Quel meilleur moyen d'en finir avec les aspirations sociales du Peuple, que de les parodier aussi indignement.

Du reste, l'utopie n'est pas exempte de reproches : son idée des ateliers sociaux n'était guère plus raisonnable. Il y avait dans Paris 30,000 tailleurs sans ouvrage. Le Luxembourg leur offrit des ciseaux, des aiguilles, des salles de couture, des presses pour le décatissage... Mais du travail ?.. — La moitié des imprimeurs chômaient. On parla de créer aux quatre-vingt-dix imprimeries de la capitale un supplément de matériel de trois millions... Mais du travail ?... — Les chantiers de construction étaient fermés. On parle d'en établir d'autres à côté, afin de leur faire concurrence... Mais du travail ?... — La librairie ancienne et moderne, classique, politique, religieuse, médicale, regorgeait de livres qui ne se vendaient pas. Le gouvernement parlait de délivrer

cinquante nouveaux brevets.... Mais des acheteurs?...
— La passementerie, l'orfèvrerie, la chapellerie, tous les corps d'état étaient à bas. Il y avait un remède au chômage : les travailleurs n'avaient qu'à s'associer. Le gouvernement provisoire leur offrait des patentes, parlait de leur fournir des directeurs, des contrôleurs, des inspecteurs, des comptables, des gérants, des commis! Il y en avait de reste. — Mais des capitaux? mais des commandes? mais des débouchés?

La moitié des maisons étaient délabrées; le quart des appartements vides. Il fallait augmenter la valeur de cette partie de la propriété foncière. Le gouvernement provisoire proposait des plans pour la construction de casernes, d'hospices, de palais nationaux, afin de loger les ouvriers. Il y revient encore, sous la présidence de Louis-Bonaparte.

Les terres en exploitation étaient mal cultivées; l'agriculture manquait de bras et de capitaux. Le gouvernement provisoire pensait aux dunes, aux friches, aux bruyères, aux landes, à toutes les terres incultes et stériles!

Voilà sur quelles idées économiques la France a vécu pendant six mois. Les badauds ont pu admirer; le Peuple indigné a fait rentrer tous ces charlatans dans la poudre.

Mais on aurait pu pardonner le charlatanisme et l'ignorance, si à côté de cela ne s'était pas trouvée une déplorable tendance à caresser les préjugés de la multitude. C'est cette manie qui nous a valu le fameux décret sur la réduction des heures de travail et l'abolition des tâches et du marchandage.

L'ouvrier gagnait peu et travaillait beaucoup. On lui

avait insinué que, pour son bonheur, il devait travailler moins et gagner davantage. Dans l'économie politique de la routine, c'était irréprochable de raisonnement : mais le Peuple, lui, a une tout autre logique; il trouve qu'augmentation de travail, diminution de salaire et accroissement de richesses sont trois termes identiques d'une seule et même série. Cela a l'air contradictoire, et pourtant cela est.

Informé que des maîtres faisaient difficulté d'obéir à ses ordres, le gouvernement provisoire rendit de nouveaux décrets, expédia des circulaires, débita des harangues portant en substance : « Que la production pourrait avoir à souffrir de la réduction des heures de travail; mais que la volonté du gouvernement voulait être obéie, et qu'elle le serait, quoi qu'il advînt! Que les commissaires eussent à y tenir la main, qu'il y allait de l'égalité et de la fraternité! »

C'était ainsi que le gouvernement provisoire entendait le problème social. Il prenait les entrepreneurs d'industrie pour des seigneurs féodaux, les ouvriers pour des serfs, le travail pour une corvée; il s'imaginait, après tant d'études sur la matière, que le prolétariat moderne résultait de l'oppression d'une caste; il ignorait ou faisait semblant d'ignorer que ce qui a établi les heures de travail, déterminé le salaire, divisé les fonctions, développé la concurrence, constitué le capital en monopole, asservi le corps et l'âme du travailleur, c'est un système de causes fatales, indépendantes de la volonté des maîtres comme de celle des compagnons.

Mais ce qu'il comprenait moins encore, c'est qu'après avoir mis ainsi la main sur le travail, il était obligé d'intervenir dans tous les accidents de la production, de décréter le taux des salaires, puis de forcer la vente, puis de requérir le paiement, puis de fixer la valeur...

A côté de ces non-sens économiques, on fit des non-sens philanthropiques. Tel était le décret qui avait fait des Tuileries les Invalides du Peuple! Nous nous demandons comment il était possible d'accorder cette liste civile de la misère avec l'égalité et la fraternité!

Du reste, d'égalité et de fraternité, le gouvernement provisoire ne se souciait guère. Ce qu'il lui fallait, c'était d'avoir à sa dévotion une armée de prétoriens. C'est pour cela qu'il excitait les passions cupides de l'ouvrier, qu'il faisait de l'intimidation à la bourgeoisie en soulevant les masses contre elle.

Rappellerons-nous cette incroyable circulaire du ministère de l'instruction publique aux recteurs, qui disait que pour tout citoyen l'instruction primaire suffisait, mais qu'il fallait à la République *une élite* d'hommes, et que cette élite il fallait la choisir dans tout le Peuple? Une élite d'hommes! Mais il y avait eu jusque-là dans le Peuple une élite plus ou moins réelle qu'on appelait *bourgeoisie*, et si la Révolution avait été faite, c'était afin que tout le monde fît partie de l'élite. Or, la circulaire du ministre de l'instruction publique venait donner un démenti à la Révolution. Il est vrai que la question, comme le problème économique, était passablement complexe. Comment, sans faire tort aux supériorités naturelles, rendre les citoyens égaux? Le gouvernement provisoire sabrait la difficulté: capacités, incapacités, sujets médiocres, sujets d'élite, qu'importe cela?

Ce n'est pas tout.

Le gouvernement provisoire décréta que l'intérêt des sommes déposées aux caisses d'épargnes serait porté à 5 pour cent, « attendu, disait-il, que l'intérêt des bons du trésor était aussi de 5 pour cent; que les fruits du travail devaient s'accroître de plus en plus, et que, de toutes les propriétés, l'épargne du pauvre était la plus inviolable et la plus sacrée. » Certes, c'était là un touchant témoignage de ses sentiments d'égalité. Sans doute, si les porteurs de bons du trésor devaient seuls parfaire l'intérêt des caisses d'épargnes; mais si c'était le prolétaire, n'ayant ni bons du trésor ni livret d'épargnes, qui dût payer l'un et l'autre intérêt, n'était-il pas clair qu'en mettant l'égalité entre les créanciers de la dette flottante, on avait rendu l'inégalité entre les créanciers de l'État et les débiteurs de l'État plus grande qu'auparavant? Il n'y avait dans tout cela qu'un bavardage hypocrite.

Nous ne continuerons pas à examiner les uns après les autres tous les décrets de ce gouvernement qui avait en main l'avenir de l'humanité, et qui, comme la Sybille antique, en a dispersé les feuillets à tous les vents. Tous sont marqués au coin de l'ignorance, de la duplicité, ou, ce qui est pis, de la philanthropie. L'auteur dont nous venons de résumer les opinions a exprimé son jugement sur toutes ces mesures avec une énergie peu commune, quand il dit que toute la politique des dictateurs de Février avait consisté à montrer le poing au capital tout en se prosternant devant la pièce de cent sous.

« Vous voulez, leur disait-il à la fin du mois de mars 1848, vous voulez exterminer les juifs, *les rois de l'époque*, et vous adorez le veau d'or ! Vous dites, ou vous laissez dire, que l'État va s'emparer des chemins de fer, des canaux, de la batellerie, du roulage, des mines, des sels ; qu'on établira des impôts sur les riches, impôt somptuaire, impôt progressif, impôt sur les domestiques, les chevaux, les voitures ; qu'on réduira les emplois, les traitements, les rentes, la propriété. Vous provoquez la dépréciation de toutes les valeurs financières, industrielles, commerciales ; vous tarissez la source de tous les revenus ; vous glacez le sang dans les veines au commerce, à l'industrie, et puis vous conjurez le numéraire de circuler ! vous suppliez les riches de ne pas le retenir ! Croyez-moi, citoyens dictateurs, si c'est là toute votre science, hâtez-vous de vous réconcilier avec les juifs ! Rentrez dans ce *statu quo* conservateur, au delà duquel n'espérez rien, et dont vous n'auriez jamais dû sortir. »

Nous ne pouvons mieux faire, pour donner une idée de cette période révolutionnaire aux lecteurs, que leur mettre sous les yeux la fin du chapitre Ier de la *Solution du problème social*.

« Non, s'écriait l'auteur en s'adressant aux hommes du gouvernement provisoire, vous ne comprenez rien aux choses de la Révolution. Vous ne connaissez ni sa logique, ni son principe, ni sa justice ; vous ne parlez pas sa langue. Ce que vous prenez pour la voix du Peuple n'est que le mugissement de la multitude, ignorante, comme vous, des pensées du Peuple. Refoulez ces clameurs qui vous envahissent. Respect aux personnes, tolérance pour les opinions : mais dédain pour les sectes qui rampent à vos pieds, et qui ne vous conseillent qu'afin de mieux vous compromettre. Les sectes sont les vipères de la Révolution. Le Peuple n'est d'aucune secte. Abstenez-vous le plus que vous pourrez de réquisitions, de confiscations, surtout de législation, et soyez sobres de destitutions. Conservez intact le dépôt de la République, et laissez la lumière se faire toute seule. Vous aurez bien mérité de la patrie.

« Vous, citoyen Dupont, vous êtes la probité au pouvoir. Restez à votre poste, restez-y jusqu'à la mort; vous serez trop tôt remplacé.

« Vous, citoyen Lamartine, vous êtes la poésie unie à la politique. Restez encore, bien que vous ne soyez pas diplomate; nous aimons votre style grandiose, et le Peuple vous soufflera.

« Vous, citoyen Arago, vous êtes la science dans le gouvernement. Gardez le portefeuille; assez d'imbéciles vous succéderont.

« Vous, citoyen Garnier-Pagès, vous avez vendu, vous avez aliéné, vous avez emprunté, et vous jouez du reste. Vous direz à l'Assemblée nationale que l'État ne possède plus rien, que son crédit n'a plus d'hypothèque que le patriotisme, que c'est fini. Vous prouverez par votre bilan que le gouvernement n'est possible désormais que par une rénovation de la société; que telle est l'alternative pour le pays : ou la fraternité, ou la mort!

« Vous, citoyens Albert et Louis Blanc, vous êtes un hiéroglyphe qui attend un Champollion! Restez donc comme figures hyéroglyphiques, jusqu'à ce que vous soyez devinés.

« Vous, citoyens Flocon et Ledru-Rollin, nous rendons justice à l'esprit qui vous pousse. Vous êtes, malgré votre vieux style, la pierre d'attente de la Révolution. Restez donc pour l'intention, mais ne soyez pas si terribles dans la forme. On vous prendrait pour la queue de Robespierre.

« Vous, citoyens Crémieux, Marie, Bethmont, Carnot, Marrast, vous symbolisez, sous des formes différentes, la nationalité, le patriotisme, l'idéal républicain. Mais vous ne sortez pas du négatif; vous n'êtes connus que comme démocrates; vos idées sont depuis cinquante ans proscrites. Restez cependant : à défaut des réalités, nous avons besoin des symboles.

« Et vous, les ex-dynastiques, bourgeois peureux comme chouettes, ne regrettez pas cette Révolution, qui était depuis longtemps accomplie dans vos idées, et que vos querelles parlementaires ont peut-être fait prématurément éclore. L'enfant né avant terme ne peut rentrer dans le sein de sa mère : il s'agit d'élever la Révolution, non de l'envoyer aux gémonies. Écoutez ce que je m'en vais vous dire, et regardez-le comme la profession de foi du prolétariat. Je vous parlerai avec franchise.

« La Révolution de 1848 est la liquidation de l'ancienne société, le point de départ d'une société nouvelle.

« Cette liquidation est incompatible avec le retour de la monarchie.

« Elle ne se fera pas en un jour; elle durera vingt-cinq ans, cinquante ans, un siècle, peut-être.

« Nous pourrions la faire sans vous, contre vous : nous aimerions mieux qu'elle fût faite par vous. Vous en êtes, pour ainsi dire, par droit d'aînesse, par la supériorité de vos moyens, par votre habileté pratique, les syndics naturels. C'est à vous, par excellence, qu'il appartient d'*organiser le travail*. Nous ne voulons la réforme au préjudice de personne; nous la voulons dans l'intérêt de tout le monde.

« Ce que nous demandons, c'est une certaine solidarité, non-seulement abstraite, mais **OFFICIELLE**, de tous les producteurs entre eux, de tous les consommateurs entre eux, et des producteurs avec les consommateurs. C'est la conversion en droit public, non des rêveries d'une commission, mais des lois absolues de la science économique. Vous êtes divisés : nous voulons vous réunir, et faire avec vous partie de la coalition. Nous attachons à ce pacte, dont tous nos efforts, toute notre intelligence doivent tendre à déterminer les clauses, la garantie de notre bien-être, le gage de notre perfectionnement moral et intellectuel.

« Que pouvez-vous craindre?

« La perte de vos propriétés? Entendez bien ceci. Il est indubitable que les articles de la nouvelle Charte modifieront votre droit, et qu'une portion de cette **NUE-PROPRIÉTÉ**, qui vous est si chère, d'individuelle qu'elle est deviendra réciproque. Vous pouvez être *expropriés*, mais *dépossédés* jamais, pas plus que le Peuple français ne peut être dépossédé de la France. Et cette nue-propriété, cause unique, selon nous, de tous vos embarras et de nos misères, ne vous sera pas ravie sans indemnité : autrement ce serait confiscation, violence et vol ; ce serait propriété, non réforme.

« Craignez-vous que les communistes ne prennent vos enfants et vos femmes? Comme s'ils n'avaient pas assez des leurs !.. La communauté n'étant, par essence, rien de défini, est tout ce que l'on voudra. Le meilleur moyen que découvrira la philosophie de créer la liberté, l'égalité et la fraternité sera pour les communistes la communauté. S'effrayer de la communauté, c'est avoir peur de rien.

« Est-ce le retour du vieux jacobinisme uni au vieux babouvisme qui vous épouvante! Nous n'aimons pas plus que vous ces doctrinaires de la démocratie pour qui l'organisation du travail n'est qu'une fantaisie destinée à calmer l'effervescence populaire; ces Cagliostro de la science sociale faisant de la fraternité une honteuse superstition. Et si nos manifestations semblent les défendre, c'est qu'ils représentent momentanément pour nous le principe qui a vaincu en février.

« Conservateurs, deux politiques, deux routes différentes s'offrent en ce moment à vous.

« Ou bien vous vous entendrez directement avec le prolétariat, sans préoccupation de forme gouvernementale, sans constitution préalable du pouvoir législatif, non plus que de l'exécutif. En fait de politique et de religion, le prolétariat est, comme vous, sceptique.

« L'État, à nos yeux, c'est le sergent de ville, le valet de police du travail et du capital. Qu'on l'organise comme on voudra, pourvu qu'au lieu de commander ce soit lui qui obéisse.

« Dans ce premier cas, la transaction sera tout amiable, et ses articles seront la Constitution de la France, la Charte de 1848.

« Ou bien vous vous rallierez à la démocratie doctrinaire, à cet équivalent du pouvoir royal, nouveau système de bascule entre la bourgeoisie et le prolétariat, qui ne répugne point à une restauration monarchique, et pour qui la majorité des humains est fatalement condamnée à la peine et à la misère.

« Dans ce cas, je vous le dis avec douleur, rien de

fait ; et, comme avec Louis-Philippe, ce sera bientôt à recommencer. Vous vous croirez habiles, et vous n'aurez toujours été qu'aveugles. Ce seront encore des 10 août, des 21 janvier, des 2 juin, des 9 thermidor, des journées de prairial et de vendémiaire, des 29 juillet, des 24 février. Vous reverrez des scènes à la Boissy-d'Anglas ; il vous faudra recommencer tous les jours les massacres de Saint-Roch et de Transnonain : ce qui ne vous empêchera pas de tomber à la fin misérablement sous les balles du peuple.

« Citoyens, nous vous attendons avec confiance ; soixante siècles de misère nous ont appris à attendre. Nous pouvons, pendant trois mois, vivre avec trois sous de pain par jour et par tête : c'est à vous de voir si vos capitaux peuvent jeûner aussi longtemps que nos estomacs. »

Ce passage et ce qui le précède nous a semblé une introduction toute naturelle.

Nous avons partagé les fragments qui composent ce volume en trois séries qui correspondent naturellement aux trois premières périodes de la Révolution.

La première commence au lendemain de la funeste journée du 16 avril, et se termine aux élections partielles de juin. C'est la partie la plus dramatique de l'époque révolutionnaire. La réaction, jusque-là timide et se faisant hypocritement petite, entre audacieusement et la tête haute dans l'arène et se mesure sans vergogne avec l'idée qui a triomphé en Février. La victoire reste en balance : Paris nomme en même temps Thiers et Proudhon !

La seconde série commence au lendemain de l'affreuse bataille de juin et nous fait assister à la terreur de l'état de siége. L'idée de Février est un instant renversée par terre, elle se débat sous l'étreinte de son adversaire, qui tente de l'étouffer.

La troisième série s'ouvre la veille de l'élection à la présidence. Cette fois la lutte semble n'être plus entre le socialisme et le capitalisme, mais biententre la République et la monarchie.

La Révolution recule en apparence; au fond elle avance ; elle se généralise, elle prend de plus en plus possession de l'avenir.

IDÉES RÉVOLUTIONNAIRES

Ire SÉRIE

1848
AVRIL. — JUIN

La situation.

17 Avril.

Ce que nous avions prévu, ce que nous avions prédit arrive.

La révolution tourne à la démocratie bourgeoise et doctrinaire : le gouvernement provisoire, composé d'éléments hétérogènes, vient d'opérer sur lui-même une sorte d'épuration. Les hommes restent ; les principes sont éliminés. Des fautes graves ont accéléré ce résultat, d'ailleurs inévitable. Nous allons les relater en quelques lignes : ce sera comme le préambule de notre profession de foi.

La victoire du 24 février avait amené au pouvoir trois partis différents, renouvelé de nos anciennes luttes : le parti girondin ou thermidorien, représenté par *le National*, le parti montagnard, représenté par *la Réforme*; le parti socialiste-communiste, représenté par Louis Blanc.

La monarchie étant exclue, ces trois partis embrassaient la totalité de l'opinion.

Il semblait donc que le gouvernement provisoire, par l'incohérence même de sa composition, dût exprimer, aux yeux de la France, la conciliation de toutes les idées, de tous les intérêts. La bourgeoisie et le prolétariat, joignant leurs mains sur l'*Organisation du travail*, comme sur l'évangile de l'avenir, on pouvait croire que le problème de la misère, écarté par le gouvernement déchu, allait être résolu par le nouveau, amiablement et pacifiquement.

Nous venons de voir, pour la millième fois, ce que valent ces conciliations qui ne reposent que sur de vagues sympathies, et qu'aucun principe ne consolide.

La conduite qu'avait à tenir le gouvernement provisoire était pourtant bien simple et toute trouvée. Poser résolument, énergiquement le problème du prolétariat; occuper et nourrir les ouvriers; ramener la classe bourgeoise; puis, en attendant l'Assemblée nationale, faire du *statu quo* républicain; voilà ce que le bon sens, d'accord avec la haute politique, commandait au gouvernement provisoire.

Dans une situation ainsi faite, conserver tout c'était marcher.

Eh bien! ce qui était si simple et si sage, ce qui réunissait à l'avantage du sens commun le mérite de la profondeur, n'a été compris de personne.

A peine chargé du mandat, si nouveau pour elle, de représenter la République, la partie bourgeoise du gouvernement provisoire, s'abandonnant à ses vieilles préoccupations, a commencé de battre en retraite. — De son côté, la fraction révolutionnaire, emportée par l'enthousiasme de ses souvenirs, se faisant complètement illusion sur la puissance de ses moyens, et tenant, comme elle dit, *à engager l'avenir*, s'est mise à faire de l'*énergie* et de l'exclusion. Enfin, le socialisme, non content d'avoir posé son principe, a voulu passer à l'application, ne s'en fiant qu'à lui-même pour l'exécution de son œuvre.

On sait ce qui est résulté de ces tiraillements. Tout ce qu'a fait le gouvernement provisoire, au point de vue de l'ancienne bourgeoisie, s'est trouvé rétrograde ;—tout ce qu'il a entrepris au point de vue révolutionnaire a été contre-révolutionnaire ; — tout ce qu'il a décrété dans l'intérêt du prolétariat a été conçu au rebours des intérêts du prolétariat.

Ainsi, lorsque le gouvernement provisoire, suivant la routine de l'économie bourgeoise, a ouvert un emprunt de 100 millions; lorsque, pour prouver la solidité de son crédit, il a payé 50 millions aux rentiers ; lorsqu'il a élevé l'intérêt des sommes déposées à la caisse d'épargne ; lorsqu'il a prorogé les compagnies d'assurances, etc., etc., je dis qu'en présence du principe socialiste, qui devait intervenir dans la loi et qui n'est pas intervenu, le gouvernement a agi en sens contraire de son droit et de son devoir.

De même, quand le gouvernement provisoire s'est mis à écrire ces circulaires dictatoriales, qui, en l'an 1848, ne pouvaient guère intimider que des vieilles femmes ; quand, ne pouvant disposer d'un écu ni d'un homme que sous le bon plaisir des départements, il a parlé d'autorité aux départements ; quand, au milieu de la France républicaine d'esprit et de cœur—mais en défiance de la République — il a inventé la réaction, la contre-révolution, comme il inventera bientôt la coalition ; dans toutes ces circonstances, le gouvernement provisoire a agi comme un somnambule. Il nous a donné le spectacle, unique dans l'histoire, d'hommes d'État jouant avec un sérieux ridicule une vieille tragédie. A force de radicalisme rétrospectif, il a compromis les réformes futures : je n'en veux pour preuve que la loi électorale.

Si de l'élément révolutionnaire nous passons à l'élément socialiste, nous rencontrons une égale série d'erreurs et de mécomptes.

Comment ne s'est-il trouvé personne pour dire à M. Blanc : L'organisation du travail, telle que vous l'entendez, vous est interdite, non que la capacité vous manque, mais parce que votre position vous le défend. C'est par l'atelier que vous prétendez attaquer le problème, c'est-à-dire par l'individualisme ; tandis que c'est le côté social qui seul peut vous donner la solution, c'est-à-dire le crédit. Mais, même à ce point de vue, vous ne pouvez rien entreprendre ; membre du gouvernement, vous représentez non plus une classe de la société, mais les intérêts généraux de la société, toute initiative qui servirait un parti plutôt que l'autre sort de vos attributions. Vous appartenez à la bourgeoisie autant qu'au prolétariat. Protégez, encouragez l'émancipation des classes travailleuses ; vous-même n'intervenez pas, ne compromettez pas votre responsabilité, la responsabilité du gouvernement. Attendez qu'une autorité plus haute vous donne à la fois crédit et pouvoir.

L'insuccès des actes du gouvernement provisoire a été général. Aussi les protestations ne se sont pas fait attendre. Les manifestations des 16 et 17 mars ; les expulsions multipliées des commissaires dans les départements ; en dernier lieu, le soulèvement du 16 avril ; tous ces faits accomplis aux cris de : *Vive la République! Vive le gouvernement provisoire!* prouvent aux moins clairvoyants que la France est sincèrement républicaine, mais qu'elle ne supporterait pas une dictature ; que, par révolution, elle entend conciliation ; qu'elle repousse également le doctrinarisme, le jacobinisme et l'utopie ; que si cependant, après avoir protesté contre chacune des fractions qui composent le gouvernement provisoire, elle maintient tel qu'il est ce gouvernement, c'est qu'elle ne veut plus souffrir de questions de personnes, et que ces gouvernants ne sont, à ses yeux, que les ministres de ses volontés.

Telle est, selon nous, la vraie situation des choses ; la position du gouvernement provisoire est admirable, et sa force immense ; mais aussi les difficultés qu'il a à vaincre sont infinies. Elles se résument toutes dans cette formule, qui exprime à la fois son rôle et sa règle : concilier la divergence des intérêts par la généralité des mesures.

Mais, comme l'arbre tombe toujours du côté où il penche, la tendance du gouvernement provisoire est actuellement dans le sens de la protestation anti-socialiste du 16 avril. Les encouragements à entrer dans cette voie, les conseils officieux ne lui manquent pas.

Bien des gens s'imaginent, parce que la question sociale a été embrouillée au Luxembourg, que c'en est fait de la question sociale ; que désormais le capital est dispensé de compter avec le travail.

Sous l'impression de cette idée, il est inévitable que le gouvernement provisoire marche à une restauration bourgeoise, au prix de quelques sacrifices accordés à la ferveur des idées sociales.

C'est ce que décèlent déjà, et les réflexions hypocrites des journaux réactionnaires sur la difficulté, l'incertitude, l'impossibilité d'une solution, et les décrets par lesquels le gouvernement provisoire, en même temps qu'il réduit ou supprime les impôts sur le sel, la viande, les boissons, établit d'autres impôts sur les domestiques, les chiens, les vins de qualité, les loyers au-dessus de 800 fr., etc.

L'abolition de l'impôt sur le sel, la viande et les boissons, dans le régime économique actuel, n'est qu'une exagération philanthropique qui coûtera cher à l'État, sans améliorer le sort des travailleurs.

L'établissement d'impôts somptuaires est une fantaisie utopiste qui coûtera cher aux travailleurs, sans emplir les coffres de l'État.

Les décrets du gouvernement provisoire déplacent la misère, comme la banqueroute déplace les capitaux : ils ne remédient à rien. La pression révolutionnaire, aveugle et ignorante, est satisfaite par ces décrets ; mais par ces décrets mêmes, le peuple est mystifié. En échange d'un sacrifice apparent, nous avons une restauration réelle : Peuple, tu t'en apercevras bientôt.

Pour nous, bien que nous soyons aussi peu satisfaits du 16 avril que nous l'avions été du 17 mars, nous acceptons le fait accompli. Nous aimons les positions nettes. La triple essence du gouvernement provisoire nous embarrassait. A présent, nous savons à qui parler. C'est la démocratie doctrinaire qui règne et qui gouverne. Nous avions toujours pensé que le prolétariat devait s'émanciper sans le secours du gouvernement : le gouvernement, depuis le 16 avril, pense de même.

Nous sommes d'accord avec le gouvernement!...

Comment les Révolutions se perdent.

VI.

22 Avril.

L'économie politique du gouvernement déchu conduisait fatalement le Peuple, par une série d'impossibilités, à la misère.

L'économie politique du gouvernement provisoire conduit également le Peuple, par une autre série d'impossibilités, à la misère, et la République à la banqueroute.

Voilà deux mois que le Peuple ne travaille pas, qu'il ne produit pas, qu'il ne fait point d'échange, qu'il n'acquiert rien. Le Peuple ne vit plus de son travail; le dernier décret du gouvernement provisoire nous apprend que le Peuple va entamer son épargne. Encore trois mois de ce régime, et nous nous trouvons sans argent, sans produits, sans capitaux. *Imus, imus præcipites !* Nous courons au précipice avec une vitesse accélérée à chaque minute par l'impulsion des vieux préjugés philanthropiques, par nos hallucinations révolutionnaires, par l'impéritie du gouvernement.

Nous venons de relire le décret par lequel, en attendant l'impôt progressif, une contribution de 1 pour cent est établie sur les créances hypothécaires. Les journaux de la Révolution n'ont pas manqué d'applaudir à ce décret, arraché par la terreur au gouvernement provisoire, et dans lequel les patriotes se plaisent à trouver un *engagement* pour l'avenir.

Pour nous, nous n'approuvons de ce décret rien, pas même l'intention, et nous nous demandons si les journaux plus ou moins compétents qui s'en félicitent sont les compères des réacteurs?

Le gouvernement provisoire s'est fait ce raisonnement:

La somme des créances hypothécaires passe 12 milliards.

Or, si je frappais une contribution de 1 pour cent seulement sur ces 12 milliards, cela me produirait une recette de 120 millions, qui comblerait le déficit laissé au trésor, par l'abolition des droits sur la viande, les boissons, etc.

Cet impôt serait équitable et juste : il épargnerait le pauvre, il tomberait sur le riche. « Jusqu'ici les producteurs,
« les consommateurs, les propriétaires, ont eu la charge
« exclusive des grands sacrifices. La justice veut que cette
« inégalité cesse. Lorsque tous les éléments de la richesse
« sont atteints, il ne faut pas épargner celui de tous qui est
« le plus puissant. »

Tels sont les calculs, telle est la politique du gouvernement provisoire.

Calculs d'enfants et politique de gérontes !

Comment le gouvernement provisoire établit-il l'assiette de cet impôt ? Comment prétend-il en opérer le recouvrement ? Car, c'est par le mode du recouvrement que nous allons apprécier l'utilité de la mesure.

« Les propriétaires d'immeubles grevés d'hypothèques
« ou priviléges sont tenus de déclarer, dans le délai de
« quinze jours, au greffier de la justice, les diverses créances
« existant sur leurs immeubles. »

Rien de plus simple, en apparence, que cela : *Les débiteurs dénonceront leurs créanciers.*

Mais les débiteurs ne dénonceront personne et ne feront aucune déclaration :

1° Parce qu'ils n'y ont aucun intérêt. Que leur importe que le quart ou le cinquième des intérêts qu'ils paient pour leurs créances hypothécaires, au lieu d'aller dans la poche de leurs créanciers, aille dans la caisse du receveur général ?

2° Parce que la déclaration ordonnée par le gouvernement provisoire n'est rien de moins qu'une délation, et, qui pis est, une délation gratuite, et que la délation répugne à nos mœurs. Que n'ajoutiez-vous, citoyen ministre, dans votre exposé des motifs, que la délation, dans ce cas, serait considérée comme un acte de civisme?

3° Parce que les débiteurs ne voudront pas faire savoir à tous que leurs biens sont hypothéqués, et s'exposer de la sorte à perdre leur crédit. Plutôt que de faire une pareille déclaration, la plupart préfèreraient payer 1 pour cent de plus à leurs créanciers. A Paris, il est possible que quelques déclarations soient faites : là, tout passe inconnu dans la foule. En province, c'est autre chose; le paysan, le petit industriel gardera le silence; vous le tuerez plutôt que de le faire parler.

4° Parce qu'il y a réciprocité de crédit et de débit entre une multitude de citoyens. Or, passez-moi la rhubarbe et je vous passerai le séné : donc, point de déclaration.

5° Parce que le débiteur qui ferait une semblable déclaration se verrait aussitôt refuser crédit par le capitaliste, ou ne l'obtiendrait plus qu'à un taux usuraire. Or, il n'est pas d'entrepreneur d'industrie, de propriétaire agricole, etc., qui, placé dans l'alternative ou de faire faillite par sa déclation, ou de déterminer la banqueroute de l'État par son mutisme, ne préfère son intérêt à celui de l'État.

6° Parce qu'enfin le décret en frappant les créances antérieures au 15 avril, et exceptant celles contractées ultérieurement, est injuste. Il est injuste encore, pour les petits rentiers qui ne subsistent que d'un modique revenu, acheté par de longues épargnes; pension légitime d'une vie consumée en labeur. Il est injuste à l'égard des créanciers qui ne sont pas même payés de leurs rentes, et Dieu sait si, dans ces temps déplorables, le nombre en est grand ! Il est injuste enfin, parce qu'il est exorbitant, pour certaines créances résultant de jugements ou arrêts, et qui, par l'enchaînement des obligations se rapportent, comme une lettre de change, à une série de souscripteurs. Exemple :

Par arrêt de la Cour de Lyon, la compagnie l'Union a pris hypothèque sur la compagnie Méridionale pour une somme de 100,000 francs, soit 5,000 francs à payer au trésor. — De son côté, la compagnie Méridionale, par son recours en garantie, a pris hypothèque sur Taffe, expéditeur à Marseille; soit 5,000 francs à payer encore pour cette hypothèque. — D'autre part, la compagnie l'Union, rendue responsable elle-même par la ville de Colmar et condamnée à 100,000 francs de dommages-intérêts pour retard de transport, est hypothéquée pour 100,000 francs; donc, 5,000 francs à payer de nouveau à l'État.

Si vous épuisez la série, il ne reste rien aux créanciers hypothécaires.

Si vous voulez ne frapper que le créancier définitif, vous trouverez, au lieu d'un créancier, un commettant qui a souffert préjudice : alors point d'impôt, ce qui constituera une exception. Mais une exception en amène une foule d'autres, dont l'ensemble aboutit à ce résultat, que la loi est absurde.

Ainsi donc, pas d'assiette, pas de recouvrement possible pour une pareille contribution. Créanciers et débiteurs s'entendront pour nier la réalité des créances : quand ce relevé des inscriptions accusera 12 milliards, les déclarations des débiteurs répondront : zéro.

Ferez-vous publier le registre des hypothèques? Mettrez-vous la conflagration dans le pays par cette révélation universelle, plus terrible pour les débiteurs que la trompette du dernier jugement? Si le gouvernement provisoire tient à se rendre impopulaire, qu'il en essaie !

Admettons maintenant que l'impôt soit praticable; que toutes déclarations soient faites; que l'assiette soit établie; que le fisc encaisse ses 120 millions. Que résultera-t-il de cet impôt?

D'abord une hausse générale de l'intérêt. Donc, en définitive, ce sera toujours sur le producteur, sur le pauvre, que retombera l'impôt. — Êtes-vous jamais allé au théâtre de Guignoles? Avez-vous vu polichinelle essayant d'assommer le diable ? Il prend ses mesures, il ajuste son coup, il lève son bâton : puis, quand il croit écraser la tête de l'ange de ténèbres, le diable s'esquive et disparaît. C'est l'emblème du riche poursuivi par l'impôt.

Supposons enfin, car il faut aller jusqu'au bout, que le capitaliste, atteint par l'impôt, se résigne débonnairement à payer, et n'élève pas le taux de ses intérêts. Alors, c'est la source de l'épargne qui est tarie.

Dans une société constituée sur les principes de la propriété, du prêt à intérêt, du travail et du commerce libre, les capitaux ne se forment que par l'épargne. La nation n'a pas d'autres économes que ses rentiers. Une partie des rentes est consommée chaque année, sans doute ; mais une autre partie, et la plus forte assurément, est convertie en nouveau capital, servant à son tour d'instrument de production au travail, et produisant intérêt.

Là est la condition fondamentale du progrès de la société.

Or, l'impôt sur les créances hypothécaires, assisté bientôt de l'impôt progressif, arrête la formation des capitaux, arrête le progrès. A ce point de vue, l'impôt établi par le décret du 20 avril est la pire espèce d'impôt. Il place la société tout entière dans la même situation que l'État ; il la réduit à ne pouvoir plus aller en avant, à ne joindre, comme on dit, que les deux bouts ; il la fait vivre au jour la journée, sans avance, sans richesse, sans développement, sans avenir. Une nation arrivée à cet état est une nation perdue.

Avant deux ans, à supposer que nous puissions vivre deux années dans une situation pareille, l'expérience aura démontré à tous :

1° Que l'impôt progressif, l'impôt somptuaire, l'impôt sur les créances hypothécaires, et toute espèce d'impôts sur le revenu, est destructif de la richesse publique, absurde en principe, funeste dans ses résultats ;

2° Qu'en conséquence, ceux qu'on appelle riches sont

inattaquables par l'impôt, à peine de péril pour la République et d'aggravation de misère pour le pauvre ;

3° Et pour conclusion, que le paupérisme est aussi nécessaire à la société que la richesse et le progrès !

Alors le paupérisme, alors le prolétariat, sera, ainsi que la féodalité mercantile, regardé comme la condition d'existence des nations ; la misère sera chose inviolable et sacrosainte ; la Révolution de février sera, dans toutes ses fins, convaincue d'erreur, et la bourgeoisie restaurée sifflera sur le tombeau de la République.

Mystification du suffrage universel.

29 Avril.

Comment se fait-il que ceux-là même qui, il y a trois mois, appelaient de tous leurs vœux le suffrage universel, aujourd'hui n'en veuillent plus.

Et comment ceux qui, il y a trois mois, n'avaient point assez de colères contre le suffrage universel, osent-ils aujourd'hui s'en prévaloir?

La même absence de principes, la même mauvaise foi explique cette double contradiction. Les uns se plaignent d'une loterie à laquelle ils ont perdu le pouvoir ; les autres admirent une mécanique qui leur rend leurs priviléges. La belle chose, vraiment, et morale, et grande que la politique !...

Pour nous qui, bien avant la loi Cormenin, protestions contre cette vieille puérilité du suffrage universel, nous avons droit de nous en plaindre, et de la réduire à sa juste valeur.

Le suffrage universel, disions-nous, est une sorte de théorie atomistique par laquelle le législateur, incapable de faire parler le peuple dans l'unité de son essence, invite les citoyens à exprimer leur opinion par tête, *viritim*, absolument comme le philosophe épicurien explique la pensée, la volonté, l'intelligence, par des combinaisons d'atômes. Comme si de l'addition d'une quantité quelconque de suffrages pouvait jamais sortir l'idée générale, l'idée du Peuple!...

Le moyen le plus sûr de faire mentir le Peuple est d'établir le suffrage universel. Le vote par tête, en fait de gouvernement, et comme moyen de constater la volonté nationale, est exactement la même chose que serait, en économie politique, un nouveau partage des terres. C'est la loi agraire, transportée du sol à l'autorité.

Parce que les auteurs qui les premiers se sont occupés de l'origine des gouvernements, ont enseigné que tout pouvoir a sa source dans la souveraineté nationale, on a bravement conclu que le mieux était de faire voter, de la voix, du croupion, ou par bulletin, tous les citoyens, et que la majorité, absolue ou relative, des suffrages ainsi exprimés, était adéquate à la volonté du peuple. On nous a ramenés aux usages des barbares, qui, à défaut de raisonnement, procèdent par acclamation et élection. On a pris un symbole matériel pour la vraie formule de la souveraineté. La poussière des suffrages a été considérée comme l'essence de la raison populaire !...

Aussi voyez le mécompte. Je prends pour exemple les élections de Paris.

Plus de 400,000 citoyens avaient droit de suffrage dans le département de la Seine. 300,000 à peine ont déposé leurs bulletins.

Pour qui compteront les 100,000 qui se sont abstenus ?

En les regardant comme s'ils n'existaient pas, vous les faites, par cela seul, profiter aux candidats élus, tandis qu'il y a tout autant à parier que s'ils avaient voté, ils auraient fait pencher la balance du côté contraire, ou du moins qu'ils auraient modifié notablement le résultat du vote.

Autre contradiction :

Sur les 300,000 suffrages recueillis, 13 candidats seulement ont réuni plus de la moitié ; les autres, au nombre de 21, n'ont été nommés qu'à des majorités relatives de 144,000 à 104,000 voix.

Comment ces élus de la minorité électorale peuvent-ils se dire représentants du peuple ? Quoi ! il y a 200,000 électeurs qui protestent contre la candidature de M. Lamennais; mais parce qu'ils ne se sont pas accordés pour dire quel homme ils voulaient à sa place, M. Lamennais passe malgré eux ! Il se pourrait ainsi, et la loi a prévu le cas, qu'un candidat exclu par 298,000 voix et porté par 2,000 fût député ! Et ce député se dirait élu par le suffrage universel ! quelle dérision !

Encore, si les fabricateurs de cette merveilleuse loi électorale avaient su, en faisant appel aux suffrages populaires individuellement exprimés, poser convenablement la question ! S'ils avaient dit aux citoyens :

La classe travailleuse entend participer à tous les avantages de la classe bourgeoise. Cette classe, la plus nombreuse et la plus pauvre, par conséquent la plus forte, est maîtresse du pouvoir. Bourgeois, travailleurs, il s'agit de procéder, d'un commun accord, à une réforme économique intégrale. Vous avez donc à choisir les hommes les plus capables, par leur spécialité, leur modération et leur dévouement, de régler les intérêts de tous.

Il est hors de doute que la question ainsi posée devant les électeurs aurait amené un résultat tout autre.

Au lieu de cela, qu'a fait le gouvernement ?

D'abord, par ses manifestes, par ses démonstrations, ses décrets et ses commissaires, il a posé le *casus belli* entre les deux castes qui sont censées diviser le peuple, la bourgeoisie et le prolétariat. Ce que voyant, l'immense majorité des citoyens a commencé à se mettre sur la défensive : le commis sans emploi et le banquier en faillite ; l'artisan sans travail comme le propriétaire sans revenu, tout le monde s'est fait bourgeois, personne n'a voulu se ranger dans la catégorie des prolétaires. Dès ce moment, il a été facile de prévoir dans quel sens seraient faites les élections.

Ce n'est pas tout.

Le gouvernement provisoire, avec ses déplorables oscillations, tantôt vers le communisme, tantôt vers les idées conservatrices, provoque tout-à-coup, le 16 avril, un soulèvement de toutes les opinions, et la question électorale se trouve posée de nouveau entre la propriété et la communauté.

Ce fut partie perdue pour la réforme sociale. La masse des citoyens, qui l'aurait acceptée de grand cœur, vient, ou peu s'en faut, de la rejeter, sous le nom du communisme.

La négation du communisne, telle est la vraie signification des élections de 1848. Nous ne voulons point de la communauté du travail, ni de la communauté des femmes, ni de la communauté des enfants ! Les 260,000 voix données à M. de Lamartine ne veulent pas dire autre chose. Est-ce une adhésion aux théories de l'illustre poète, ou une épigramme ?

Vienne donc la nouvelle Assemblée nationale, avec son mandat équivoque. Nous saurons, pour notre part, ramener les citoyens représentants à la question.

La France, leur dirons-nous, ne veut pas de la communauté : qui en doute ? Nous n'en voulons pas plus que vous.

Mais, est-ce que cela touche en rien à la question sociale ?

Est-ce qu'il suffit de protester contre la communauté pour éteindre la misère ?

Est-ce que le *privilége* de propriété est aboli ?

Est-ce que les bourgeois sont devenus travailleurs ?

Est-ce que les travailleurs sont devenus bourgeois ?

Est-ce que nous en avons moins une dette publique de six milliards, un budget de deux milliards, — car il sera de deux milliards, — plus douze milliards de créances hypothécaires ?

Est-ce que la crise est à sa fin ?

Est-ce que la circulation est rétablie ?

Est-ce que, par l'organisation du travail, le pain est assuré au dedans et au dehors ?

Est-ce que nous sommes libres ?

Est-ce que nous sommes égaux ?

Est-ce que nous sommes frères ?

Bonnes gens, qui avez peur qu'on vous démarie, regardez-y à deux fois avant de vous conjouir dans votre commune insignifiance. Si vous vous imaginez n'être venus que pour appuyer une négation, vous n'avez pas compris votre mandat. Nous n'avons que faire de vos lumières. Allez-vous-en !

La réaction.

29 Avril.

La question sociale est ajournée. Le 16 avril a mis au néant les candidatures socialistes. La cause du prolétariat, dénoncée avec tant d'éclat dans les barricades de Février, vient d'être perdue en première instance, dans les élections d'avril. A l'enthousiasme du peuple a succédé la consternation : c'est la bourgeoisie qui réglera, comme auparavant, la condition des travailleurs.

Tout le mal est venu de l'insuffisance du Luxembourg et de la faiblesse du ministère de l'intérieur, nous le disons pour la dernière fois.

Que MM. Blanc et Ledru-Rollin se pardonnent à euxmêmes comme nous leur pardonnons ! Ils ont laissé ruiner la France et vendre le prolétariat. Mais ils sont à bas ; par conséquent ils sont des nôtres. Après la bataille de Cannes, lorsque Varron eut perdu la dernière armée de la République, le sénat lui vota des remercîments pour n'avoir pas désespéré de la patrie. Que MM. Blanc et Ledru-Rollin nous disent qu'ils ne désespèrent pas de l'émancipation du prolétariat, et nous sommes prêts à leur adresser nos félicitations fraternelles.

Ce qui importe aujourd'hui, c'est de bien juger de la situation.

Depuis quelque temps on commence à se douter, dans les journaux du gouvernement provisoire, que la révolution de Février n'a été jusqu'ici, pour ses représentants, qu'une sorte de revue rétrospective de la première révolution. Les deux partis qui divisent le pouvoir s'attaquent, se menacent sous les dénominations de *girondins* et de *monta-*

gnards. On s'accuse réciproquement, en haut lieu, de restauration et de contre-révolution. La conscience de leurs hallucinations rétrogrades arrive peu à peu à nos *moniteurs* improvisés. Rien de plus instructif, de plus significatif que leurs récriminations mutuelles. Si la réaction lève la tête, c'est au sein du gouvernement. S'il se trame des complots contre le gouvernement sorti des barricades, c'est dans les antichambres des ministres. Si le pouvoir, tiraillé dans tous les sens, et par ses manifestes communistes, et par ses inclinations doctrinaires, fait fuir les capitaux, tue le crédit, inquiète les ouvriers, désole la propriété; si l'*organisation du travail* fait que toute la France se croise les bras, la faute en est à cette démocratie à double face, qui règne et gouverne. Tout le chemin que, depuis deux mois, nous avons fait en arrière, nous l'avons fait sous l'inspiration des souvenirs contraires de l'ancienne république. C'est 93, avec toutes ses dissensions, qui nous régit; quant à 1848, c'est encore le livre fermé de sept sceaux.

Il y a là un phénomène de psycologie sociale qui vaut la peine d'être approfondi. Ce phénomène s'est produit à toutes les époques révolutionnaires; c'est ce qui en a suscité tous les périls et déterminé les catastrophes.

Les démocrates de 93, faisant de la république avec leurs souvenirs de collège, après s'être dévorés les uns les autres, ont retardé la révolution d'un demi-siècle. Certes Robespierre n'eut à se reprocher ni l'ambition et la vénalité de Mirabeau, ni les hésitations de La Fayette, ni la faiblesse de Péthion, ni l'insouciance de Vergniaud, ni les vices de Danton, ni le fanatisme de Marat. Mais Robespierre était Spartiate : c'est lui qui décida la contre-révolution.

Les démocrates de 1848, faisant de la république avec leurs souvenirs parlementaires, ont fait également reculer la révolution d'un demi-siècle. Je n'accuse ni leur patriotisme, ni leur bonne volonté, ni leur désintéressement. **Tout leur tort est de n'être que des imitateurs;** ils se sont crus hommes d'État parce qu'ils copiaient de vieux modèles !

Quelle est donc cette préoccupation étrange qui, en temps de révolution, fascine les esprits les plus fermes, et, alors que leurs aspirations ardentes les portent vers l'avenir, leur fait constamment évoquer le passé? D'où vient que le Peuple, au moment même où il rompt avec les institutions établies, se replonge et s'enfonce plus avant dans la tradition? La société ne se répète pas; mais on dirait qu'elle marche à reculons, comme le cordier qui file sa corde. Ne saurait-elle regarder du côté où elle va?

Ce n'est point ici le lieu de traiter à fond ce problème difficile, qui touche aux profondeurs de notre nature, et relève immédiatement des principes les plus abstraits de la métaphysique. Bornons-nous à dire, d'après les travaux récents de la philosophie, que le phénomène dont il s'agit a sa source dans la constitution de notre entendement, et qu'il s'explique par la loi d'identité des contraires, loi qui est la base de la création, aussi bien que de la logique. Et cela posé, revenons au fait.

Pour organiser l'avenir, règle générale et constatée par l'expérience, les réformateurs commencent donc toujours par regarder le passé. De là, la contradiction qui se découvre perpétuellement dans leurs actes; de là aussi l'immense danger des révolutions.

Ainsi, le jour où le Peuple renverse une royauté, tout aussitôt il la remplace par une dictature. Il y a là tout à la fois souvenir, souvenir déduit de plus loin que la royauté renversée; et contradiction, puisque c'est l'absolutisme pris pour sauvegarde contre l'absolutisme.

Le reste à l'avenant. La Convention eut ses proconsuls, Napoléon ses préfets. Le gouvernement provisoire a ses commissaires. Rien n'est changé dans les choses : nous n'avons qu'une mutation de personnages. Chacun peut voir aujourd'hui ce que nous coûte cette comédie restaurée. Les commissaires du gouvernement provisoire, précisément parce qu'ils n'étaient que des souvenirs, ont donné le signal de la réaction : ils avaient reçu le mot d'ordre de leurs chefs.

C'est aux chants de la *Marseillaise* et des vieux hymnes républicains qu'a été faite la révolution de février. Souvenir encore, et de plus contradiction.

Contradiction, dis-je; car, remarquez cela, la Révolution de 1848 n'a point inspiré de poète. L'idée sociale, anti-lyrique, à ce qu'il semble, a été obligée de se produire sous le rythme de l'idée politique. C'est que l'épopée est finie pour nous, quoi qu'on ait dit; et, si trivial que cela paraisse, nous sommes condamnés à faire une besogne, non de héros, mais de commis. Les princes de la nouvelle République ne seront point gens d'épée, mais gens de plume. La Révolution de 1848, révolution économique, est ce qu'il y a de plus bourgeois. C'est l'atelier, le comptoir, le ménage, la caisse, les choses du monde les plus prosaïques, et qui prêtent le moins à l'énergie révolutionnaire et aux grandes paroles. Comment exprimer en vers et mettre en musique la participation de l'ouvrier aux bénéfices, l'association du travail et du capital, l'équilibre entre l'importation et l'exportation? Organiser la circulation et le crédit, augmenter la production, creuser le débouché, déterminer les nouvelles formes de sociétés industrielles, tout cela ne comporte pas le tempérament de 1793; bon gré, malgré, il faut nous résigner à n'être que des péquins.

La *Marseillaise* jure avec l'idée qu'elle représente; elle froisse nos inclinations les plus intimes; au lieu d'éclairer les citoyens, elle les étourdit. Ce contre-sens coûte à la République des sommes énormes, sans parler de la sécurité. Chanter la *Marseillaise*, c'est faire en même temps de la réaction et de la provocation.

Parmi les causes qui ont accéléré la chute de la monarchie constitutionnelle, il faut compter en première ligne la fatigue, le dégoût des débats parlementaires. Eh bien! la catastrophe était à peine consommée, le corps-de-garde du Palais-Royal fumait encore, que déjà la France se couvrait de clubs. La fièvre parlementaire, au lieu de s'éteindre, est devenue générale. Pour une tribune, nous en avons dix mille, et quelles tribunes! Jamais on ne vit pareille confusion du don des langues. Les pavés des barricades, comme les pierres de Deucalion, sont devenus des orateurs. Tout le monde parle comme Démosthènes; il est vrai qu'on raisonne comme La Palisse. J'ai vu, dans une réunion de cinq cents citoyens, décider en cinq minutes, avec des tonnerres d'applaudissements, les plus formidables questions d'économie politique, des questions auxquelles je suis sûr que personne dans l'honorable assemblée n'entendait mot. J'ai vu les motions les plus folles accueillies d'enthousiasme; des propositions puériles passer à l'unanimité. Le gouvernement provisoire ne pouvait manquer d'y faire droit. Plusieurs ont été sanctionnées par ses décrets.

Contradiction et réminiscence! On joue aux petits parlements, comme aux petits ateliers et à la petite guerre. Mais, ô travailleurs! ce n'est pas dans les clubs qu'il faut livrer bataille à la propriété; c'est dans vos ateliers, c'est sur le marché. Nous étudierons bientôt avec vous cette stratégie nouvelle. Laissez aux bourgeois la politique et l'éloquence. La rhétorique des clubs ne peut rien vous apprendre. Tout ce verbiage est une offense à la raison pratique, à la gravité du travail, au sérieux des affaires, au silence de l'étude, à la dignité de l'esprit. Souvenez-vous que sous Napoléon, cet homme qui par la guerre symbolisait le travail, on ne faisait point de discours. Les clubs ne sont ni de notre siècle, ni de notre génie, ni de nos mœurs. Cette agitation factice tombera d'elle-même par l'ennui et la désertion; s'il en était autrement, les maux qui en résulteraient pour vous sont incalculables.

Un des premiers actes du gouvernement provisoire, celui dont il s'est applaudi le plus, est l'application du **suffrage** universel. Le jour même où le décret était promulgué, nous écrivions ces propres paroles, qui pouvaient alors passer pour un paradoxe : « Le suffrage universel est la contre-révolution [1]. »

On peut juger, d'après l'événement, si nous nous sommes trompés. Les élections de 1848 ont été faites, à une immense majorité, par les prêtres, par les légitimistes, par les dynastiques, par tout ce que la France renferme de plus conservateur, de plus rétrograde. Cela ne pouvait être autrement.

Était-il donc si difficile de comprendre qu'il existe dans l'homme deux instincts, l'un pour la conservation, l'autre pour le progrès ; que chacun de ces deux instincts n'agit jamais que dans le sens des intérêts de l'autre ; qu'ainsi chaque individu, jugeant les choses au point de vue de son intérêt privé, entend par progrès le développement de cet intérêt ; que cet intérêt étant en sens contraire de l'intérêt collectif, la somme des suffrages, au lieu d'exprimer le progrès général, indique la rétrogradation générale ?

Nous l'avons dit et nous le répétons : la République est la forme de gouvernement dans laquelle toutes les volontés demeurant libres, la nation pense, parle et agit comme un seul homme. Mais, pour réaliser cet idéal, il faut que tous les intérêts privés, au lieu d'agir en sens contraire de la société, agissent dans la direction de la société, ce qui est impossible avec le suffrage universel. Le suffrage universel est le matérialisme de la République. Plus on emploiera ce système, jusqu'au jour où la révolution économique ne sera pas un fait accompli, plus on rétrogradera vers la royauté, le despotisme et la barbarie, et cela d'autant plus sûrement que les votes seront plus nombreux, plus raisonnés, plus libres.

Vous accusez l'impéritie, l'indifférence du prolétaire !

---

[1] Voir *Solution du problème social*, 2ᵉ livraison. Paris, chez Garnier frères, libraires, Palais-National.

Mais c'est justement ce qui condamne votre théorie. Que diriez-vous d'un père de famille qui remettrait à ses enfants mineurs la libre disposition de ses biens, et puis qui, ruiné par eux, accuserait l'inexpérience de leur jeunesse? Et quel argument contre vous que l'indifférence du prolétariat !

Parce qu'il ne s'est pas trouvé un grain de sens commun dans tout le gouvernement provisoire ; parce qu'on s'était flatté de soutenir la fantaisie révolutionnaire par la raison du grand nombre, nous voilà en pleine réaction bourgeoise ! Il va être sursis pendant cinquante ans à l'émancipation du prolétariat ! Nous payons cher notre engouement pour des romanciers et des harangueurs. Et si nous n'étions les premiers coupables, je dirais que des ministres qui, sans principe, sans nulle raison de droit, abusant d'une dictature temporaire, ont livré le salut du peuple aux hasards de ce monstrueux scrutin, devraient être déchus de leurs droits civiques.

D'un côté le gouvernement provisoire établit des impôts de luxe ; de l'autre, il donne au peuple la comédie gratis. Souvenir et contradiction.

L'impôt somptuaire diminue le travail du pauvre de tout ce qu'il ôte à la consommation du riche ; et il diminue la recette de l'État de tout ce qu'il ôte au travail du premier et à la jouissance du second. Triple déficit, triple misère, voilà le résultat de l'impôt de luxe.

Les spectacles gratuits, précisément parce qu'ils sont gratuits, font tort au travail et à la moralité du peuple ; de plus, ils sont un piége à sa bonne foi, puisque l'argent que le spectateur ne donne pas au bureau, il le portera au receveur des contributions, qui paiera les comédiens ! La ruine, toujours la ruine.

Un jour, un arrêté, émané de la préfecture de police, ordonne de changer les noms des rues et des monuments. Le lendemain, une pétition, signée dans les clubs, demande que les restes d'Armand Carrel et de Godefroi Cavaignac soient déposés au Panthéon. Contradiction et plagiat !

A des noms historiques on substitue des noms historiques; à des hommes d'autres hommes ; à des idoles d'autres idoles. C'est toujours, avec la même idolâtrie, le même vandalisme. Qui donc a le droit de détruire les monuments nationaux? Pères Loriquets du jacobinisme, apprenez à vos électeurs à écrire leurs bulletins, et laissez le Palais-Royal s'appeler le Palais-Royal !

On l'a dit, et avec raison : les farces rétrospectives du gouvernement provisoire nous ont plus fait perdre en deux mois que les invasions de 1814 et 1815.

Que sera-ce donc, quand de la farce nous en serons venus à la tragédie ? La bourgeoisie va venir irritée, résolue d'en finir avec le socialisme. L'œuvre de la réaction, commencée par le parti radical, va se continuer en sens diamétralement opposé, et avec une énergie égale, par le parti bourgeois. Nous avons eu notre 21 janvier, notre 31 mai, notre 9 thermidor : nous aurons notre 2 prairial. La masse prolétaire est prête à marcher; la garde nationale, aidée de l'armée, à faire résistance. Tous les acteurs sont à leur poste, tout pleins de leur rôle. Les Romme, les Goujon, les Duquesnois, les Soubrany, sont prêts pour le sacrifice. Ce sont MM. Ledru-Rollin, Flocon, Albert, Louis Blanc. Le Boissy-d'Anglas est tout trouvé : c'est M. de Lamartine ; M. de Lamartine, qui, tout plein de son histoire, fut d'abord avec la Montagne, et qui, toujours fidèle à ses dramatiques récits, se tourne maintenant du côté de la Gironde.

L'idée vague d'une nouvelle et inévitable terreur circule dans l'air et agite les âmes. Les ouvriers se disent que la révolution est à recommencer ; et qui peut prévoir comment la révolution recommencée finira? Le gouvernement, par ses lois de finance, qui démolissent la propriété sans aucun avantage pour le prolétariat, que l'Assemblée nationale ne pourra pas laisser subsister sans danger pour le pays, et qu'elle ne pourra pas abolir sans provoquer une insurrection, le gouvernement provisoire semble s'attacher à rendre la terreur inévitable.

La terreur, en 93, n'avait pour cause que la résistance d'une minorité aristocratique imperceptible. L'existence de la société, d'ailleurs garantie par les riches conquêtes de la révolution et par l'insolidarité générale des existences, n'avait rien à redouter de la terreur. En 1848, la terreur aurait pour cause l'antagonisme des deux classes de citoyens, l'une plus forte par le nombre, plus redoutable par la pauvreté ; l'autre supérieure par la richesse et l'intelligence. Toutes deux ne subsistant que par la circulation des produits et la mutualité des rapports, il est infaillible que dans un pareil conflit la société périsse.

Que les premiers actes de l'Assemblée nationale révèlent des desseins de réaction ; qu'un vote imprudent allume la colère du peuple ; qu'une prise d'armes ait lieu ; que la Représentation nationale soit violée, et puis, que sous la pression d'une autre dictature le mouvement cesse tout-à-fait, la France sera comme une ruche enveloppée de flammes, où les abeilles étouffées, brûlées, s'entre-tuent de leurs aiguillons.

Alors, quand le gouvernement sera sans ressources ;

Quand la nation aura dévoré son avance ;

Quand le pays sera sans production et sans commerce ;

Quand Paris affamé, bloqué par les départements, n'expédiant plus, ne payant pas, restera sans arrivages ;

Quand les ouvriers démoralisés par la politique des clubs et par le chômage des ateliers nationaux, se feront soldats pour vivre ;

Quand un million de prolétaires sera croisé contre la propriété ;

Quand l'État requerra l'argenterie et les bijoux des citoyens pour les envoyer à la Monnaie ;

Quand les perquisitions domiciliaires seront l'unique mode de recouvrement des contributions ;

Quand le paysan, faute de numéraire, paiera l'impôt en nature ;

Quand, par la rareté des denrées, on aura supprimé les barrières et porté le dernier coup à l'industrie nationale ;

Quand des bandes affamées parcourront le pays et organiseront la maraude ;

Quand le vagabondage sera devenu la condition commune ;

Quand le paysan, le fusil chargé, gardant sa récolte, abandonnera la culture ;

Quand les ouvrières, domptées par la faim, se seront toutes livrées ;

Quand la prostitution, le chagrin, la misère, les auront rendues furieuses ;

Quand des troupeaux de femmes, suivant les colonnes des gardes nationaux mobiles, célèbreront les fêtes de la République par d'horribles bacchanales ;

Quand la première gerbe aura été pillée, la première maison forcée, la première église profanée, la première torche allumée, la première femme violée ;

Quand le premier sang aura été répandu ; quand la première tête sera tombée ;

Quand l'abomination de la désolation sera par toute la France ;

Oh ! alors vous saurez ce que c'est qu'une révolution provoquée par des avocats, accomplie par des artistes, conduite par des romanciers et des poètes !

Néron, jadis, fut artiste, artiste lyrique et dramatique, amant passionné de l'idéal, adorateur de l'antique, collecteur de médailles, touriste, poète, orateur, bretteur, sophiste, un Don Juan, un Lovelace, un gentilhomme plein d'esprit, de fantaisie, de sympathie, en qui regorgeait la vie et la volupté. C'est pour cela qu'il fut Néron !...

Réveillez-vous de votre sommeil, Montagnards, Girondins, Feuillants, Cordeliers, Muscadins, Jansénistes et Babouvistes ! Vous n'êtes pas à six semaines des événements que je vous annonce. Criez : — Vive la République ! A bas les masques ! — Puis tournez-vous et marchez !

Aux Patriotes.

3 Mai.

Demain est le jour de l'ouverture de l'Assemblée nationale.

Comment nous arrivent les élus des départements ?

Comment le peuple de Paris va-t-il recevoir les représentants de la France ?

La méfiance et la dérision seules répondent. Je cherche des frères, et je ne rencontre partout que des conspirateurs ! La guerre civile n'est déjà plus dans les prévisions ; elle est un fait. Elle n'est plus redoutée comme le plus horrible des maux ; elle est acceptée comme une nécessité. A la campagne comme à la ville, on fabrique de la poudre, on fond des balles, on apprête des armes. Les chefs donnent le mot d'ordre et lancent leurs manifestes. Vous n'entendez proférer de toutes parts que cette parole de mort : *Il faut en finir !*

Le bourgeois est résolu d'en finir avec le prolétaire, qui, de son côté, est résolu d'en finir avec le bourgeois. Le travailleur veut en finir avec le capitaliste, le salarié avec l'entrepreneur, les départements avec Paris, les paysans avec les ouvriers. Dans tous les cœurs, la colère et la haine ; dans toutes les bouches, la menace. Quelle est donc la cause de cette discorde ? Les élections.

Le suffrage universel a menti au Peuple.

La Révolution de février avait été faite par l'opposition de tous les partis au gouvernement déchu, par le dégoût général d'une royauté couronnée d'infamie, par le concours de tous les esprits dans l'idée d'une réforme à la fois politique et sociale. La Révolution de février, résultat de dix-huit années de querelles parlementaires, de protestations réformistes, de critiques économiques, concluait nécessairement a une organisation républicaine, à une fusion plus intime des différentes classes de la société. On comptait, et l'on avait droit de compter que la nouvelle représentation nationale serait l'expression de l'idée révolutionnaire : c'est le pandémonium de toutes les idées contre-révolutionnaires. Le bon plaisir d'une majorité électorale veut faire rebrousser chemin aux événements ; des hommes, qui jamais sans la République n'auraient eu le droit de suffrage, au nom de la République et en vertu de leur droit de suffrage, demandent un roi !...

Le signal de cette rétrogadation est parti du gouvernement provisoire. Les listes du *National* sont là qui l'accusent.

Ils avaient une telle inintelligence de la révolution, un tel effroi du peuple, ces républicains amateurs, ces gentilshommes de la démocratie, qu'à peine arrivés au pouvoir, ils ont fait appel à toutes les médiocrités du pays. Le pays leur a envoyé ses médiocrités. Le succès passe leur espoir et déjà les dévore d'inquiétude. Ils sentent que leur rôle est fini. Quel parti ne les dédaigne ? Ils sont si petits, si minces, si équivoques, qu'entre le despotisme et la République, l'œil le plus perçant ne les distingue pas. Je ne crois même point qu'on les haïsse ; et pourtant, ils ont enchaîné les destinées de la France !

C'est à vous, patriotes sans intrigue, demeurés tels après février que vous étiez avant février, c'est à vous que je m'adresse. De la résolution que vous allez prendre dépendra peut-être la vie ou la mort de dix millions d'hommes.

Votre colère est juste, votre indignation est légitime. J'ai versé, comme vous, des pleurs de rage à la vue de cette réaction perfidement commencée, et qui à l'escobarderie ajoute le massacre. Mais, citoyens, ce n'est pas par des représailles sanglantes que vous vengerez la mémoire de vos frères : la passion ne doit point entrer dans les décisions de l'homme d'État. Car, dans l'anarchie universelle où nous sommes en l'absence de pouvoirs réguliers, de principes reconnus, je dis, citoyens, que chacun de vous doit se considérer comme homme d'état.

Considérez d'abord quelle est la situation du pays.

La France, depuis soixante-dix jours, ne travaille pas. Savez-vous ce que cela signifie, pour une nation, ne pas travailler? Figurez-vous un homme qui ne mange plus, qui ne boit rien, qui ne digère pas ; en qui le sang a cessé de circuler, le cœur de battre, le poumon de se soulever, la chaleur de renaître ; un homme en qui le foyer vital est éteint. Cet homme n'existe plus, il est mort !

Voilà l'image de notre patrie ! — Pour nous plus de travail, plus de production. Plus de circulation, plus de consommation. La vie collective ne se renouvelle plus ; l'impôt ne rentre pas; le pouvoir n'est plus écouté; la force publique se démoralise ; le lien social se relâche : encore quelques jours de cet état funeste, et le mouvement s'arrêtera, le corps du peuple tombera en dissolution.

La Pologne et l'Italie, que nous avons juré de défendre ; la Pologne et l'Italie, ces deux sœurs de la France, maintenant écrasées sous les armes de leurs bourreaux, en vain nous tendent leurs mains désolées. Nous n'irons point au secours ni de l'Italie ni de la Pologne. Savez-vous pourquoi? C'est qu'il nous faudrait, avec cent mille soldats, cent millions de francs, et que nous n'avons pas cent mille centimes dont nous puissions équiper et approvisionner une armée.

Nous ne pourrions plus même nous défendre, si une coalition de rois venait, comme il y a 60 ans, s'abattre sur nous. Savez-vous encore pourquoi? C'est que nous ne produisons plus en travaillant de quoi subsister jusqu'au jour où il nous faudrait mourir en combattant.

Patriotes, que la réaction irrite, voudriez-vous assassiner la patrie? Voudriez-vous poignarder votre mère !... C'est pourtant ce que vous allez faire, si vous recommencez les barricades. Encore 70 jours d'immobilité, et c'en est fait de la Révolution, c'en est fait du peuple.

Ayez pitié de la France, ayez pitié du prolétariat, ayez pitié de cette bourgeoisie elle-même, dont vous ne pouvez concevoir les tortures. Ne voyez-vous pas que c'est sa ruine qui la rend furieuse ? la ruine, la banqueroute, la hideuse banqueroute, et puis la honte, et puis la misère : voilà ce que la bourgeoisie exaspérée poursuit dans le sang du prolétariat.

Voulez-vous donc, pour venger 150 de vos frères', faire promener l'ange exterminateur sur tout le pays? Les funérailles de la patrie ! Est-ce là l'indemnité que vous réservez aux parents des victimes !...

Telle ne doit pas être votre politique, citoyens. Tuer des hommes est la pire méthode de combattre des principes. C'est par l'idée seulement que nous pouvons triompher de l'idée. Or, l'idée, vous la portez en vous-mêmes, comme vous possédez en vous-mêmes les moyens de la réaliser.

Quoi ! vous savez vous compter, vous savez vous organiser pour le combat, et vous ne savez pas vous organiser pour le travail !

Quoi ! vous vous donneriez rendez-vous, au nombre de cent mille, pour attaquer le gouvernement, et vous ne sauriez vous donner rendez-vous, au nombre de cent mille, pour attaquer le privilége !

Vous n'avez d'attraction que pour détruire ; vous êtes sans sympathies dès qu'il s'agit de créer !...

Citoyens, la patrie est en danger !

Je propose qu'un comité provisoire soit institué pour l'organisation de l'échange, du crédit et de la circulation entre les travailleurs ;

Que ce comité se mette en rapport avec des comités analogues, établis entre les principales villes de France ;

) Allusion aux événements récents de Rouen. (*N. de l'éd.*)

Que, par les soins de ces comités, une représentation du prolétariat soit formée à Paris, *imperium in imperio*, en ace de la représentation bourgeoise ;

Qu'une société nouvelle soit fondée au milieu de la société ancienne ;

Que la charte du travail soit immédiatement mise à l'ordre du jour, et les principaux articles définis dans le plus bref délai ;

Que les bases du gouvernement républicain soient arrêtées, et des pouvoirs spéciaux délégués aux représentants des travailleurs.

Citoyens, la République est aux abois ; le gouvernement ne peut rien pour vous, mais vous pouvez tout pour vous-mêmes : j'en fais serment devant Dieu et devant les hommes !

Jusqu'à ce que nous ayons épuisé les moyens économiques, je proteste contre les moyens de violence. Que le sang inutilement versé retombe sur la tête des agitateurs !

Séance d'ouverture de l'Assemblée nationale.

4 Mai.

L'Assemblée nationale s'est constituée au bruit du canon, du tambour, des fanfares, entourée de toutes les pompes guerrières.

Dans ces jours où l'imagination est séduite par les sens, le cœur entraîné par l'imagination, la raison absorbée par le sentiment; où l'esprit se croit infini parce qu'il est vide, l'âme n'a plus d'attrait que pour les épanchements de la sensibilité, pour les illusions de l'espérance. La réflexion semble avoir perdu ses droits, le jugement dépose son autorité. C'est l'œuvre des baisers Lamourette, c'est l'instant des réconciliations perfides.

Mais bientôt l'enthousiasme s'apaise; le sentiment s'évanouit comme une caresse : à la place des idées sympathiques, la raison revient poser ses questions redoutables.

Eh bien! que va-t-elle faire, cette Assemblée nationale, si laborieusement éclose, si impatiemment attendue, et sur qui reposent tant d'espérances contraires? Nos députés sont-ils franchement républicains? sont-ils socialistes? ont-ils la ferme résolution de renouveler de fond en comble le vieil édifice social? Le gouvernement provisoire, qui vient de remettre entre leurs mains ses pouvoirs, a-t-il eu crédit de les transfigurer au soleil de la révolution!

Pourquoi ne leur a-t-il pas fait prêter serment?...

Vous demandez ce que fera l'Assemblée nationale?

D'abord elle vérifiera ses pouvoirs, nommera son président, composera ses bureaux, répondra par une adresse à un discours de la couronne, blâmera, approuvera, reprochera, récriminera! — Que ne puisse-t-elle abroger en masse, d'un seul coup, et sans exception, tous les actes du gouvernement provisoire, et remettre les choses au point où elles étaient le 25 février ! Ce serait la marche la plus sûre, la plus simple, la plus expéditive, la plus rationnelle, la seule utile. Mais la censure de l'Assemblée nationale ne sera pas de cette force.

Puis l'Assemblée nationale s'occupera de la Constitution.

Elle parlera présidence, *veto*, responsabilité, division des pouvoirs, centralisation, municipalités, etc. — Puisse-t-elle encore être assez bien inspirée pour voter, après lecture, sans discussion, sans amendement, comme un seul homme, d'emblée et d'enthousiasme, la première constitution venue qui lui sera proposée. Pour ce qu'une pareille constitution durera, et pour ce qu'elle vaudra, l'Assemblée nationale ne saurait aller trop vite. Les représentants coûtent 25 fr. par jour, et le peuple ne travaille pas !

Après cela l'Assemblée nationale causera d'affaires.

C'est-à-dire que, sous le nom d'économie politique, elle s'occupera d'économie domestique, d'économie de boutique appliquée à l'État, comme on en fait en Angleterre, en France, partout depuis quarante siècles. Elle distribuera des terres, en Algérie et ailleurs ; elle créera des banques agricoles ; elle légiférera sur les marques de fabrique ; elle remaniera l'impôt, les assurances, les mines, etc. etc.; elle se livrera à toutes sortes de spéculations obscures, embrouillées, scabreuses et vilaines. — Puissent les représentants de la République passer sur ces discussions comme sur braise ! Les questions d'affaires sont mortelles à la conscience du député : souvenez-vous des chemins de fer !...

Enfin l'Assemblée nationale s'occupera de philanthropie.

Crèches, tours, salles d'asile, hôpitaux, hôtels des invalides du peuple, taxe des pauvres, caisses d'épargnes, récompenses à la vertu, encouragements aux artistes, fermes modèles, systèmes pénitentiaires, banques de crédit pour les travailleurs, écoles industrielles, professionnelles, commerciales, agricoles, seront l'objet de ses préoccupations les plus respectables. Pour prouver au peuple toute sa bonne volonté, elle ira jusqu'à créditer M. Considérant de 4 millions et d'une lieue carrée de terrain pour l'essai d'un phalanstère. Quel bonheur, si la République pouvait, à ce prix, être quitte du socialisme !...

Mais la question sociale ! direz-vous ; la vraie question sociale ? les représentants de la révolution auraient-ils la pensée de l'écarter ! Qu'y a-t-il de commun entre le phalanstère et la question sociale !

La question sociale !

Je vous conseille d'en faire tout d'abord votre deuil. La question sociale ne sera pas à l'ordre du jour dans l'Assemblée nationale.

Est-ce que cette assemblée oserait regarder en face le privilége ?

Est-ce qu'elle est de force et de taille à porter la main sur l'arche sainte ?

Est-ce qu'elle aurait le courage d'abolir la dernière des royautés, celle dont l'abolition seule rendra les dynasties impossibles, la royauté de l'or !

Est-ce qu'elle se déciderait, l'Assemblée nationale, à prononcer la liquidation de l'ancienne société ?

Est-ce qu'elle pourrait comprendre, après ses immenses travaux politiques, économiques et philanthropiques, que la réforme sociale est l'abolition de la politique ? — que l'économie politique est le contraire de l'économie domestique ; — que la philanthropie est un corollaire de la misère ?

Non, l'Assemblée nationale ne peut rien, ne veut rien, ne sait rien !

Elle ne peut devenir quelque chose, et faire œuvre de révolution, qu'autant qu'elle y sera sollicitée, provoquée, forcée, par une puissance en dehors d'elle, qui prenne l'initiative et donne le branle.

Une assemblée législative *statue* sur des faits ; elle ne les *produit* pas.

En d'autres termes, l'organisation du travail ne doit pas partir du pouvoir ; elle doit être SPONTANÉE.

C'est pourquoi nous reproduisons ici la proposition que nous avons faite hier :

« Qu'un comité provisoire soit institué à Paris, pour l'or-
« ganisation de l'échange, du crédit et de la circulation en-
« tre les travailleurs ;

« Que ce comité se mette en rapport avec des comités
« semblables établis dans les principales villes ;

« Que par les soins de ces comités, une représentation
« des travailleurs soit formée, *imperium in imperio*, en face
« de la représentation bourgeoise ;

« Que le germe de la société nouvelle soit jeté au milieu
« de la société ancienne ;

« Que la charte du travail soit immédiatement mise à
« l'ordre du jour, et les principaux articles définis dans le
« plus bref délai ;

« Que les bases du gouvernement républicain soient ar-
« rêtées, et des pouvoirs spéciaux accordés à cet effet aux
« mandataires des travailleurs. »

C'est ainsi seulement que nous ferons tête à la réaction ; que nous procurerons le salut de la République, et l'émancipation du prolétariat.

Question étrangère.

13 Mai.

Notre diplomatie est sans idée, notre politique extérieure sans principe, sans but, sans moyens. Nos hommes d'état seraient incapables de prendre une résolution, autant que de la motiver. Ils ne sauraient dire, dans cette foule de questions de droit international qui surgissent, ni de quel côté se trouve l'intérêt de la France, ni en quoi consiste cet intérêt ; ce qu'apporte, ce qu'impose au système européen la dernière révolution. Comme ils ne comprennent pas le peuple, ils n'ont rien à communiquer au peuple. Et ce qu'il y a de plus triste, c'est que, fussent-ils en mesure de définir le nouveau droit, ils sont dépourvus des moyens de le défendre. La parole de la France est nulle dans les conseils de l'Europe, et son épée brisée n'est redoutée de personne.

Que sont, je le demande, et les formules de l'enthousiasme et les figures de l'éloquence, devant la gravité matérielle des événements? Que nous importe le talent d'un Lamartine, là où il faudrait le positivisme, oserai-je le dire, d'un Talleyrand? Et la grande devise : *Liberté, Egalité, Fraternité!* tirez de là, je vous prie, une solution diplomatique !

Avez-vous le droit, ou ne l'avez-vous pas, d'exiger de l'Autriche qu'elle retire ses soldats de l'Italie, et qu'elle abandonne ses prétentions à la suzeraineté de ce pays? Quels motifs, quels arguments produisez-vous?... Il ne suffit pas de dire : l'Italie nous est sympathique, l'Italie est la sœur de la France, l'Italie doit être libre comme nous sommes libres. Tout cela, souffrez que je le dise, est du mysticisme, et de la pire espèce de mysticisme, car c'est du mysticisme révolutionnaire, comme la corruption des meilleures choses est la pire des corruptions. — Je demande quel est, dans la question italienne, votre principe, votre droit, votre intérêt, en un mot, vos motifs? Et quand vous aurez exposé des motifs, je demande quels sont vos moyens? Pas de divagations : vos faits, des raisons, des titres. L'ancien gouvernement ne voulait pas intervenir en Italie : pourquoi ce qui pouvait être toléré hier, ne peut-il plus l'être aujourd'hui? Et s'il ne vous est pas possible de le souffrir, êtes-vous en mesure de l'empêcher?...

La Révolution de février, je le sais, a changé toute la politique : droit civil, droit public, droit des gens, reposent désormais sur de nouveaux principes. Pour intervenir en Italie, il vous plaît de dire que l'Italie est notre alliée : comment cela? Qu'est-ce qui fait une alliance? comment, à quel titre, pour quel objet, réel, immédiat, déterminé, sommes-nous, par le fait d'une insurrection, les alliés d'un peuple?

Et, reprenant la question de plus haut, quelle est, en politique, la règle des alliances?

Suivant les uns notre alliée naturelle est l'Angleterre; suivant les autres c'est l'Allemagne. Pourquoi pas la Russie? pourquoi pas l'Espagne, le Piémont, la Suisse, la Belgique, qui gravitent autour de nous, comme une couronne de satellites?... Quels sont, enfin, nos alliés naturels? Qu'est-ce qu'un allié *naturel?* Et les peuples qui ne sont pas alliés naturels, que seront-ils vis-à-vis de nous? des étrangers? autant vaut dire des ennemis!... Nous avons donc pour ennemis naturels tous les peuples qui ne sont pas nos alliés naturels! Quelle confusion! Quelle discorde! M. de Lamartine prophétisait en 1840 que l'Orient pouvait seul nous donner la clé du problème européen : eh bien! qu'est-ce que le mystérieux, le fabuleux Orient, révèle aujourd'hui à M. de Lamartine?

La question des alliances internationales n'est jamais sortie de la routine. Les caprices princiers, les convenances dynastiques, l'ambition et la vanité des chefs de gouvernements, le fanatisme des opinions, l'engouement des masses, voilà ce qui gouverne la politique des nations. La diplomatie est une des formes du commerce anarchique, voleur et faussaire : à part le style, c'est le même charlatanisme, le même esprit de chicane, la même hypocrisie, la même mauvaise foi.

Figurez-vous un épicier de la rue Saint-Martin écrivant à son correspondant de Marseille :

« Il y a retard de vingt-quatre heures dans le transport
« de vos caisses de savon (elles devraient être rendues en
« temps moral). J'ai retenu le tiers de la voiture (il se
« monte à 300 fr.).

« Je vous laisse pour compte vos riz, cafés et sucres at-
« tendu que j'ai constaté du déficit sur les *quantités* (et que
« je n'en ai plus l'emploi).

« Je n'acquitterai pas votre mandat, parce qu'il est dans
« mes habitudes d'obtenir remise de 4 pour cent sur
« toutes mes commandes, et que vous avez omis de me
« faire jouir de cette remise (dont il n'avait pas été question).

« Je recevrai vos huiles, mais sous bonification de 10 pour
« cent (d'autant que, depuis ma demande, cette marchandise
« a baissé sur la place de 10 pour cent.) »

Voilà tout l'esprit de notre diplomatie. Traduisez cela dans la prose poétique de M. de Lamartine ou dans le style philosophique de M. Guizot, et vous aurez un chef-d'œuvre de diplomate.

Aurons-nous la paix ? aurons-nous la guerre ? — Question insoluble, impénétrable mystère à nos hommes d'état.

La paix ? elle est impossible, car elle est sans racines, sans garanties. La paix est comme le crédit : pour se soutenir, elle a besoin d'hypothèques et non pas d'hypothèses ; elle demande des gages, non des châteaux en Espagne. La paix n'est point affaire de convenance et de tempérament :

c'est de toutes les choses humaines la plus substantielle, celle qui, par conséquent, exige au plus haut degré des raisons de fait et de droit, des éléments réels et positifs.

Où donc sont nos gages de paix avec l'Europe? Quelle communauté d'idées, d'inclinations, d'intérêt, la rattache à nous? Quelle obligation nécessaire, entre les puissances européennes, remplace pour elle le pacte de 1815 ?... Notre paix est plus fragile qu'une toile d'araignée. Je veux croire que le gouvernement déchu est pour beaucoup dans cette destruction des éléments de la paix. C'était la politique du vieux roi de spéculer sur la confusion et le désordre. Mais il s'agit de réparer l'œuvre de M. Guizot : or quelles sont à cet égard, les idées de ses successeurs? Croient-ils avoir fort avancé l'alliance de la Prusse, de l'Allemagne et de l'Italie, parce qu'ils nous les montrent — en peinture — qui se donnent la main ?...

La guerre? elle nous est aussi impossible que la paix.

Ce n'est pas tout que d'avoir des hommes, des chevaux, des munitions, de l'argent, — et nous n'en avons pas, — pour faire la guerre : il faut à la guerre, comme à la paix, des principes, des motifs, une idée, un intérêt. Autrement la guerre est immorale, et ne tarde pas à se tourner en défaite par la démoralisation. Nos pères, en 93, savaient pourquoi ils faisaient la guerre, et ils ont vaincu ; mais nous, pourrions-nous dire pourquoi nous la ferions? Il se peut que l'idée, le motif, l'intérêt ; il se peut que le fait et le droit existent ; mais quels sont-ils? Qu'on les définisse, qu'on les publie. J'interroge l'opinion, je consulte les actes du gouvernement : au lieu de motifs, à la place d'un intérêt sérieux et réel, je ne vois que le trouble de nos pensées, le désespoir de la situation.

Ce n'est pas un motif suffisant, à mes yeux, pour déclarer un peuple notre allié, et commencer à son profit une guerre de propagande, que la similitude des révolutions, l'analogie du gouvernement et des appétences, le point d'honneur des nationalités. Ce sont là des sujets d'appréciation dont il est bon de tenir compte ; ce ne sont pas des motifs. Pourquoi, au point de vue de notre intérêt, de l'intérêt français, présent, positif, immédiat, devons-nous soutenir l'Italie contre l'Autriche, la Pologne contre la Russie ? En quoi cela nous touche-t-il ? quel est notre intérêt dans ces conflits de peuples étrangers ? Qu'y pouvons-nous gagner ? qu'y pouvons-nous perdre ? Car, songez-y : si nous n'y avons qu'un intérêt de sympathie ; si nous ne pouvons motiver notre intervention que sur le vain sentiment de l'égalité et de la fraternité humanitaire, nous sommes sans intérêt véritable, et notre intervention est injuste. Je crois, pour ma part, et je me hâte de le déclarer, que la ruine de la nationalité polonaise, et la compression de la liberté en Italie, compromettent l'intérêt le plus positif de la France. Mais cet intérêt, il faut, avant d'agir, le mettre en lumière, le démontrer à tous les regards, en faire le sujet de tous vos manifestes. Or rien, dans les actes du gouvernement, ne fait connaître cet intérêt, sans lequel cependant toute intervention armée de notre part dans les affaires de l'Europe serait d'avance frappée d'immoralité, et suivie infailliblement d'une honteuse déroute. Allons-nous donc jouer, gratuitement et pour la satisfaction des utopistes humanitaires, le rôle de dons Quichottes de la civilisation ?...

Ainsi, dans l'absence totale de principes, dans l'ignorance profonde où nous sommes de nos intérêts, la paix et la guerre nous sont aussi impossibles l'une que l'autre, et nous offrent un égal danger.

Dans cette paix véritablement absurde, car tout ce qui n'a ni principes, ni idées, ni gage de conservation, ni élément de durée, est absurde ; dans cette douloureuse expectative des événements, la France, incertaine d'elle-même, se consume dans son inertie, comme un glaçon au soleil de juillet. Nous mourons de fièvre lente ; nous ne produisons plus ; nous n'échangeons pas ; nous écoulons notre capital par la contrebande; encore quelques mois de cette léthargie, et nous nous dévorerons les uns les autres. Est-ce pour échapper à la famine que nous irons nous jeter sur l'étranger?

Quant à la guerre, aussi longtemps qu'un principe joint à un grand intérêt ne viendra pas lui donner la moralité qui lui manque, elle ne peut aboutir, quelle que soit la fortune des bataillons, qu'à un résultat funeste. Vainqueurs, elle nous rapporte, pour solution du problème social, le gouvernement militaire; vaincus, elle nous attire, avec l'étranger, une restauration. Est-ce pour Napoléon II ou Henri V, que nous aurons fait des barricades?...

Cependant la Pologne immolée crie vengeance; l'Italie est foulée aux pieds de ses bourreaux; le roi de Piémont s'arrête, le pape recule, l'empereur d'Autriche intrigue, le roi de Prusse marchande, l'Angleterre étend sur l'Europe le réseau de sa marchandise, et la France regarde! l'Amérique et la Grande Bretagne enlèvent à vil prix ce qui nous reste de produits, et se pourvoient pour des années : le chômage, l'importation forcée qui en est la suite, donnent le coup de grâce à notre industrie. Sur tous les points la liberté succombe, là-bas par la guerre, ici par la grève!

Pour mettre fin à cette situation déplorable, la vieille routine révolutionnaire a décidé de faire, quoi? une manifestation pour la Pologne!

Une manifestation! Et qu'est-ce qu'elle prouvera, cette manifestation? Quel sera son programme, son idée, son moyen, sa formule, sa solution? Qu'apprendra-t-elle aux représentants? Quelle conviction, quelle foi fera-t-elle passer dans leur âme?

Patriotes, je vous le dis pour la seconde fois : les circonstances ont fait de vous tous des hommes d'État. Il ne vous est pas permis de parler comme de fades humanitaires, ni d'agir comme des clubistes sans cervelle.

Revenons aux principes.

Pour faire la guerre, de même que pour conserver la paix, il faut des *motifs*.

Les motifs, vous les connaîtrez par les *moyens*.

Quels sont les moyens de la guerre? Quels sont les moyens de la paix?

La richesse, les capitaux.

Or, les capitaux se forment par le travail;

Le travail, divisé et engrené comme il l'est dans l'économie des sociétés modernes, a pour base la circulation;

La circulation a pour condition le crédit réciproque.

Organisez la circulation par la réciprocité du crédit, et vous aurez le travail et les capitaux; vous aurez les instruments de la paix et de la guerre.

Vous serez invincibles dans la paix; vous n'aurez rien à craindre ni de la concurrence au dehors, ni de la stagnation au dedans; parce que la concurrence organisée sur le principe de réciprocité vous ouvre en vous-mêmes un débouché infini, qu'ainsi votre production devient infinie, et votre capitalisation infinie.

Vous serez invincibles à la guerre : 1° du côté des moyens, parce que votre capital se formant par la circulation collective et non plus par l'épargne individuelle, et la circulation augmentant toujours, votre richesse sera inépuisable; — 2° du côté des principes, parce qu'en organisant chez vous la circulation par la réciprocité du crédit et l'égalité de l'échange, vous résolvez, par là même, la question du commerce international, et vous vous créez, par cette solution, un intérêt positif dans les affaires de l'étranger, comme vous créez à l'étranger un intérêt positif dans les vôtres.

Et quand tous les États, entraînés par votre exemple, forcés par la nécessité, plus puissante que le canon et les protocoles, auront organisé chez eux la circulation, et par le fait, créé à votre exemple la liberté et l'égalité entre leurs citoyens; — quand, par cette organisation, ils seront devenus, ainsi que vous, inattaquables dans leurs pays, invincibles à la paix et à la guerre, alors l'ALLIANCE sera universelle, la paix sera incorruptible, et la guerre impossible.

Ce que la Révolution doit à la Littérature.

27 Mai.

Il y a à peu près deux mois, lorsque la révolution, aujourd'hui livrée à l'intrigue, était au plus fort de l'utopie, une députation de la société des gens de lettres fut à l'Hôtel-de-Ville trouver M. Buchez, remplissant alors les fonctions de maire, et lui tint ce discours : La société des gens de lettres demande que la République organise les hommes d'intelligence.

— C'est bien, répondit M. Buchez ; les hommes d'intelligence seront organisés.

Les honorables écrivains qui s'avisèrent de cette étonnante pétition, n'appartenaient point à la haute littérature ; je dis haute littérature, comme on dit haute finance, entendant par là cette catégorie d'écrivains en privilége de corrompre la raison et les mœurs publiques, aux émoluments annuels de 10 à 100,000 fr. C'étaient de braves travailleurs, aussi déshérités de la renommée que de la fortune, mais qui comprenaient vaguement que, sachant lire et écrire, ils pouvaient, dans une République socialiste, être bons à quelque chose. Ce n'étaient pas des roués, à coup sûr ; c'étaient des littérateurs de bonne foi.

Aujourd'hui, MM. Alexandre Dumas et Victor Hugo, qui savent mieux que personne à quoi s'en tenir sur la valeur de la spécialité littératuriste, et qui n'augurent rien de bon de l'organisation de la littérature, s'en viennent, sous le masque républicain, à l'aide de calomnies ramassées dans les égoûts de la liste civile, protester contre toute espèce d'organisation. Envoyer les socialistes à Charenton, c'est la moindre chose pour MM. les notables de la phraséurgie. A propos de patrie, de famille, de propriété, ces grands patriotes, ces types du père de famille, ces parangons de modestie, après nous avoir signalés aux balles citoyennes, nous vouent à l'exécration de la postérité.

N'est-ce pas le cas de se demander ce qu'il y a de commun entre la révolution et la littérature, ce qu'a fait pour la République, et de quelle utilité peut être à la société, dans l'avenir, cette espèce de parasites vulgairement appelés *gens de lettres* ?

Et d'abord, qu'est-ce que la littérature au temps où nous sommes ? N'est-il pas vrai que la vogue dont elle jouit encore, elle la doit à nos mœurs traditionnelles, à notre culte des souvenirs ? La littérature est découronnée. Ce n'est plus ce sceptre porté autrefois par les âmes poétiques, c'est un brevet depuis longtemps tombé dans le domaine public, dédaigné de tous les hommes d'intelligence positive, mais exploité par quelques chevaliers d'industrie qui s'efforcent de faire croire à la supériorité de leur talent, par cette considération qu'ils ne sont propres à rien.

Sous peine d'ignorance et de grossièreté, tout le monde sait écrire, tout le monde est littérateur. Aussi, en y regardant de près, trouve-t-on que les notabilités littéraires n'ont d'admirateurs que parmi les illettrés ou les imbéciles. Eux-mêmes n'ont garde de se prendre au sérieux. Trouvez-moi des littérateurs qui s'estiment. Demandez à MM. Guizot et Thiers, historiens positifs, cherchant avant tout la philosophie et la fidélité dans l'histoire, ce qu'ils pensent des histoires de MM. Michelet et Lamartine ? à V. Cousin ce qu'il pense de Lamennais ? à Ponsard ce qu'il pense de Hugo ? à Sainte-Beuve quel cas il fait de J. Janin ? à Scribe quelle est son opinion sur A. Dumas ?.....

Ces messieurs ne se font entre eux compliment, quand par hasard cela leur arrive, que dans l'intérêt de la corporation. Mais n'est-il pas temps que nous ne soyons plus dupes de ces mimes ? Est-ce que le métier de *gens de lettres* n'est pas de tous celui qui exige le moins d'apprentissage ? Et, pour quiconque en a essayé, n'est-il pas vrai que dans cet exercice le développement intellectuel est en raison inverse de l'habileté phrasière ? Mettez-vous bien cela là, travailleurs : il faut cent fois plus d'intelligence pour construire une machine à vapeur que pour écrire cent chapitres de *Balsamo*; et tel patron du Rhône qui ne sait pas lire dépense plus d'esprit en faisant une course, qu'il n'y en a dans toutes les *Orientales*.

La littérature n'est que l'art d'agencer des mots et des périodes. Par elle-même, elle ne possède ni idée ni puissance : c'est un instrument incapable, à lui seul, de produire quoi que ce soit. Je ne connais à la littérature, comme à l'art oratoire, qu'un genre de mérite : c'est de donner de l'effronterie dans une assemblée. Aussi est-il remarquable que tous les littérateurs qui ont eu la bonne foi de reconnaître le vide de l'art d'écrire se sont tous jetés, qui dans l'histoire et les chroniques, qui dans la philosophie, qui dans l'économie politique. Il n'y a pas un honnête homme, aujourd'hui moins qu'autrefois, qui estime la profession d'homme de lettres.

De studieux ouvriers, dans ces derniers temps, ont cru faire merveille de prouver que le travailleur était capable de littérature autant que d'industrie. Le peuple cite avec orgueil les Poncy, les Reboul, les Savinien Lapointe et une foule d'autres, dont les récréations poétiques valent, à mon gré, les chefs-d'œuvre des maîtres. Si ces muses prolétaires n'ont eu d'autre prétention que de prouver l'insignifiance de la littérature, j'applaudis de tout mon cœur à leurs efforts ; mais si l'on entend que la capacité littéraire soit le sommet de l'intelligence, je proteste contre cette indigne prostitution. Qui travaille de ses mains, pense, parle et écrit tout à la fois ; et si, dans la république de l'esprit, il existe des places réservées pour les intelligences supérieures, l'homme de style doit céder la place à l'homme d'action.

Je voudrais bien que l'on me définisse la valeur, soit d'utilité, soit d'échange, et en dehors des idées qu'il doit exprimer, d'un artiste de style. Qu'est-ce qu'un écrivain, je dis de premier ordre, qui, en politique, ne sait exprimer rien de positif et d'immédiat; qui, en économie politique, ne sait ni compter ni se rendre compte, et met partout de brillantes analogies à la place des faits ; qui, en histoire, ne réussit qu'à vous émouvoir, et qui, à force d'émotions, vous fatigue et vous blase ; qui, en philosophie, ne vous donne que des phrases sonores au lieu de lois réelles, déduites de l'observation et de l'analyse ; qui, en matière d'art, ne juge que sous l'inspiration de la fantaisie, sans pouvoir jamais comprendre que la fantaisie elle-même doit toujours se ramener à l'idée ?

On distingue, pour échapper à la rigueur des conséquences, la littérature *sérieuse*, dont les produits ne trouvent en général pas d'écoulement, d'avec la littérature de pacotille, seule capable d'enrichir ses exploitants. On demande pour la première les gratifications de l'État ; on abandonne l'autre aux entrepreneurs de journalisme.

On ne voit pas que cette distinction est la négation même de la littérature. Qu'est-ce que la littérature sérieuse, en effet ? C'est l'histoire, la philosophie, la morale, les sciences naturelles, la politique, l'économie sociale, la jurisprudence, l'archéologie, la grammaire ; c'est tout ce que la raison humaine agite et découvre, tout, dis-je, hormis la littérature. Jadis, quand la raison, tirant son savoir d'elle-même au lieu de le demander à l'expérience, pullulait de préjugés et d'erreurs, la forme dominant sur le fonds, la littérature était souveraine. Aujourd'hui, le monde a tourné; la raison subjugue l'imagination ; le fonds l'emporte en tout sur la forme ; la littérature est traitée en courtisane. La sévérité de la science ne souffre plus cette parure de langage, ces finesses de diction de toutes ces merveilles de l'art oratoire, qui firent les délices des Grecs et des Latins, et dont on abrutit la jeunesse de nos écoles.

Et voilà pourquoi la littérature, expulsée par les hautes sciences, déchue de la plus belle partie de son domaine, a été forcée de descendre aux choses triviales et ignobles; pourquoi elle cherche de nouvelles ressources dans les détails de ménage, dans la cuisine, le boudoir, la prison, l'orgie, le bagne, le mauvais lieu. Ce que quelques-uns déplorent comme l'abaissement et la corruption de la littérature, n'est que la preuve de fait de sa nullité.

Ainsi, ce que la littérature a la prétention d'ajouter à la science, la science le dédaigne ; ce qu'elle fait pour relever l'objet de ses nouvelles prédilections, achève de la dégrader. L'histoire romantique, mystique et sophistique, est aussi méprisée que le roman historique, magnétique et philanthropique. On ne comprend plus rien à l'histoire depuis qu'elle est écrite par des rimeurs et des dramaturges ; on ne comprend plus rien à la société depuis que les feuilletonistes et les romanciers en ont entrepris la description.

Voilà un siècle et demi que la littérature oscille du genre *descriptif* au genre *passionnel*, s'enfonçant toujours plus dans le bavardage. Elle n'ose devenir logicienne et savante : elle serait quelque chose, elle ne serait plus. Aussi voyons-nous que les femmes excellent en littérature, à mesure qu'elle perd en réalité et en profondeur. Pour prolonger sa misérable existence, cette littérature efféminée appelle à son aide le paradoxe et le scandale ; elle se roule dans l'horrible, l'impur et le faux; elle fouille les mystères tour à tour obscènes et atroces de la Ligue, de la Régence, de Louis XV, de 93, de 1840. Elle cherche des effets factices en transformant les mots, en reversant les idées, retournant les proverbes, confondant les caractères, associant les contraires, unissant l'impiété à l'Évangile, Fénelon à Voltaire, Gassendi à Descartes, la chair à l'esprit. Les littérateurs de bonne foi crient à la décadence, à la profanation, à l'abus. Ils protestent contre les *novateurs* en faveur de la vieille religion du Parnasse. Pauvres gens de lettres ! qui ne voient pas que ces prétendus novateurs ont bien plus qu'eux l'instinct de conservation : car c'est pour conserver la littérature qu'ils la font servir d'expression à tout ce que l'humanité présente de plus dégoûtant.

Quand la société avait peu d'idées, que la somme des idées était, pour ainsi dire, égale à celle des vocables, la littérature était l'expression, j'ai presque dit la législatrice de la société.

Maintenant que la somme des idées surpasse à la fois et le nombre des mots, et celui des combinaisons graphiques ou syntaxiques auxquelles ils peuvent donner lieu, la littérature ne peut plus servir à exprimer de la société que sa nudité, à en montrer que la turpitude.

Je prends pour exemple la révolution de février.

Est-ce la littérature qui a préparé cette révolution ?

Est-ce la littérature qui en exprimera le but, les tendances, la loi ?

Est-ce la littérature qui viendra la justifier, qui la vengera de ses ennemis ?

Quand est-ce que M. Victor Hugo a pris la défense des droits du travail ?

Quand est-ce que M. Alexandre Dumas s'est fait connaître par ses idées, par ses mœurs républicaines ?

Qu'ont-ils fait l'un et l'autre, pour la révolution, sinon de calomnier les révolutionnaires ? — Et qu'est-ce qu'ils nous veulent aujourd'hui, ces aligneurs de rimes, ces enfileurs de dialogues ?

La science sociale a été, depuis vingt ans, étudiée par d'autres qu'eux ;

La révolution a été faite malgré eux ;

Le droit du travail est revendiqué en ce moment contre eux ;

La famille n'a pas encore lavé les impuretés dont ils l'ont couverte.

Et ils viennent nous parler de patrie, de famille, de travail, de propriété !...

Reconnaissons, à cette suprême vilenie, la moderne littérature ! A force de broyer la corruption, elle a fini par corrompre les littérateurs. Montrez-moi quelque part des consciences plus vénales, des esprits plus indifférents, des âmes plus pourries que dans la caste lettrée ? Combien en connaissez-vous dont la vertu soit restée hors d'atteinte ? Qui est-ce qui, depuis trente ans, nous a versé à pleins bords le relâchement des mœurs, le mépris du travail, le dégoût du devoir, l'outrage à la famille, si ce n'est la gent littéraire ? Qui a puisé avec le plus d'impudeur à la caisse des fonds secrets ? Qui a le plus séduit les femmes, amolli la jeunesse, excité la nation à toutes les sortes de débauches ? Qui a donné le spectacle des apostasies les plus éhontées ? Qui a délaissé le plus lâchement les princes, après en avoir mendié les faveurs ? Qui se rallie avec le plus d'empressement, aujourd'hui, à la contre-révolution ? Des littérateurs, toujours des littérateurs !

Que leur importent la sainteté de la religion, la gravité de l'histoire, la sévérité de la morale ? Ils passent, comme des filles perdues, de la légitimité à l'usurpation, de la monarchie à la république, de la politique au socialisme, de l'athéisme à la religion. Tout leur va, pourvu qu'ils en retirent de la vogue et de l'argent. Quelle soif de distinction ! quelle fureur de jouir ! mais surtout quelle hypocrisie ! Nommez-les, Parisiens, nommez-les pour vos représentants. Flagorneurs du peuple, flagorneurs de la bourgeoisie, flagorneurs des rois, flatteurs de tous les pouvoirs, toujours prêts à saluer l'amphytrion où l'on dîne ; ce qu'ils vous demandent, au nom de la patrie, du travail, de la famille, de la propriété, c'est de l'or, du luxe, des voluptés, des honneurs et vos femmes.

Programme révolutionnaire.

AUX ÉLECTEURS DE LA SEINE.

Paris, 30 mai 1848.

Citoyens,

Puisque mes amis politiques et socialistes le veulent, je consens de nouveau à tenter la fortune des élections, et je vous adresse ma profession de foi. Elle résumera sans équivoque, et d'une façon intelligible à tous, mes idées sur la Révolution; mes espérances pour l'avenir. Vous ne me nommerez pas, citoyens : ni vous, dont je sollicite en ce moment le suffrage, n'avez encore eu le temps de me connaître ; ni le gouvernement, qui peut-être aurait dû appuyer ma candidature, n'a le loisir de me comprendre. Mais, électeurs de Paris, vous n'en êtes pas moins le premier jury de la terre ; et ce que votre prudence n'accordera pas à une première vue, je ne désespère pas, à un second examen, de l'obtenir de votre sagesse.

La révolution de février a mis en question toute la société. Dans un moment aussi solennel, toute profession de foi, pour être sincère, doit être complète ; il ne suffit même pas qu'elle soit complète, il faut qu'elle soit motivée. Vous excuserez donc, citoyens, la longueur de ces explications. Je ne suis pas de ceux pour qui une profession n'est qu'un acte diplomatique, où, avec des formules générales, on paraît promettre beaucoup, tandis qu'en réalité l'on ne promet rien du tout.

Le système social, qu'il s'agit de réformer et de refondre, embrasse trois ordres d'idées :

La famille,

L'économie publique,
La forme du gouvernement.

Je vais, sur chacun de ces points, vous dire ce que je pense.

I. — LA FAMILLE.

J'écrivais, il y a deux ans, parlant des rapports de la famille et de la propriété :

« C'est surtout dans la famille que se découvre le sens
« profond de la propriété. La famille et la propriété mar-
« chent de front, appuyées l'une sur l'autre, n'ayant l'une
« et l'autre de signification et de valeur que par le rapport
« qui les unit.

« Avec la propriété commence le rôle de la femme. Le
« ménage, cette chose toute idéale et que l'on s'efforce en
« vain de rendre ridicule, le ménage est le royaume de la
« femme, le monument de la famille. Otez le ménage, ôtez
« cette pierre du foyer, centre d'attraction des époux, il
« reste des couples, il n'y a plus de familles. Voyez, dans les
« grandes villes, les classes ouvrières tomber peu à peu, par
« l'instabilité du domicile, par la pauvreté du ménage et le
« manque de propriété, dans le concubinage et la crapule !
« Des êtres qui ne possèdent rien, qui ne tiennent à rien et
« vivent au jour le jour, ne se pouvant rien garantir, n'ont
« que faire de s'épouser : mieux vaut ne pas s'engager que
« de s'engager sur le néant. La classe prolétaire est donc
« vouée à l'infamie : c'est ce qu'exprimait au moyen âge le
« droit du seigneur, et chez les Romains l'interdiction du
« mariage aux prolétaires.

« Or, qu'est-ce que le ménage, par rapport à la société
« ambiante, sinon tout à la fois le rudiment et la forteresse
« de la propriété ? Le ménage est la première chose que rêve
« la jeune fille ; ceux qui parlent tant d'attraction et qui
« veulent abolir le ménage devraient bien expliquer cette
« dépravation de l'instinct du sexe. Pour moi, plus j'y pense,

« et moins je puis me rendre compte, hors de la famille et
« du ménage, de la destinée de la femme. Courtisane ou
« ménagère (ménagère, dis-je, et non pas servante), je n'y
« vois pas de milieu : qu'a donc cette alternative de si humi-
« liant? En quoi le rôle de la femme, chargée de la con-
« duite du ménage, de tout ce qui se rapporte à la consom-
« mation et à l'économie, est-il inférieur à celui de l'homme,
« dont la fonction propre est le commandement de l'ate-
« lier, c'est-à-dire le gouvernement de la production et de
« l'échange? » (*Système des Contradictions économiques*,
tom. II, chap. X.)

La famille est en progrès dans l'humanité, comme l'industrie, l'art, la science, la morale, la philosophie. Elle s'élève de la communauté ou promiscuité des sexes, condition primitive de la société, à une polygamie déjà exclusive ; puis de cette polygamie au mariage monogame, dont les caractères fondamentaux, quoi qu'on en dise et quoi qu'on fasse, sont la perpétuité et l'inviolabilité. La mort, et certains cas graves, dont la détermination est ce que la philosophie morale présente de plus délicat et de plus difficile, peuvent seuls rompre le mariage.

La révolution de 1848 n'atteint donc pas la famille, ne peut pas l'atteindre. Toute son influence à cet égard consiste à procurer de plus en plus l'idéal de la famille, en réformant la base économique sur laquelle elle repose.

Je protesterais donc contre toute loi, civile ou fiscale, qui aurait pour objet de restreindre ou limiter la puissance paternelle, le principe d'hérédité, la faculté de donation et de testament. L'égalité et la fraternité n'ont pas besoin, selon moi, de telles sauvegardes. Le budget peut et doit se procurer d'autres ressources. Et quant au divorce, je ne crois pas, dans la corruption présente de nos mœurs, qu'il nous convienne de rien préjuger sur cette matière scabreuse ; je regarderais toute loi sur le divorce comme un encouragement au libertinage et un pas rétrograde.

II. — L'ÉCONOMIE PUBLIQUE.

Je suis, vous ne l'ignorez pas, citoyens, l'homme qui a écrit ces paroles : *La propriété, c'est le vol!*

Je ne viens point me rétracter, à Dieu ne plaise ! Je persiste à regarder cette définition brûlante comme la plus grande vérité du siècle. Je n'ai nulle envie non plus d'insulter à vos convictions : tout ce que je demande, c'est de vous dire comment, partisan de la famille et du ménage, adversaire de la communauté, j'entends que la négation de la propriété est nécessaire encore à l'abolition de la misère, à l'émancipation du prolétariat. C'est par les fruits qu'on doit juger une doctrine : jugez donc de ma théorie par ma pratique.

Lorsque je dis : *La propriété, c'est le vol!* je ne pose pas un principe, je ne fais qu'exprimer une conclusion. Vous comprendrez tout à l'heure l'énorme différence.

Or, si la définition de la propriété telle que je l'énonce n'est que la conclusion, ou plutôt la formule générale du système économique, quel est donc le principe de ce système, quelle en est la pratique, quelles en sont les formes?

Mon principe, cela va vous paraître étonnant, citoyens, mon principe, c'est le vôtre, c'est la propriété elle-même.

Je n'ai pas d'autre symbole, pas d'autres principes que ceux de la Déclaration des droits de l'homme et du citoyen : La *liberté*, l'*égalité*, la *sûreté*, la *propriété*.

Comme la Déclaration des droits, je définis la liberté, le *droit de faire tout ce qui ne nuit pas à autrui*.

Comme la Déclaration des droits encore, je définis, provisoirement, la propriété, le *droit de disposer librement de ses revenus, des fruits de son travail et de son industrie*.

Voilà tout mon système : liberté de conscience, liberté de la presse, liberté du travail, liberté du commerce, liberté de l'enseignement, libre concurrence, libre disposition des fruits de son travail et de son industruie, liberté à l'infini, liberté absolue, la liberté partout et toujours?

C'est le système de 89 et 93; le système de Quesnay, de Turgot, de J.-B. Say; le système que professent tous les jours, avec plus ou moins d'intelligence et de bonne foi, les divers organes de nos partis politiques, le système des *Débats*, de la *Presse*, du *Constitutionnel*, du *Siècle*, du *National*, de la *Réforme*, de la *Gazette*; c'est votre système à vous, enfin, électeurs.

Simple comme l'unité, vaste comme l'infini, ce système se sert à lui-même et aux autres de critérium. D'un mot il se fait comprendre, et il force les adhésions; personne ne veut d'un système où la liberté souffrirait la moindre atteinte. D'un mot il se fait reconnaître et éloigne toute erreur : quoi de plus aisé que de dire ce qui est ou n'est pas de la liberté?...

La liberté donc, rien de plus, rien de moins. Le *laissez faire*, *laissez passer*, dans l'acception la plus littérale et la plus large; conséquemment la propriété, en tant qu'elle découle légitimement de cette liberté, voilà mon principe. Pas d'autre solidarité entre les citoyens que celle des accidents résultant de force majeure : pour tout ce qui regarde les actes libres, les manifestations de la pensée réfléchie, insolidarité complète, absolue.

Ce n'est pas là du communiste, certes;

Ce n'est pas le gouvernement de Méhémet-Ali;

Ce n'est pas de la dictature;

Ce n'est pas l'intervention de l'État dans toutes les fonctions civiles, et jusque dans la famille;

Ce n'est ni du Babeuf, ni du Saint-Simon, ni du Fourier.

C'est la foi de Franklin, de Washington, de La Fayette, de Mirabeau, de Manuel, de Casimir Périer, d'Odilon Barrot, de Thiers. Cela vous paraît-il rassurant ou compromettant?

Mais, direz-vous, à ce point de vue, comment résoudre le problème posé par la révolution de février?

Cela revient à dire : Qu'est-ce qui, dans l'ordre des faits économiques, gêne encore l'exercice de la liberté, de la liberté individuelle, comme de la liberté générale?

Ma réponse sera franche et catégorique. Je dirai quelles sont les entraves dont il s'agit, selon moi, de débarrasser la liberté, car il est évident que nous ne nous sentons pas libres, et quels sont les moyens d'y parvenir : ce que je proposerais de faire, si j'étais représentant du peuple ; ce que je ferais si j'étais ministre ; ce que je prendrais pour système de politique au dedans et au dehors si j'étais gouvernement ; ce que je conseillerais au peuple de demander à l'Assemblée nationale, la première fois qu'il ira la visiter, si mes conseils pouvaient prévaloir auprès du peuple ; ce que j'engage enfin tous les amis du peuple à étudier, discuter, développer et répandre, et dont je ne cesserai de poursuivre l'application, jusqu'à ce que l'on me fasse voir que je me trompe, et qu'il existe d'autres moyens, plus directs, plus opportuns, plus spécifiques, plus décisifs, plus révolutionnaires, de nous tirer de l'abîme.

Et d'abord, ne faisons pas comme les médecins étiologistes, qui, à force de rechercher la cause des maladies, finissent par oublier les maladies elles-mêmes et laissent mourir leurs malades. Ne remontons pas la chaîne sans fin des causes et des effets ; considérons le fait en lui-même et disons : La cause du mal, c'est le mal. La cause de la crise, c'est la crise. Le travail est suspendu, les ateliers sont fermés, les magasins restent pleins, le débouché n'appelle plus le produit, le capital fuit, le numéraire se cache, le commerce tombe, l'impôt ne rentre plus, l'État approche de la banqueroute, l'ouvrier à jeun se tord dans le désespoir ; en un mot, la CIRCULATION est nulle : voilà la crise.

La société ne vit plus, comme autrefois, sur la propriété individuelle ; elle vit sur un fait plus générique, elle vit sur la circulation. Toutes les maladies qui affligent aujourd'hui le corps social peuvent se rapporter à une cessation, à un trouble de la fonction circulatoire. Si donc la circulation se fait mal, si elle est entravée, s'il suffit du moindre accident politique pour la faire cesser tout à fait, c'est que l'appareil est mal établi, c'est que la circulation est gênée dans ses mouvements, c'est qu'elle souffre dans son organisme.

Sur quoi repose la circulation dans l'économie de la société? — Sur le numéraire, sur l'argent.

Quel en est le moteur! — L'argent.

Qui ouvre et qui ferme la porte du marché aux produits? — L'argent.

Qui est le roi des échanges, l'étalon du commerce, le type des valeurs? — L'argent.

L'argent est donc nécessaire, indispensable à la circulation? La routine, à cette question, dit oui, la science dit non.

Les produits s'échangent contre les produits, dit la science économique. C'est-à-dire que l'échange doit être libre, direct, immédiat, égal.

Les produits s'échangent contre de l'argent, dit la routine. C'est-à-dire que l'argent n'est qu'un intermédiaire, un instrument d'agiotage, une entrave à la liberté des échanges. De plus, comme l'argent ne fonctionne pas pour rien, la circulation, dans ce système, est sujette à une déperdition continuelle de valeurs, ce qui entretient tout à la fois la consomption et la pléthore dans les diverses parties du corps social.

L'argent est donc un obstacle à la circulation, une entrave à la liberté du commerce et de l'industrie, et par lui-même, comme organe superflu, comme fonction parasite, et parce qu'il coûte, comme cause de déperdition.

Se passer de numéraire, supprimer l'intérêt du capital circulant, telle est donc la première entrave à la liberté que je propose de détruire par la constitution d'une Banque d'Échange.

J'ai exposé ailleurs (1), fort au long, les principes et la théorie de cette Banque, dont la formule ou l'idée-mère est la généralisation de la lettre de change. J'ai dit quelle se-

---

(1) Voir *Résumé de la question sociale (Banque d'Echange)*. 1 vol. in-18, chez Garnier frères, Palais-National.

serait, dans le nouveau système de crédit, l'agent de circulation, quel en serait le mode, le gage et la garantie. J'ai prouvé que l'économie qui en résulterait pour le pays, rien que sur les escomptes, serait d'au moins 400 millions. Je ne reviendrai pas sur ce projet, sur lequel je ne demande pas mieux que de voir s'exercer toutes les sévérités de la critique.

Mais la Banque d'Échange ne peut exister que par la volonté de tous les citoyens, comme elle emprunte sa puissance de leur libre adhésion. Or, cette libre adhésion de tous les producteurs et consommateurs, ce consentement mutuel de 35 millions de citoyens, qu'aucune propagande ne parviendrait peut-être en vingt ans à déterminer, il dépend du gouvernement de l'obtenir en une semaine; il dépend, dis-je, du gouvernement de terminer en une semaine la Révolution.

Que le gouvernement rende, au nom du peuple, les décrets suivants :

1er DÉCRET. — *Réforme banquière.*

« Attendu que l'échange direct, sans numéraire, sans intérêts, est de droit naturel et d'utilité publique ;

« 1. La Banque de France joint à ses attributions celles de Banque d'Echange.

« 2. La commission d'escompte, pour tous les négociants, entrepreneurs, etc., qui adhèreront aux statuts de la Banque d'Echange, est fixée provisoirement à 4 pour cent.

« 3. La commission, intérêt compris, pour tous négociants, etc., qui préféreront l'ancien mode d'échange et circulation sous la garantie du numéraire, est et demeure fixée à 5 pour cent. »

Est-ce créer un papier-monnaie? Est-ce forcer le cours de billets sans gage? Est-ce du communisme, de l'expropriation, de la confiscation, de la banqueroute? Cela ne vaut-il pas mieux cent fois que les comptoirs de garantie, et la conversion frauduleuse des dépôts faits à la caisse d'épargne en rentes sur l'État, et l'ajournement des bons du trésor, et les prolongations d'échéances, et l'impôt somptuaire, et la confiscation des successions collatérales, et toutes ces lois d'extorsion et de spéculation financière, dont notre gouvernement conservateur s'est rendu coupable depuis le 24 février ?

Les détenteurs de numéraire garderont leurs écus : nous ne les leur prendrons pas, nous n'en voulons point. Qu'ils en disposent à leur gré, qu'ils les vendent, les échangent, les fondent, personne n'y trouvera à redire. C'est le fruit de leur travail et de leur industrie! Mais comme le commerce est libre, que la République ne reconnaît pas de droits féodaux, que la concurrence est le remède naturel au monopole, les capitalistes pourraient-ils trouver mauvais que les producteurs s'abstinssent de leur entremise? Nous ne les empêchons pas d'exercer leur industrie; nous ne défendons pas le prêt à intérêt; nous ne supprimons point l'usage de la monnaie; nous ne portons atteinte ni à la liberté, ni à la propriété. Nous demandons seulement que la concurrence soit ouverte entre le principe monarchique et individualiste représenté par la monnaie, et le principe républicain et mutuelliste, représenté par la Banque d'Échange. Nous demandons que ceux qui ne veulent plus payer tribut aux capitalistes pour la circulation de leurs produits, ne soient pas forcés de le payer, quand ils peuvent faire autrement.

2º DÉCRET. — *Conversion et remboursement de la dette.*

L'État représente la totalité des citoyens.

En outre, au point de vue du budget, l'État est l'administrateur d'une partie notable de la fortune publique.

Il y a donc obligation pour l'État de chercher, dans l'intérêt des citoyens qu'il représente, les moyens de gouvernement les plus économiques, comme aussi d'opérer sur ses dépenses toutes les réductions possibles.

Or, l'État trouvant à la Banque d'Echange, sur ses titres d'emprunt, des valeurs qui ne lui coûteraient rien d'intérêt, il est de son devoir d'aviser au remboursement de la dette publique, ou tout au moins à la conversion des rentes, dont le montant dépassera bientôt 400 millions. D'un autre côté, il ne serait pas juste que, tandis que les capitalistes, qui avaient leurs capitaux engagés dans le commerce, en perdent le revenu, ou du moins sont forcés, par la concurrence de la Banque d'Échange, d'abaisser le taux de l'intérêt à 1 pour cent et même au-dessous, les prêteurs de l'État, par un privilége sans motifs, continuassent de recevoir 3, 4, 4 1/2 et 5 pour cent?

Il y a donc ici pour l'État nécessité d'économie et nécessité de justice de mettre les rentes sur l'État d'accord avec le taux des escomptes, en attendant le remboursement définitif.

Je voudrais, en conséquence, que le gouvernement rendît encore le décret suivant, qui n'est qu'un corollaire du premier :

« Attendu que par l'organisation de l'échange direct des produits sans l'intermédiaire de l'argent et sans intérêt, l'Etat, comme tout citoyen, a la faculté de se procurer des fonds à 1 pour cent de commission, en maximum ;

« Considérant qu'il est juste de donner aux contribuables, dont les capitaux, jusqu'à présent engagés dans les opérations commerciales et industrielles, se trouvent désormais hors de service, une compensation légitime ;

« Attendu que la loi doit être égale pour tous :

« Les rentes servies par l'Etat aux divers taux de 3, 4, 4 1/2 et 5 seront converties en rentes 1 pour cent, taux de la Banque d'Echange, jusqu'à remboursement définitif.

« L'exécution du présent décret est confiée au ministre des finances. »

Je vous le demande de nouveau, électeurs, est-ce là de la banqueroute? est-ce de l'expropriation, de la communauté, du phalanstère? Etes-vous bien sûrs que le gouvernement actuel, en substituant dans la vieille ornière, au lieu de rembourser la dette ou tout au moins de réduire la rente, comme il en a la faculté et comme je le propose, n'arrivera pas à une banqueroute dans laquelle tout périra à la fois, le commerce, le capital, le travail et l'État ?

Les rentiers, les déposants à la caisse d'épargne, les communes, les porteurs de bons du toésor, au lieu d'un intérêt à 5 pour cent, n'auront plus qu'un intérêt de 1 pour cent!... Qui en doute? et quel mal y a-t-il à cela? Sommes-nous donc obligés d'emprunter à 5 quand nous pouvons emprunter à 1? Devons-nous payer 5 pour cent d'intérêt aux porteurs de livrets de caisse d'épargnes pour la peine que l'État se donne de garder leurs cconomies? Et puisque, par l'organisation de l'échange, sans intermédiaire et sans intérêt, nous nous trouvons dans la position d'un emprunteur à qui deux capitalistes offriraient leurs fonds, l'un à 5 pour cent, l'autre à 1 pour cent, pouvons-nous être taxés d'injustice parce que nous donnons la préférence au meilleur marché ?

Que les rentiers, les déposants de la caisse d'épargnes, les porteurs de bons du trésor, et tous les créanciers de la dette flottante, soient remboursés, intégralement remboursés, nous le pouvons sans nous faire tort : loin de là, par ce remboursement, nous nous enrichissons. Qu'on ne fasse aucune retenue ; que la propriété soit respectée, mais que le travail soit libre.

3ᵉ DÉCRET. — *Crédit foncier.*

Si l'État, si la totalité des citoyens a le droit incontestable de s'exonérer de ses dettes, voire même de changer de créanciers, quand il y trouve avantage, chaque citoyen qui se trouve dans le même cas a aussi le même droit.

Ajoutons, comme précédemment, que les capitaux prêtés à l'État et ceux engagés dans le commerce ne devant plus produire, après l'établissement de la Banque d'Echange, qu'un intérêt de 1 pour cent, il est de toute justice que les capitaux engagés dans l'industrie et l'agriculture, et prêtés sur hypothèques, soient ramenés au même taux. Ce qui serait injuste, ce serait que les créanciers hypothécaires, jouissant comme tous les citoyens du bénéfice obtenu par la réduction du taux des escomptes et l'allégement de l'impôt, ils ne donnassent, à leur tour, aucune compensation sur leurs propres revenus.

Je proposerais donc encore de rendre le décret suivant :

« Attendu que la propriété est sacrée et inviolable ;

« Attendu que la banqueroute doit être rayée du vocabulaire français ;

« Considérant que le taux de l'escompte et celui des rentes de l'État ont été fixés provisoirement, en maximum, à 4 pour cent ; — Que ce chiffre doit être considéré comme taux légal de l'intérêt, jusqu'à réduction nouvelle ; — Qu'une immense amélioration en doit résulter pour le commerce et la consommation ; — Que les prêteurs sur hypothèques jouissent, comme tous les citoyens, de cette importante amélioration ; — Qu'il est juste, par conséquent, qu'ils contribuent pour leur part à la fortune publique.

« L'État garantit à tous les créanciers hypothécaires le remboursement de leurs capitaux.

« Ce remboursement sera effectué, soit par annuités de 5 pour cent, soit intégralement en une fois, à la convenance de l'emprunteur.

« Jusqu'à parfait remboursement, il sera payé au créancier, chaque année, à titre d'intérêt, 4 pour cent sur la somme due.

« L'exécution du présent décret est confiée aux soins des citoyens grevés d'hypothèques, qui adhèreront aux statuts de la Banque d'Echange. »

La conversion des créances hypothécaires en créances remboursables par annuités et sauf intérêt de 4 pour cent, produirait pour tout le pays une économie de plus de 1,200 millions.

Eh bien ! y a-t-il là ombre d'injustice ? Les créanciers auraient-ils le droit de se plaindre ? Les débiteurs seraient-ils des gens de mauvaise foi ? Pouvons-nous, producteurs, être condamnés à subir éternellement la suzeraineté du nu-

méraire? à payer à tout jamais l'aubaine du capital?.....
Par la Banque d'Échange, l'échange, affranchi de tout
péage, fait lui-même fonction de capital, fonction de numéraire.

Or, la concurrence est libre depuis 1789, non-seulement
entre les industriels, mais entre les capitalistes : quelle loi,
divine ou humaine, pourrait nous enlever le bénéfice de
cette concurrence? Et lorsque cette bienfaisante concurrence,
comme une découverte inattendue, comme un moteur dont
la puissance serait infinie et la dépense nulle, vient changer
toutes les conditions de la production et de l'échange, et
bouleverser l'économie de la société ; au nom de quel principe nous ferait-on perdre, pendant une seule minute, le
bénéfice de l'invention?

Comparez maintenant, dans sa moralité et dans ses effets,
le décret que je dépose ici avec celui rendu par M. Garnier-
Pagès sur les créances hypothécaires. M. Garnier-Pagès a
agi précisément comme le voulait Barbès : il a entrepris de
frapper une contribution sur les riches ; il n'a fait que prouver son incapacité par une sottise et une injustice. Le riche,
en tant que capitaliste, est invulnérable à l'impôt : cela est
désormais connu de tous les économistes. Mais il n'y a plus
de riches, et en organisant la délation entre créanciers et
débiteurs, M. Garnier-Pagès n'a réussi qu'à démoraliser les
consciences, rendre plus introuvables les capitaux et frapper
au hasard les créanciers malhabiles à se soustraire au recen-
sement. Cependant M. Garnier-Pagès est au pouvoir, et
Barbès, le loyal Barbès est en prison !

Comparez encore l'effet que produirait sur la population
des campagnes la conversion des créances hypothécaires au
moyen de la Banque d'Échange, avec celui obtenu par un
autre décret du même Garnier-Pagès, je veux parler de celui qui augmentait de 45 centimes la contribution foncière.
L'hostilité des paysans à l'égard de la République est là
pour répondre. Et puis, remarquez la contradiction. C'est

dans le temps même que l'on s'occupe de crédit agricole que l'on augmente l'impôt agricole!...

Et M. Garnier-Pagès, cet élu de la bourgeoisie, ce routinier de la finance, qui a, plus que personne, plus que les théories de M. Louis Blanc, plus que les circulaires de M. Ledru-Rollin, désorganisé la République, discrédité la Révolution, compromis la propriété, accéléré la banqueroute, M. Garnier-Pagès est un conservateur! Et nous, qui ne songeons qu'à rembourser la propriété, nous sommes des partisans de la loi agraire, des communistes!...

4ᵉ DÉCRET. — *Echéances et remboursements.*

« La Banque fait l'escompte en numéraire, au taux de 5 pour cent ; — en bons d'échange à 1 pour cent.

« En conséquence, et par les mêmes considérations, précédemment développées, tout adhérent à la Banque d'Echange devra jouir sur tous paiements et remboursements d'obligations par lui souscrites antérieurement à l'existence de la Banque, d'une remise égale à la différence entre l'intérêt stipulé au profit du créancier et la commission perçue par la Banque d'Echange, pour tout le temps qui se serait écoulé jusqu'au terme de l'obligation, depuis l'installation de la Banque. »

Il arrive ici précisément la même chose que dans le cas d'une réduction de droits. Supposons qu'un décret de gouvernement abolisse tout-à-coup, comme cela a eu lieu en 1847 pour les céréales, les droits de transit à la frontière, de navigation, de circulation, tous les droits de régie, en un mot. Tout consommateur aurait le droit, quels que fussent ses engagements avec l'entrepreneur et le fabricant, d'obtenir une réduction proportionnelle sur le prix des produits et services.

L'organisation de la Banque d'Échange est un événement en dehors des prévisions des parties, qui vient faire baisser partout la redevance du capital, et qui, par conséquent, doit profiter immédiatement à tous les citoyens loueurs de capitaux, acquéreurs de numéraire, acheteurs à terme, même spéculateurs sur les fonds publics, etc. Où donc serait l'injustice? En quoi la propriété serait-elle violée? En quoi la famille, la morale publique outragée?

Pour l'exécution de ce décret, s'en rapporter à la diligence des débiteurs.

Si le gouvernement de février, en prenant possession du pouvoir, avait trouvé dans les caves de l'Hôtel-de-Ville, dans les souterrains des Tuileries, dans les casemates de Vincennes et du Mont Valérien, un capital de 100 milliards :

Si, avec le secours de ce capital, il avait créé une Banque où toutes les valeurs du commerce, portant deux signatures et représentant une valeur réelle, acceptée et livrée, auraient été reçues à l'escompte au taux de 1 pour cent, intérêt et commission compris ;

Si, non content de restaurer le commerce et l'industrie, menacés de périr par la désertion des capitaux et la trahison du numéraire, il avait remboursé la dette de l'État et dégrevé le budget de 400 millions de rentes annuelles ;

Si, se mettant ensuite aux lieu et place des créanciers hypothécaires, il avait remboursé leurs 14 milliards de créances, fondé sur de nouvelles bases le crédit agricole, et réduit l'intérêt des prêts sur hypothèques, comme celui des escomptes, à 1 pour cent ;

Si, par cette fortune inespérée, faisant baisser sur tous les points le loyer des capitaux, il avait ordonné qu'il serait fait remise à tous débiteurs, par leurs créanciers, sur les obligations et remboursements à échoir, de la différence d'intérêt, du jour d'institution de la Banque d'Echange jusqu'au terme des obligations ;

Le gouvernement, par chacune de ces dispositions, aurait-il fait chose juste? Aurait-il compromis la fortune publique? Sa politique aurait-elle été imprudente ou déloyale? Et parce que, sans demander rien à personne, sans taxe extraordinaire, sans contribution exceptionnelle, sans emprunt, sans mesure coërcitive, sans confiscation, sans banqueroute, sans atteinte à la propriété, sans escobarderie gouvernementale, par le seul fait de la découverte d'un trésor immense, il aurait répandu à pleines mains, dans la nation, la richesse, le bien-être, la sécurité et la liberté; parce qu'il aurait détruit la féodalité mercantile, l'aristocratie financière, le bon plaisir de l'argent; parce qu'il aurait affranchi le travail, débarrassé la circulation de ses entraves, nivelé, à force de richesse, toutes les fortunes, serait-on en droit de l'accuser de communisme, de terrorisme et d'anarchie?

Or, telle est précisément la situation dans laquelle je propose de mettre le gouvernement, par l'institution de la Banque d'Echange.

L'organisation de l'échange agit sur les relations économiques exactement comme ferait un capital qui s'augmenterait d'autant plus qu'on lui emprunterait davantage. L'échange est, comme le travail, un mode de créer de la richesse avec rien. C'est pour cela que l'échange est le rival du capital, en ce qui concerne la circulation, la commandite et toutes les opérations du crédit.

Organiser l'échange, c'est organiser la baisse indéfinie, jusqu'à extinction, sur le loyer des capitaux; c'est organiser la victoire du travail sur le capital, quelque forme qu'il prenne, capital monnaie et capital instrument, capital mobilier et capital immobilier, capital matériel et capital moral ou métaphysique.

Et comme l'organisation de l'échange dans l'ordre économique entraîne une organisation analogue des fonctions dans l'ordre politique, il s'ensuit que la forme du gouvernement résulte encore de la forme du crédit, en sorte que, organiser le crédit, la mutualité, l'échange, c'est organiser la République.

La Révolution est là tout entière. Et la ruine de l'ancien système est si complète, nous sommes arrivés si bas dans cette chute, qu'on peut hardiment défier qui que ce soit de relever le crédit sur son ancienne base et de sauver le pays par les moyens connus.

J'ai dit comment, par la Banque d'Echange, la circulation était à l'instant même rétablie, la rente convertie ou remboursée, le crédit agricole fondé, les intérêts des débiteurs, pour leurs obligations à échoir, sauvegardés.

Poursuivons cette série de réductions, et en contemplant les bienfaits du principe qui a vaincu en février, apprenons à défendre la Révolution, apprenons à aimer la République.

Aux décrets dont j'ai donné l'analyse, je proposerais donc d'ajouter les suivants.

5ᵉ DÉCRET. — *Intérêts et dividendes des sociétés par actions.*

« Considérant que les capitalistes-actionnaires, faisant partie de sociétés anonymes et en commandite pour l'exploitation des diverses branches du commerce et de l'industrie, profitent, comme les autres citoyens, de la diminution des impôts, et du dégrèvement des charges qui pesaient auparavant sur l'agriculture et le commerce; — Qu'il est juste, par conséquent, qu'ils contribuent pour leur part à ce dégrèvement, par une réduction analogue sur l'intérêt des actions qu'ils ont souscrites; — Qu'agir autrement ce serait créer, en faveur desdits actionnaires, un privilége sans droit; — Qu'au surplus rien ne serait plus facile dans beaucoup de cas, que d'établir, à côté de ces sociétés, des entreprises rivales, commanditées par la Banque d'Echange;

« Attendu la connexité et l'identité des espèces;

« Les intérêts et dividendes sont réduits, dans toute société par actions, à 4 pour cent, ensemble, du capital versé, et seront acquittés à ce taux, s'il y a lieu, jusqu'à remboursement définitif.

« Le présent décret, applicable à toutes entreprises formées par actions pour l'exploitation des mines, canaux, chemins de fer, transports, messageries, constructions, salines, produits chimiques, filatures, verreries, etc., etc., est confié pour l'exécution à la diligence des directeurs, gérants, comptables, associés, et porteurs d'actions industrielles desdites compagnies. »

Je vous le demande de nouveau, lecteurs, et je vous le demanderai jusqu'à la fin, où est ici la spoliation ? où est le communisme? Est-ce là ce système d'absorption et d'exploitation par l'Etat, dont la menace était une folie, dont la réalisation est impossible? Faire jouir les entreprises par actions des bienfaits de l'échange direct, du crédit mutuel, sans numéraire et sans intérêt; dégrever la grande et la petite industrie, le haut et le bas commerce, des tributs qui les écrasent, et sous forme d'escomptes, et sous forme d'impôts, et sous forme d'agiotage; donner l'essor au travail et la vie aux fabriques en réduisant sans cesse les frais fixes de la production, n'est-ce pas la vraie formule du progrès, la vraie théorie de la liberté?

6ᵉ DÉCRET. — *Loyers de maisons.*

La loi civile a distingué les biens en meubles et immeubles.

L'économie politique, qui considère les biens, non dans leur forme extérieure, mais au point de vue de la production, les confond tous dans la même catégorie, sous le nom de capitaux.

L'identité des capitaux, comparés entre eux au point de vue de la production et du droit qu'ils donnent au propriétaire d'en tirer un revenu, est sensible, notamment entre les maisons et les actions de la société en commandite. — Une société par actions se forme pour la construction d'une rue, de tout un quartier, et pour la location et exploitation des bâtiments. D'après l'article 518 du Code civil, ces bâtiments sont immeubles par nature, et chaque propriétaire peut et doit, en conséquence, être réputé propriétaires d'immeubles. Mais d'après l'article 529, l'action, qui est ici le titre de propriété, est meuble aussi par nature, en sorte que le même propriétaire peut, à bon droit, et relativement au même objet, être considéré comme propriétaire de meuble et d'immeuble.

Le Code civil contient donc, au moins dans l'espèce qui nous occupe, une distinction fâcheuse; contre laquelle le

Code de commerce proteste en vain. La Banque d'Echange vient à propos faire cesser ce malentendu.

« Attendu, dirait le gouvernement, qu'il y a identité entre les actions d'une société formée pour l'exploitation d'une mine et les actions d'une société pour la construction d'un bâtiment ; entre le capital engagé dans des machines et le capital engagé dans des maisons ;

« Attendu que la construction d'un édifice n'est autre chose qu'un acte d'échange entre les architectes, tailleurs de pierres, maçons, charpentiers, menuisiers, plâtriers, ferblantiers, briquetiers, vitriers, serruriers, etc., et le capitaliste qui achète leurs services ;

« Attendu qu'au moyen de la Banque d'Echange, tous producteurs peuvent et doivent se considérer comme capitalistes ; qu'il leur est ainsi facultatif d'acquérir, individuellement ou collectivement, moyennant crédit sur caution, avances sur consignations, escompte de leurs factures, etc., le travail des ouvriers constructeurs, et de se procurer des habitations commodes et à bas prix ;

« Considérant que la réduction de l'intérêt sur l'instrument de circulation, a entraîné successivement une réduction équivalente sur la rente de l'Etat, sur les obligations hypothécaires et les actions de commandite ; qu'une réduction analogue sur l'intérêt des capitaux engagés dans les propriétés bâties en est la conséquence nécessaire ; qu'il y aurait injustice à ce qu'il en fût autrement ;

« Par ces motifs :

« Le prix des loyers sur tout le territoire de la République, est réduit à 1 pour cent de la valeur actuelle des maisons, déduction faite de l'amortissement des frais d'entretien et des contributions.

» Une expertise sera faite, par les agents-voyers, architectes et ingénieurs des villes et des départements, accompagnés des maires, et en présence des propriétaires, à l'effet de reconnaître la valeur des propriétés bâties, en l'état qu'elles se trouvent ; d'en fixer le revenu légal, et d'assigner à chaque compartiment sa valeur locative.

« L'intérêt ou loyer ainsi fixé sera payé par le locataire jusqu'à liquidation et remboursement intégral de l'immeuble, après quoi il sera pourvu par l'Etat, sur nouveau plan, à sa restauration définitive.

» Les baux échus sont prolongés de deux ans, à la convenance des locataires.

« Le présent décret sortira son effet à partir du 24 février 1848. Son exécution est confiée à la diligence des locataires, qui tous devront justifier de leur adhésion à la Banque d'Echange, à peine d'être déchus du bénéfice que leur assure le présent décret.

« Les propriétaires qui n'auront point adhéré aux statuts de la Banque d'Echange, outre qu'ils ne pourront exiger de loyers supérieurs à ceux fixés par les procès-verbaux d'expertise, ne pourront non plus exiger le paiement en numéraire de leurs termes que jusqu'à concurrence de la moitié.

« Il sera fait état aux locataires des sommes qu'ils auront payées en trop pour les jours de location écoulés depuis le 24 février 1848 jusqu'à la promulgation de la présente loi. »

Ce décret parle de lui-même et n'a pas besoin de justification.

Sur 400,000 négociants, marchands, fabricants, ouvriers, producteurs de toute espèce, voyageurs, rentiers, etc , qui habitent le département de la Seine, les propriétaires ne sont pas 15,000, pas 1 sur 30. S'il était question de sacrifices à faire à l'intérêt général, certes, on ne pourrait accuser le décret de frapper le grand nombre au profit de quelques-uns, comme il arrive si souvent en matière budgétaire. Loin de là, ce serait une minorité imperceptible sacrifiée à l'intérêt de l'immense majorité.

Mais il ne s'agit point ici de sacrifice, il ne s'agit que de justice.

La propriété bâtie, au lieu de continuer son jeu de pompe aspirante sur la production, ne prélève plus que son propre amortissement. Les loyers baissent partout de 25 à 30 pour cent, la population entière est déchargée d'un poids énorme ; et le propriétaire n'a point à se plaindre, pas plus que le capitaliste, pas plus que le rentier, pas plus que le porteur d'actions. Il profite, comme tout le monde, du bon marché général ; il doit subir par conséquent, comme tout le monde, et pour ce qui le concerne, les effets de la concurrence que l'échange fait au capital.

Pensez-vous, citoyens, que vos affaires en iraient plus mal, si demain le législateur, en même temps qu'il vous rouvrirait le crédit et le débouché, en même temps qu'il vous ferait jouir d'une immense réduction sur le prix de toutes choses, vous apprenait qu'à partir du 24 février, au lieu de 12 mois de loyer que vous avez à payer chaque année, vous n'en aurez plus que 8? Cette réduction vous arrivant comme un rafraîchissement à un malade, ne serait-elle pas pour vous, dans cette crise affreuse, d'un immense soulagement? Vous croiriez-vous en communauté de ménage avec les Icariens, les Phalanstériens, les Égalitaires, parce que vous jouiriez comme eux d'un dégrèvement sur votre loyer? Diriez-vous que c'est la ruine de la France, le signal de la banqueroute et de la détresse du pays? Préféreriez-vous, à cette munificence de la banque d'échange, une augmentation de votre patente, de votre contribution personnelle, mobilière, locative, avec toutes les angoisses d'une restauration dynastique? Croyez-moi : ceux qui nient la propriété, qui savent ce qu'ils nient et ce qu'ils affirment, ne veulent pas autre chose que la liberté du travail par l'abolition de l'intérêt du capital.

7ᵉ DÉCRET. — *Fermages ou rente foncière.*

Lorsque la réforme des taxes et péages qui grèvent la production, qui arrêtent la circulation, qui rendent impossible la consommation, aura été largement inaugurée : 1° par l'abaissement de l'escompte de 8 à 1 pour cent; 2° par le remboursement de la dette publique ; 3° par l'extinction ou la conversion des créances hypothécaires ; 4° par les remises sur remboursements à échéances ; 5° par la fixation à 1 pour cent des intérêts et dividendes des actions de commandite ; 6° par la tarification des loyers : alors le moment sera venu de réduire aussi le prix des baux agricoles, d'éteindre la rente foncière, en un mot de racheter la terre, de rembourser la propriété.

Le remboursement de la propriété, telle est la conséquence légitime, inévitable, d'une institution de crédit fondée sur l'absence du numéraire et la nullité de l'intérêt.

Ni le fermier ne pouvait être laissé dans une pire condition que celle faite au commerçant et à l'industriel ; ni le propriétaire foncier ne pouvait conserver un privilége désormais incompatible avec l'économie générale ; ni le pays ne devait souffrir que l'agriculture fût abandonnée plus longtemps à la misère du métayage, au hasard de la petite culture, au bon plaisir de la routine.

Ainsi, sans rien préjuger sur l'organisation ultérieure de l'agriculture, et me renfermant exclusivement dans la période de transition, je proposerais de décréter par une loi :

Que le taux du fermage pour les terres, prairies, vignobles, etc., de toute qualité, fût réduit de 25 pour cent sur la moyenne des vingt dernières années ;

Que les baux fussent prolongés de trois ans, à la convenance des fermiers ;

Que la valeur des propriétés affermées fût calculée en prenant le fermage alloué comme x pour cent du capital ;

Que lorsque, par l'accumulation des annuités, le propriétaire serait rentré dans la valeur de son immeuble, augmentée d'une prime de 20 pour cent, à titre d'indemnité, la propriété fît retour à la société centrale d'agriculture, chargée de pourvoir, par la création de compagnies locales, à l'organisation agricole ;

Que l'obligation de cultiver étant la condition *sine quâ non* du droit de la propriété, toute terre non cultivée ferait de même retour à la société ;

Que les fermages actuellement échus seraient acquittés moitié en billets d'échange, moitié en numéraire, à la convenance des fermiers ;

Qu'à l'expiration du remboursement, les propriétaires, et après eux les fermiers, auraient privilége de gestion et de direction sur la propriété ;

Que l'exécution de cette loi fût confiée à la diligence des parties intéressées.

Qu'est-ce que cette opération de rachat, rendue inévitable par l'immédiateté de l'échange et par les conséquences qui en résultent, la démonétisation de la monnaie, la dépréciation du numéraire, l'abolition des taxes prélevées par le capital, le remboursement de la dette publique, l'extinction de l'usure hypothécaire, le nouveau régime d'édilité ; qu'est-ce, dis-je, que ce rachat du sol, dont l'unique but est de centraliser l'exploitation agricole et de rendre plus solidaires les diverses parties du territoire, sans rien ôter à la liberté et à la responsabilité du laboureur,—a de commun avec la communauté et la loi agraire ? Qu'est-ce que la famille peut avoir à en redouter ? Qu'est-ce que le principe d'hérédité, le droit de tester, en peuvent souffrir ?

Voulez-vous que l'agriculture double ses produits ? Voulez-vous donner à vos ouvriers le pain, la viande, le vin, tous les objets de consommation, en un mot, à bon marché ?

Abolissez les taxes qui écrasent le paysan ; organisez le crédit agricole par la banque d'échange, et centralisez l'exploitation du territoire par le rachat. Alors vous verrez les bras se reporter d'eux-mêmes vers l'agriculture : le paysan, assuré de vivre au grand air et au soleil, ne viendra pas chercher l'ombre de nos villes. Alors vous aurez l'équilibre entre les fonctions, l'équivalence entre les produits, l'égalité entre les fortunes. Vous comprendrez que la propriété, réduite ainsi à sa juste mesure, n'est pas autre chose que le *droit de consommation*; et sans être plus communiste que moi-même, vous direz avec moi que la propriété, le péage perçu au nom du capital, le dernier des droits féodaux, est un vol !

O vous, Montagnards, qui n'avez jamais eu que des intentions, et pas une idée, apprenez donc enfin votre métier de révolutionnaires ! Vous cherchez la liberté, l'égalité, la fraternité ! Vous voulez organiser le travail ! Et vous n'avez d'instrument que la force, d'autorité que la dictature, de principe que la terreur, de théorie que les baïonnettes !... Du 25 février au 23 avril, vous avez eu le pouvoir, et vous n'avez su l'employer que pour le perdre. Vous vouliez frapper le capital, et votre fiscalité routinière n'a su atteindre que le travail. Vous ne saviez pas par où il fallait prendre le capital. Vous étiez devant lui comme une meute altérée de sang en présence d'un hérisson. Fiez-vous-en, une fois, à un homme du métier. Organisez l'échange, l'échange direct, sans numéraire; sans intérêt : et tous ces péages qui arrêtent la circulation, toutes ces taxes qui, sous mille formes, aspirent au profit du parasitisme le plus pur de la richesse sociale tombent sans retour. Au lieu d'attaquer le publicain dans son coffre-fort, attaquez-le dans son industrie. Abaissez les barrières, déliez les bras du travailleur, rognez les ongles au privilége, coupez les vivres au monopole, et puis laissez le producteur jouir de son produit, disposer à son gré du fruit de son travail et de son industrie. *Laissez faire, laissez passer*, faites place à la liberté : le reste vous sera donné par surcroît.

Est-il donc si difficile de comprendre que c'est par l'argent, par cette fatale chaîne du numéraire, que le travail est inféodé au capital, et la société matérialisée? qu'une fois le travail rendu libre comme la pensée par l'organisation de l'échange, toutes les causes d'inégalité, tous les priviléges, tous les monopoles disparaissent? que ce premier problème résolu nous donne la clé de tous les autres, depuis le problème de l'impôt jusqu'à celui de la valeur, depuis le problème de la souveraineté jusqu'à celui de la certitude?

Si, par une organisation que le bon sens appelle, que la théorie affirme, que l'expérience atteste, l'échange des produits contre les produits s'opérait d'une manière directe, sans intermédiare et sans prélèvement, la mutualité du crédit opérant comme capital, comme capital inépuisable et gratuit, la circulation n'aurait pas à supporter une taxe de 400 millions sur ses escomptes, et l'usure financière serait impossible.

L'État pouvant escompter gratuitement ses rentrées, ne

serait pas dans la nécessité d'augmenter indéfiniment sa dette et de payer 400 millions de rentes, et l'usure budgétaire serait impossible.

L'industrie et l'agriculture, trouvant des fonds à 1 pour cent au plus et tout frais compris, ne seraient pas écrasées sous une dette permanente et toujours croissante de 14 milliards, et l'usure hypothécaire serait impossible.

Les compagnies par actions, n'ayant à payer non plus pour tous intérêts et dividendes que 1 pour cent, prendraient un nouvel essor et feraient jouir le pays de tous les bénéfices annoncés par leurs programmes, et l'usure commanditaire serait impossible.

Les habitants des villes et des campagnes, grâce à la facilité des constructions, verraient diminuer leurs loyers de 50 et 80 pour cent, restaurer, embellir leurs habitations, et l'usure locative serait impossible.

Le fermier, mettant le marché en main au propriétaire que la loi obligerait d'exploiter ou de faire exploiter à peine de retrait de la propriété, obtiendrait une réduction du tiers, de moitié, de trois quarts, sur le fermage, et l'usure territoriale serait impossible.

Et comme l'abolition de l'usure serait commune à tous, au capitaliste banquier, au rentier de l'État, au créancier hypothécaire, au porteur d'actions, au propriétaire de maisons et de terres; que chacun d'eux profiterait, comme tous les autres, du bon marché qui en résulterait sur tous les produits; que d'ailleurs la suppression des intérêts et péages établis sur la circulation impliquerait remboursement immédiat et par annuités de tous les capitaux prêtés ou loués à usure : la Banque d'Échange, en faisant jouir le travailleur de ses incontestables droits, ne ferait pas banqueroute au capitaliste, ne ruinerait personne.

Or, l'usure, soit la redevance payée au capital, ainsi abolie dans l'escompte, la rente, le crédit foncier, la commandite, les loyers et les fermages; toute autre espèce de privilége, cumul, monopole, traitement, sinécure ou parasitisme, se trouve désormais sans prétexte et devient impossible.

La *douane*, par exemple, serait impossible, les 25 millions qu'elle coûte chaque année seraient épargnés, et la contrebande ne serait plus un délit, car il n'y aurait plus de contrebande. En effet, la production nationale étant dégrevée de plus de 3 milliards 200 millions pour frais généraux de circulation, prêts sur hypothèques, impôts, loyers, commandites et fermages, soit environ de 30 pour cent, elle n'aurait plus rien à craindre de la concurrence étrangère ; dans tous les cas, nos importations devant toutes être payées en papier d'échange, c'est-à-dire en produits, notre capital n'aurait plus à craindre d'être entamé par l'usure du dehors, et son intégralité serait assurée. Le problème de la balance du commerce serait résolu. Du reste, les employés de la douane n'auraient rien à redouter pour leur existence de la réforme : le commerce, l'agriculture et l'industrie, plus prospères que jamais, les auraient bientôt absorbés.

Avec la douane, tous droits analogues, *de navigation, circulation, transit, octrois*, etc., devraient être également abrogés, ou du moins réduits dans une large mesure. Ce serait l'objet d'un 8ᵉ DÉCRET, que je voudrais confier, pour l'exécution, aux citoyens les moins suspects de mollesse à l'encontre de la douane, aux libres-échangistes.

9ᵉ DÉCRET. — *Traitements et cumuls.*

Le gouvernement, sous la République aussi bien que sous la monarchie, a toujours reculé devant les demandes réitérées de réduction de traitements de ses fonctionnaires : pourquoi cela ? Parce qu'il ne serait pas juste, parce qu'il n'est pas possible que les fonctionnaires de l'État, chacun suivant son mérite et sa dignité, jouissent d'une existence inférieure à celle des ouvriers, commerçants, industriels et propriétaires, ayant des facultés égales et une position analogue.

Autrement, personne ne voudrait servir l'État, et le gouvernement serait livré à des esclaves. Un facteur rural peut-il gagner moins qu'un tailleur? Un directeur des Postes, de Sèvres, de la Régie, des Gobelins, un préfet, peut-il être moins payé qu'un directeur de compagnie de chemin de fer ou de mine? Un président de cour d'appel doit-il être au-dessous d'un avocat? Un ministre plus mal logé qu'un banquier?...

Dans le système actuel, les économies sur les traitements sont impossibles : avec la Banque d'Échange, ces considérations n'existent plus. Les capitalistes, rentiers, propriétaires, commerçants, industriels et autres, qui tiraient la majeure partie de leurs revenus de l'intérêt de leurs capitaux, ne seraient plus un objet d'envie et un argument de l'ambition. Tout au contraire, ce seraient eux qui viendraient réclamer une compensation à leurs redevances perdues ; et comme, cette fois, l'intérêt des bourgeois serait d'accord avec celui du Peuple, le gouvernement serait forcé de s'exécuter devant la volonté générale.

C'est en prévision de cet inévitable résultat de la Banque d'Échange, que je proposerais à l'Assemblée de rendre le décret suivant :

« Attendu que, par l'organisation de l'échange, les capitalistes ayant des fonds engagés dans le commerce, les rentiers de l'État, les prêteurs sur hypothèque, les porteurs d'actions, et les propriétaires d'immeubles ont vu successivement diminuer et annihiler la productivité de leurs capitaux ; — Que tous ensemble ont été mis dans la nécessité d'exploiter et faire valoir eux-mêmes leurs propriétés, à peine de manger le fonds et de perdre le revenu, ou même d'être déchus de leur titre ; — Que les entrepreneurs d'industrie ont été forcés, à leur tour, de baisser le prix de leurs produits par la concurrence de l'étranger ; — Que de cette réduction progressive des intérêts, rentes, loyers, fermages, dividendes et bénéfices, ainsi que du travail des capitalistes et propriétaires, il est résulté une augmentation considérable dans la richesse publique et dans le bien-être des particuliers ; — Que cette amélioration a profité aux fonctionnaires de l'État, comme à tous les citoyens ; — Qu'il est juste, par conséquent, que lesdits fonctionnaires y contribuent, d'autant plus que leurs fonctions sont essentiellement improductives :

« Le maximum de traitement des fonctionnaires de l'État est fixé à 10,000 francs.

« Les traitements inférieurs à 10,000 francs existant à ce jour, seront réduits dans les proportions ci-après :

De 25 francs à 20 francs,	par jour,	1/3
De 20 francs à 15 francs,	—	1/4
De 15 francs à 10 francs,	—	1/5
De 10 francs à 7 francs 50 centimes,	—	1/6
De 7 francs 50 centimes à 5 francs,	—	1/7
De 5 francs à 4 francs,	—	1/8
De 4 francs à 3 francs 50 centimes,	—	1/10
De 3 francs 50 centimes à 3 francs,	—	1/12
De 3 francs à 2 francs 50 centimes,	—	1/15
De 2 francs 50 centimes à 2 francs,	—	1/20

« Les pensions seront réduites suivant la même échelle de proportion.

« Tout cumul d'emploi, lorsque la somme des traitements réunis dépassera 2,400 francs, est interdit.

« Le chiffre fixé pour chaque traitement et salaire ne pourra jamais être rehaussé.

« La réduction sur les salaires ne descendra provisoirement que jusqu'à 2 francs. Mais l'État ne garantit à ses employés aucun minimum : il admet en principe, et partout, avec l'égalité de l'échange, la libre concurrence, la sous-enchère et le marchandage, en un mot la réduction à l'infini. »

10ᵉ DÉCRET. — *Offices ministériels et tarifs.*

Réduire les traitements des employés de l'État, de même que diminuer les escomptes, les impôts, les intérêts de capitaux, les bénéfices de monopoles, c'est la même chose que diminuer les frais généraux de la production, et conséquemment augmenter la richesse publique. D'après ce principe, et par tous les motifs précédemment exprimés, l'État ou la société qu'il représente serait donc encore en droit de rechercher et d'exiger une économie analogue sur les honoraires, commissions et tarif des offices ministériels, notaires, avoués, huissiers, greffiers, agents de change, courtiers de commerce, commissaires-priseurs et autres emplois dont les titulaires, bien que personnellement responsables et indépendants de l'État, relèvent pourtant de l'État.

Par la même raison encore, l'État devrait imposer une réduction égale aux compagnies de chemins de fer, de crocheteurs, de modaires, à toutes corporations exerçant, par privilége, des services publics ou des fonctions libres. La chose est facile, et ce serait justice.

Je voudrais donc qu'il fût rendu un décret portant réduction de 20, 25 et même 50 pour cent, suivant les cas, de tous ces tarifs ; et j'ai la science et la conscience que le gouvernement aurait fait chose utile, juste et de bon exemple.

11° DÉCRET. — *Appointements et salaires.*

S'il est vrai que réduire les intérêts du capital et le budget de l'État ce soit diminuer les frais généraux de la production, et que diminuer les frais généraux de la production ce soit augmenter la richesse générale ; il faut dire aussi, et c'est le corollaire de toutes les propositions précédentes, que, dans ce régime d'égalité de l'échange, où ni le capital, ni le privilége, ni le parasitisme ne prélèvent rien, où l'État est ramené au strict nécessaire, et l'impôt à sa plus juste et plus simple expression, où le producteur reçoit l'équivalent de son produit, dans cette situation, dis-je, il faut dire que plus le salaire diminue, plus le travailleur s'enrichit.

En effet, diminution de salaire est synonyme d'augmentation de travail : puisque, si vous exprimez par 5 francs ou par 5 schellings, ou par 80 batz, ou par 25 grammes d'argent, ou ce qui revient au même, mais qui est beaucoup plus exact et qui ne varie jamais, par dix heures de travail, la même quantité de drap, de toile ou de calicot, que vous exprimiez auparavant par 6 francs, ou 6 schellings, ou 40 batz, ou 30 grammes d'argent, ou douze heures de travail, il est clair qu'à cette réduction de la quantité qu'on appelle *salaire*, correspond une augmentation équivalente de cette autre quantité qu'on appelle *produit*. Et si la réduction a lieu pour tout le monde et sans exception, il est évident encore qu'à cette réduction générale des salaires correspondra une augmentation générale de la production collective ; que si, par exemple, la somme des réductions ainsi opérées sur les salaires, est d'un milliard, l'accroissement du produit national sera d'un milliard.

Ce qui produit la misère n'est donc pas la baisse générale des salaires, c'est leur abaissement inégal et partiel. C'est en ce sens qu'on peut dire que certaines classes d'ouvriers gagnent *trop*, tandis que d'autres gagnent *trop peu* ; l'inégalité, ou pour mieux dire, le défaut de proportion qui résulte des priviléges, monopoles, agiotages, surproductions, etc., rendant les uns exploiteurs des autres, absolument comme le capitaliste est exploiteur de l'industriel.

C'est donc aux travailleurs que je fais appel en ce moment : c'est à leur justice, à leur patriotisme que je m'adresse. Eux, pour qui s'est faite la Révolution de février ; eux qui ont arboré l'antique bannière républicaine, avec la devise Liberté, Egalité, Fraternité, voudront-ils à leur tour devenir exploiteurs, et, par égoïsme, par hypocrisie, par mauvaise foi, et, par un calcul stupide, voudront-ils arrêter la Révolution ? Qu'ils le disent au plus vite, car de leur réponse dépend l'avenir de leurs enfants, l'avenir de la société ; et j'atteste, pour ma part, que leur refus rendrait impossible toute amélioration de la classe ouvrière.

Je proposerais donc que la mesure indiquée par les deux décrets précédents, relativement aux employés de l'État, ainsi qu'aux officiers ministériels et aux corporations privilégiées, fût généralisée et étendue à toutes les classes de travailleurs ;

Qu'en conséquence, INVITATION fût adressée par le gouvernement à tous entrepreneurs, fabricants, commerçants, extracteurs, artisans, ouvriers, producteurs de toute espèce, de réduire spontanément leurs appointements et salaires, suivant l'échelle proposée pour les salariés de l'État.

Les salaires réduits ne pourraient jamais être rehaussés : la société admet en principe que la réduction du salaire étant synonyme d'augmentation du produit, doit être irrévocable et indéfinie.

Il serait indispensable, pour le bon ordre et la bonne règle, que les ateliers, manufactures, établissements industriels, etc., publiassent l'état comparatif de leurs appointements et salaires, antérieurement et postérieurement au décret.

Faute par les manufacturiers, industriels, commerçants, entrepreneurs, agriculteurs, artisans, commis, contremaîtres, ouvriers de tout genre et de toute espèce, de se rendre à son invitation fraternelle, le gouvernement devrait déclarer la question sociale insoluble, et la Révolution de février non-avenue.

12º DÉCRET. — *Fixation des prix.* — *Marques de fabrique.*

Si, comme on n'en saurait douter, la classe ouvrière et ses chefs, actuellement les bourgeois, répondaient à l'appel du gouvernement sur la question des salaires, alors ce serait le cas de constater officiellement, par une tarification générale des prix, la remise à laquelle chaque citoyen et la société toute entière ont droit sur la vente des divers produits par les réductions de salaires et d'intérêts qu'ils ont subies.

En termes techniques, il y aurait lieu, après avoir déterminé le *débit* de chaque citoyen envers la société, par la fixation des appointements et salaires, de déterminer son *crédit* par la fixation du prix des choses.

Nous touchons à la question la plus délicate de toute l'économie politique. Il s'agit d'exécuter sur le *prix* des marchandises la même opération de mutuellisme que nous avons faite sur leur *échange*.

Par la Banque d'Échange, par le principe de réciprocité qui en fait la base, nous avons organisé l'échange des produits, directement, et sans frais. Mais ces produits, d'après les lois de la Banque, doivent être facturés, livrés, acceptés, et leur remboursement convenu de part et d'autre; c'est-à-dire que la valeur d'échange de ces produits contradictoirement débattue, a dû recevoir son expression préalable et définitive. Sans cette fixation préalable du prix, le billet de commerce est non-avenu, conséquemment l'escompte et la circulation en est impraticable, par cette raison de droit que la vente, ainsi que l'échange, n'existe que *lorsqu'on est convenu de la chose et du prix*.

Actuellement il s'agit, par une mesure de garantie mutuelle, de déterminer le prix des choses, de telle sorte que la réduction du prix à payer pour chaque objet assure une compensation au moins égale à la réduction opérée sur le salaire.

Je dis que l'État ne doit procéder ici qu'avec prudence et circonspection, ne rien exiger par contrainte, borner son initiative à éclairer les citoyens, les inviter à concourir librement à ses vues, en organisant eux-mêmes la vente et l'achat sur le principe de mutualité, attendre enfin, de la libre adhésion des producteurs, ou, à défaut, de leur concurrence duement sollicitée, la production des faits nouveaux, qui devront servir de prémisses à la partie positive des réformes.

Voici, par aperçu, en quoi consisterait ce nouveau pacte de mutualité, dont le décret devrait présenter *in extenso* les statuts.

Il serait formé une *Société mutuelle pour les ventes et achats* entre tous fabricants, artisans, entrepreneurs, ouvriers, directeurs de compagnies, gérants de société, producteurs quelconques, qui adhèreraient aux statuts de la société.

Les conditions d'admission dans la société seraient les suivantes?

1° L'associé s'engagerait à faire connaître le prix de revient de ses produits suivant leurs qualités et espèces, décomposé de la manière suivante :

- *a* Matières premières. Indication de leur nature et de leur prix.
- *b* Main-d'œuvre ou salaires, y compris les appointements de l'entrepreneur ;
- *c* Frais généraux (impôts, commissions d'escompte, amortissement et entretien de machines et ustensiles, loyers, frais de bureaux, avaries, etc.)
- *d* Retenue ou prime d'assurance pour incendie, intempérie, inondation, risques de navigation, grêle, gelée, épizootie, maladie, vieillesse, chômage, incapacité de travail, en un mot, tous accidents de force majeure quelconques.

Les économies obtenues par l'habileté personnelle, comme par les méthodes, procédés, inventions et applications particulières à l'exploiteur, resteraient en *dehors*.

Le tarif des prix ainsi décomposés pour chaque produit serait placardé dans les magasins de l'entrepreneur et chaque produit porterait une marque indiquant le nom du fabricant, le lieu de fabrication, la nature, la qualité, et le prix de la marchandise.

2° Cette publication faite, le fabricant ou entrepreneur s'engagerait en outre à livrer, au prix de revient ainsi établi, à tous consommateurs faisant comme lui partie de la société mutuelle pour les ventes et achats, et à toute réquisition, ses produits et services : toute réserve faite, en faveur de l'exploitant, des bénéfices obtenus par son habileté et sa méthode particulière, et en faveur des co-associés, de donner la préférence à tous producteurs, faisant ou non partie de la société, dont les prix offriraient plus d'avantage.

Une loi spéciale règlerait, dans ce système, les droits et

privilégés des inventeurs qui mettraient leurs découvertes à la disposition de la Société.

Sans doute, après la réduction générale des intérêts de capitaux et salaires d'ouvriers, la baisse se ferait *naturellement* sur tous les produits, et l'on peut croire que la formation de la nouvelle société dont je parle n'ajoutera guère à la sécurité du public et des consommateurs. Mais je ferai observer qu'il ne suffit pas d'obtenir une réduction telle quelle du prix des produits, qu'il faut arriver sur ce point à une réduction exacte et officielle, comme nous sommes arrivés à une réduction officielle des salaires ; que le but de la révolution sociale est de révéler la société à elle-même, en la forçant de se rendre compte de tout par poids et mesures ; qu'il est temps de sortir du chaos mercantile, où le travailleur est aventuré comme dans un coupe-george, et qui ne profite qu'à l'agiotage et à la fraude.

J'ajoute que la légalisation du prix, ou la constitution de la valeur, expression la plus haute de la liberté et de la mutualité, forme la transition nécessaire entre les lois *négatives* et les lois *positives* de l'économie sociale. Ceci me conduit à la troisième partie de ce programme, à la forme de gouvernement.

III. — FORME DE GOUVERNEMENT.

Cette profession de foi, ou ce programme révolutionnaire, que je regrette d'avoir fait si long, il ne tient qu'à vous, citoyens électeurs, d'y voir une charte économique.

Le premier décret proposé à vos suffrages, celui relatif à l'établissement de la Banque d'Échange, et qui, par ses conséquences, engendre tous les autres, serait, à ce point de vue, l'article *organique* de la nouvelle charte.

Les décrets suivants, depuis le n° 2 jusqu'au n° 12, qui tous impliquent réduction ou abrogation de quelque partie de l'ancien système économique, nous les appellerions articles *résolutifs*.

Le dernier de ces articles a, de plus, un caractère essentiellement *transitoire*.

Les décrets suivants seraient pour nous les articles *constitutifs* ; il me suffira, pour aujourd'hui, d'en énoncer l'esprit général, le but et l'objet.

Qui ne voit que l'organisation mutuelliste de l'échange, de la circulation, du crédit, des ventes et achats, l'abolition des taxes et péages de toute nature qui grèvent la production et mettent l'interdit sur les marchandises, poussent irrésistiblement les producteurs, chacun suivant sa spécialité, vers une centralisation analogue à celle de l'État, mais dans laquelle personne n'obéit ni ne dépend, et où tout le monde est libre et souverain ?

La cause première de ce mouvement centralisateur est dans l'inégalité des facultés industrielles comme des moyens de production.

Ainsi, il est fatal que la gratuité de l'escompte amenant l'extinction des créances hypothécaires, la réduction progressive des loyers, fermages et salaires, et finalement la liquidation des propriétés, la société toute entière, un être de raison, se trouve tout à coup, par le seul fait de l'affranchissement du commerce et de l'industrie, substituée aux anciens détenteurs de capitaux et propriétaires. L'économie publique inclinerait donc au communisme, soit à la dictature industrielle-agricole, si l'État, poursuivant son initiative révolutionnaire, développant toujours son principe de libre travail comme de libre échange, ne consolidait les résultats précédemment obtenus par une application supérieure du principe de mutualité.

Si, par exemple, l'État, en même temps qu'il procurerait aux agriculteurs l'extinction de leurs dettes, la réduction de leurs fermages, le remboursement du sol, exigeait de toutes les exploitations agricoles, privées ou corporatives, qu'elles s'assurassent mutuellement contre les inégalités de qualité du sol et contre tous les désavantages de culture, aussi bien que contre les accidents de la température et les ravages du feu, de l'eau et des insectes ; s'il faisait de cette mutuelle assurance la condition des avantages qu'il offre par la Banque d'Échange ; il est évident que, dans ce système, toutes les exploitations restant indépendantes et libres, la responsabilité étant complète, la solidarité n'existant que pour les inégalités de la nature et les accidents de force majeure, les salaires, appointements et bénéfices pourraient être uniformes sans que l'État intervînt dans l'exploitation, et que l'industrie agricole pourrait être aussi fortement centralisée que l'est aujourd'hui l'administration, mais avec cette différence, qu'ici la centralisation est encore hiérarchique, tandis que là elle serait de plein saut libérale, elle serait égalitaire.

Ce que je dis de l'agriculture aurait également lieu pour les autres industries, extractive, industrielle, commerciale. Le même mouvement, la même loi, gouverne toutes les formes de l'activité humaine.

On conçoit, d'après cela, ce que je veux dire, quand je propose de consigner au *Bulletin des Lois* les décrets suivants, dont il ne s'agit plus que de développer les motifs, et de rédiger les articles :

13ᵉ DÉCRET. — *Centralisation de l'industrie extractive.*

14ᵉ DÉCRET. — *Centralisation de l'industrie manufacturière.*

15ᵉ DÉCRET. — *Centralisation de l'industrie commerciale.*

16ᵉ DÉCRET. — *Centralisation de l'industrie agricole.*

17ᵉ DÉCRET. — *Centralisation des sciences, lettres et arts.*

Chacune de ces grandes catégories nommerait son ministre, formerait son administration centrale, supporterait les frais qui lui seraient propres, et en serait débitée par la Banque. L'État lui-même n'aurait point à intervenir, il ne paraîtrait nulle part.

L'organisation, dans chacune de ces cinq grandes catégories, serait essentiellement démocratique ; les nominations seraient faites à la majorité, soit relative, soit absolue, ou à des majorités plus fortes, suivant l'objet et les circonstances. Les appointements et salaires, depuis le salaire de l'apprenti jusqu'au traitement du ministre, seraient l'objet d'une révision incessante.

Restent maintenant à régler, par autant de lois spéciales, les objets d'utilité publique qui intéressent toute la nation, et ne se rapportent, en particulier, pas plus à l'une qu'à l'autre des catégories industrielles.

Ces objets sont :

1° L'*enseignement*, que je voudrais libre, combiné avec l'apprentissage dont il n'est que l'auxiliaire, rendu moins abstrait par des applications constantes, et soumis à l'élection des citoyens.

2° Les *travaux publics*, où je demanderais plus de connaissance pratique, et surtout plus de responsabilité.

3° La *statistique*, qui existe à peine, sans laquelle l'État et la société n'ont qu'une existence instinctive, et, ne pouvant se rendre compte de rien, naviguent d'écueil en écueil, de naufrage en naufrage.

4° La *justice*, unique dans sa forme, et à deux degrés seulement de juridiction. La science économique prouve combien est fausse, et l'expérience combien est funeste, cette distinction de justice civile, justice administrative, justice commerciale. Au lieu de vingt tribunaux différents, il suffirait, ce me semble, de deux, le tribunal d'instance et la cour de cassation. Aussi bien, avec la simplification économique de la nouvelle charte, n'avons-nous que faire de ces variétés de la chicane.

En fait de justice criminelle, je repousserais, ~~provisoirement~~, l'abolition de la peine ~~de mort~~..

5° Les *cultes*. — Je crois à la vérité du christianisme, comme à celle du bouddhisme et du mahométisme, ni moins ni plus. La religion est sortie des entrailles de l'humanité ; elle est d'origine populaire ; elle appartient au peuple. C'est le système des idées sociales présentées sous une forme symbolique, et dont quelques-unes échappent encore à notre intelligence. Tant que la religion aura vie dans le peuple, je veux qu'elle soit respectée extérieurement et politiquement. Je voterais donc contre l'abolition du salaire des ministres du culte. Eh ! pourquoi, avec ce bel argument que ceux-là seuls qui veulent de la religion n'ont qu'à la payer, ne retrancherait-on pas du budget social toutes les allocations pour travaux publics ? Pourquoi le paysan bourguignon paierait-il les routes de la Bretagne, et l'armateur lyonnais les subventions de l'Opéra ?... Je ne parle pas des considérations politiques, bien plus puissantes encore, et qui ne sauraient échapper à personne.

Mais comme je ne veux point que le salaire affecté au culte soit un motif à l'hypocrisie, à l'imbécillité, à la paresse, je demanderais 1° que tout ecclésiastique qui voudra contracter mariage et quitter les ordres soit admis au mariage civil ; 2° que toute cure et succursale dont les paroissiens, à la majorité des quatre cinquièmes des citoyens et pères de famille, demanderaient la suppression, fût irrévocablement supprimée ; — Qu'aucun culte nouveau ne fût salarié par l'État.

Par ces deux moyens, serait amenée l'extinction progressive des cultes et le règne définitif de la vraie religion de l'humanité, qui est la raison et la justice.

6° La *santé publique.* — Je n'ai pas besoin de m'expliquer là-dessus. Il ne doit y avoir rien de commun, quant au salaire, entre le médecin et le malade, pas plus qu'entre le prêtre et le laïque, entre le professeur et l'élève. Soumettre les médecins à la générosité des malades, c'est en faire des assassins.

7° L'*armée.* — Abolition immédiate de la conscription et des remplacements ; obligation pour tout citoyen de faire, pendant un ou deux ans, le service militaire ; et application de l'armée aux services administratifs et travaux d'utilité publique.

8° La *police* est la fonction qui, sans intervenir dans aucune autre, sans se mêler ni du budget, ni des dépenses, ni de la nomination des fonctionnaires, ni de l'administration publique ou des affaires extérieures, surveille, avertit, dénonce, poursuit et réprime. La police, c'est le ministère public, c'est l'État. L'État, dans une société bien organisée, doit se réduire peu à peu à ne représenter plus que lui-même, à rien.

Pendant le temps des sessions de l'Assemblée nationale, en qui réside alors toute la souveraineté, l'État, représenté par ses avocats généraux, assiste à toutes les délibérations et répond, comme mandataire intérimaire de l'Assemblée, à toutes les interpellations qui lui sont faites. Les hommes d'État ne traitent point d'égal à égal avec les représentants, ils ne sont que leurs fondés de pouvoir pour le temps où l'Assemblée n'est pas réunie, et tenus, par conséquent, de rendre compte de leur gestion et de présenter leurs rapports sur la marche des pouvoirs publics et des corporations industrielles.

Les crédits affectés à ces différents services sont votés par la nation ou par ses délégués, réunis en assemblée générale, et sur les états de dépenses fournis par chaque bureau ou ministère. Leur administration est organisée sur le principe démocratique, et indépendante de l'État, qui doit se renfermer exclusivement dans ses attributions. Convergence et indépendance, telle est la loi universelle de la société, pour les fonctions d'utilité publique, comme pour les diverses catégories de la production et de l'échange.

Les députés à l'Assemblée nationale sont nommés par chaque catégorie de producteurs et de fonctionnaires, proportionnellement au nombre de leurs membres. L'élection par circonscription territoriale est supprimée. Elle ne peut servir que comme moyen d'arriver à la représentation corporative et professionnelle.

Il ne faut pas, comme on l'a dit, que le délégué à l'Assemblée nationale ne représente que le peuple ; cette représentation abstraite ne répondrait à rien de réel ; elle nous ferait retomber toujours dans l'aliénation de la souveraineté, dans l'aristocratie.

Le mandataire du Peuple doit représenter un intérêt positif, il doit avoir spécialité et caractère.

C'est quand le mandataire du Peuple sera l'expression du travail organisé que le Peuple aura une véritable représentation, une véritable élite. Hors de là, vous ne trouverez jamais que déception, impuissance, gaspillage, corruption, arbitraire.

Électeurs, gardes nationaux et bourgeois :

C'est le socialisme qui a fait la Révolution de Février.

Le socialisme, en faisant cette Révolution, a prouvé qu'il entendait l'opérer pacifiquement. Avant de renverser l'État de Juillet, élu de la bourgeoisie, le socialisme a commencé par étendre sa base d'opération et planter son drapeau sur toute l'Europe. La question sociale est posée à Paris, à Londres, à Rome, à Milan, à Genève, à Berlin, à Vienne, à Munich, à Breslau, à Cracovie ; de Cadix à Moscou ; sur la Seine, sur le Rhin, sur le Danube. Grâce au socialisme, vous n'aurez pas la guerre. Les vieux coalisés sont aux prises avec l'organisation du travail ; le prolétariat, partout insurgé, ne laisse plus de chance à la guerre. Cette politique vaut bien celle de Guizot et de Talleyrand !...

IIᵉ SÉRIE

1848
JUILLET.—AOUT

Au Rédacteur en chef du Représentant du Peuple.

Paris, 5 juillet 1848.

Monsieur le rédacteur,

Je trouve dans votre numéro d'hier, parmi beaucoup d'excellentes choses, des paroles malheureuses auxquelles il m'est impossible de m'associer.

Vous dites, répondant au *Journal des Débats* :

« Et n'allez pas faire semblant de croire que nous essayons
« d'*excuser* l'insurrection ; nous déclarons, au contraire,
« cette insurrection *coupable*, parce qu'elle n'avait pas de
« motifs légitimes, parce que, etc. Donc, le gouvernement
« a fait son devoir en *étouffant l'insurrection dès l'origine*
« *et sans ménagement aucun.* — Mais, tout en *condamnant*
« les insurgés, nous ne voulons pas être injustes, etc. »

De telles paroles, monsieur le rédacteur, dépassent la mesure du blâme que je crois possible de déverser sur les événements des 23, 24, 25 et 26 juin.

Il en est d'une insurrection comme d'un homicide. Elle peut, suivant les circonstances, être légitime ou criminelle; mais elle peut aussi n'être ni l'un ni l'autre, c'est-à-dire qu'elle peut être, pour parler comme la loi, excusable.

L'homicide commis à la guerre, pour la défense de la patrie, est un acte légitime qui honore même son auteur.

L'homicide commis dans un but de vengeance personnelle ou de cupidité, est un crime que la loi punit de mort.

L'homicide qui arrive à la suite d'une provocation, dans le cas de la légitime défense, etc., est excusable. La loi ni la morale ne l'approuvent : elles ne le poursuivent pas, elles le pardonnent.

C'est ainsi que je juge les derniers événements.

L'insurrection, dont tant de citoyens ont été de part et d'autre victimes, a-t-elle eu pour motif une violation flagrante, de la part du gouvernement ou de l'Assemblée nationale, du principe républicain? Non. Donc cette insurrection, qu'aucun motif suffisant ne justifie, n'était pas légitime. Voilà un premier point.

A-t-elle été le fait des instigations de l'étranger, conduite dans un but dynastique et dirigée contre la République? En ce cas, l'insurrection aurait été un crime, un attentat contre lequel il faudrait appeler la vindicte de la loi. Or, on ne sait pas encore que tel ait été le véritable caractère de cette déplorable collision.

Mais, si la révolte des 23, 24, 25 et 26 juin a surgi tout à coup comme un accident de la misère; si la lutte, soutenue pendant ces quatre malheureuses journées, n'a été qu'un éclat du désespoir; si l'instruction prouve que, malgré l'or répandu, malgré les embauchements dynastiques, l'immense majorité des insurgés se composait d'ouvriers démoralisés par le chômage, égarés par la faim, déçus dans leurs espérances, irrités, à tort ou à raison, contre le pouvoir : s'il était vrai enfin, que le gouvernement, que l'Assemblée nationale elle-même, trompés d'abord sur le véritable sens de l'émeute, eussent porté au comble, par une politique fatale, l'exaspération de ces hommes, dont le cri de ralliement était : *Du pain ou du plomb!* oh! alors, il faudrait reconnaître que la guerre civile qui vient d'ensanglanter le berceau de la République a été un affreux malheur, mais que, grâce au ciel ! il n'y a point de coupables, qu'il n'y a que des victimes.

Un chômage de quatre mois s'est converti subitement en un *casus belli*, en une insurrection contre le gouvernement de la République : voilà, en quelques mots, toute la vérité sur ces funèbres journées. Mais, quoi qu'on ait dit, quoi que répande tous les jours encore l'égoïste et impitoyable calomnie, la générosité, la haute moralité des classes travailleuses n'ont point péri dans le fratricide. Le dénûment des insurgés, la misère des prisonniers, le respect des propriétés, qui, s'il faut en croire de nombreux rapports, n'aurait pas été toujours aussi grand du côté de la répression que du côté de l'émeute, sont là qui l'attestent.

Le prolétaire anglais vit noblement de la taxe du pauvre, le compagnon allemand, chargé d'argent et de nippes, ne rougit pas de mendier, d'atelier en atelier, le *viaticum*, la passade ; le lazarille espagnol fait plus, il demande la *caritad* au bout de son escopette. L'ouvrier français demande du travail ; et si, au lieu de travail, vous lui offrez une aumône, il s'insurge, il vous tire des coups de fusil. J'aime mieux l'ouvrier français, et je me glorifie d'appartenir à cette race fière, inaccessible au déshonneur.

De grâce, monsieur le rédacteur, ne répandons pas le sel et le vinaigre sur des plaies saignantes ; ne portons pas le désespoir dans ces consciences assombries, dont l'égarement a été déplorable, mais qui, après tout, ne sont point criminelles. Ayons pitié de ces pauvres blessés, qui se cachent et meurent sur la paille, en proie à la gangrène, soignés par des enfants sans pain, et des épouses folles de misère. Demain, jeudi, sera un jour de deuil public, consacré aux funérailles des victimes de l'insurrection. N'hésitons pas à confondre dans nos regrets, sous ce nom commun de victimes, ceux qui sont morts pour la défense de l'ordre, et ceux qui sont tombés en combattant contre la misère. Si le droit était de ce côté-ci des barricades, il était aussi de ce côté-là. L'épouvantable carnage auquel nous avons assisté ressemblait à ces tragédies antiques, où le devoir et le droit se trouvaient en opposition, et qui partageaient les dieux. Pleurons sur nos frères de la garde nationale, pleurons sur nos frères de l'insurrection, et ne condamnons personne. Espérons que la justice, une fois éclairée sur les faits qui ont précédé, accompagné et suivi l'insurrection, se relâchera de la sévérité de la loi, et que le décret de déportation désormais sans objet, comme sans moralité, sera révoqué.

Agréez, monsieur le rédacteur, ma salutation fraternelle.

P.-J. Proudhon.

Au Rédacteur du Représentant du Peuple.

11 Juillet.

Monsieur le Rédacteur,

Dans son numéro du 6 courant, le journal l'*Union* reproduit la lettre que j'avais eu l'honneur de vous écrire le jour précédent, lettre qui avait pour but l'excusabilité de l'insurrection des 23, 24, 25 et 26 juin.

Mais, tout en s'associant à ma douleur, l'*Union* répudie ma doctrine. Voici ses paroles :

« Non, la situation de l'ouvrier la plus mauvaise et la
« plus désespérée ne saurait jamais être une excuse de ré-
« volte de coups de fusil. La doctrine de M. Proudhon n'est
« autre chose qu'une déclaration permanente de guerre
« sociale. En des questions de cette nature, le plus ou le
« moins de misère ou de bien-être ne saurait être une règle
« de conduite morale. En définitive, c'est le libre arbitre
« qui prononce ; et si la misère est par elle-même un droit
« de tuer, celui qui souffre est juge du moment où il peut
« en sûreté de conscience exercer ce droit. Faites une so-
« ciété quelconque, république ou monarchie, avec ce
« principe !... »

Certes, si j'avais exprimé des idées pareilles à celles que m'impute le journal auquel je réponds, je serais un abominable homme. Heureusement il ne m'en coûte rien pour désavouer de si horribles pensées. Le critique est tout à fait hors de la question.

Je disais, dans la lettre reproduite par l'*Union* : *Si le droit était de ce côté-ci des barricades, il était aussi de ce côté-là*. Et tout entier à la douleur que m'inspirent les maux de la patrie, je me suis arrêté là. J'ai négligé de dire quel était ce droit qui, à mes yeux, rendait l'insurrection sinon justifiable, du moins excusable. C'est cette omission de ma part qui fait toute la valeur des arguments de mon antagoniste.

Sans doute, et il ne m'en coûte rien de l'avouer, la doctrine que je professe sur les tristes événements de juin *est une déclaration permanente de guerre sociale*, comme le dit mon critique ; mais cette doctrine, quelle est-elle ? où l'ai-je trouvée ? qui l'a le premier proclamée ? quel en est l'auteur ? qui s'en est fait l'éditeur responsable ?

J'appelle sur tout ceci l'attention du lecteur : je ne redoute pas son jugement.

N'est-il pas vrai que, depuis le 24 février, le *droit au travail* est devenu un droit constitutionnel, au même titre que la liberté de la presse, le vote de l'impôt, le droit de se réunir sans armes, le suffrage universel ; au même titre que la liberté et la propriété.

Le gouvernement provisoire l'a formellement reconnu : il n'a pu se constituer, se soutenir, faire un peu d'ordre, préparer les élections, protéger l'Assemblée nationale, demeurer conservateur, en dépit de son origine révolutionnaire, qu'à ce prix.

Ce qu'a fait le gouvernement provisoire, le pays l'a ratifié ; l'Assemblée nationale le proclame.

L'article 2 du projet de Constitution, soumis en ce moment aux délibérations de l'Assemblée, porte expressément :
« La Constitution garantit à tous les citoyens la liberté, l'é-
« galité, la sûreté, l'instruction, le TRAVAIL, la propriété,
« l'assistance. »

Remarquez l'ordre dans lequel sont énumérées ces garanties : la *propriété* arrive après le TRAVAIL, où elle a sa source et sa légitimité.

L'article 7 confirme l'article 2 :

« Le DROIT AU TRAVAIL est celui qu'a tout homme de vivre
« en travaillant. — La société doit, par les moyens produc-
« tifs et généraux dont elle dispose, et qui seront ORGANISÉS
« ultérieurement, fournir du travail aux hommes valides
« qui ne peuvent s'en procurer autrement. »

Quels sont, après le gouvernement provisoire, après le pays, après la révolution de février, les auteurs de ces deux articles ? Sont-ce des socialistes ? Sont-ce les citoyens Pierre Leroux, Louis Blanc, Proudhon ou Caussidière ?

En aucune façon, les auteurs de ces articles sont MM. Cormenin, A. Marrast, Lamennais, Vivien, de Tocqueville, Dufaure, Martin (de Strasbourg), Coquerel, Corbon, Tourret, Voirhaye, Dupin aîné, Gustave de Beaumont, Vaulabelle, O. Barrot, Pagès (de l'Ariège), Dornès, Considérant.

Certes, depuis M. de Cormenin, l'anti-socialiste, l'anti-démocrate, l'anti-universitaire, l'anti-gallican, jusqu'à M. Considérant, le défenseur éternel, le défenseur quand même du capital et de la propriété, il était impossible de former une réunion d'hommes animés de sentiments plus pacifiques, plus conservateurs, plus en garde contre le progrès, plus timorés en matière de révolution.

Et pourtant c'est cette commission, organe de l'Assemblée nationale, organe de la pensée de février, qui a fait passer, dans la nouvelle déclaration des droits et des devoirs, le *droit au travail*; c'est même uniquement en vue de ce droit qu'a été faite la déclaration ; et je défie l'Assemblée nationale, avec ses 400,000 baïonnettes, de la supprimer.

Il ne s'agit donc plus aujourd'hui, comme paraît le croire l'*Union*, de savoir si le pauvre qui demande l'aumône a le droit de tuer le riche qui la refuse; une pareille proposition est si monstrueuse, que toute protestation à cet égard est superflue. Il s'agit de savoir si cent mille citoyens, dont vous avez reconnu CONSTITUTIONNELLEMENT le droit au travail, sont excusables d'avoir pris les armes pour le maintien de ce droit, violé ou travesti. A cet égard, je n'ai que l'embarras des exemples.

Lorsque, sous le dernier gouvernement, M. de Genoude refusait l'impôt, se laissait saisir, excitait les citoyens à faire comme lui, sur ce motif que l'impôt n'étant pas voté librement par tous les citoyens, l'impôt était illégal, M. de Genoude organisait l'insurrection, et cela en toute sécurité de conscience. Il se peut que M. de Genoude fût dans l'erreur; mais on conviendra que si ses raisons eussent été vraies, si, comme il le prétendait, la constitution était violée, on conviendra, dis-je, que le refus de l'impôt eût été de droit, et, si le gouvernement avait envoyé cent mille hommes pour contraindre les citoyens, que l'insurrection eût été excusable.

Pourtant, il ne s'agissait là que de l'impôt.

Lorsque, le 22 février, M. Barrot convoqua la garde nationale de Paris, cette 12e légion qu'aujourd'hui l'on désarme, à une réunion que le ministre déclarait illicite, et que lui, Barrot, soutenait être légale, il organisait l'insurrection. La garde nationale s'est insurgée à la voix de M. Barrot; de cette insurrection est sortie la République : quelqu'un oserait-il soutenir que l'insurrection était condamnable?

Et pourtant, le droit de réunion, revendiqué par M. Barrot, n'était pas même un droit constitutionnel; c'était un simple droit de nature, limité par la police, et sur lequel planaient les doutes les plus sérieux.

Lorsqu'en 1830, MM. Thiers, Guizot, Laffitte, Dupont (de l'Eure) et leurs amis protestèrent contre les ordonnances qui suspendaient les libertés publiques, garanties par la charte, ils préparaient, l'événement l'a démontré, une insurrection. De cette insurrection est sortie la Révolution de juillet : dira-t-on que cette Révolution était illégitime.

Et pourtant, l'article 14 de la Charte, sur lequel se fondait Charles X, était douteux, à tel point que cet article a été depuis réformé.

Toutes ces insurrections ont été tour à tour justifiées,

glorifiées, applaudies : la victoire a fait leur légitimité.

Je suis moins absolu, moins enthousiaste dans mes jugements.

Je crois qu'en février, comme en 1830, la patience d'un excès de pouvoir eût été pour notre pays tout aussi méritoire, et surtout d'une meilleure politique. Je crois qu'en supportant quelques années de plus M. de Polignac d'abord, et plus tard M. Guizot, la France n'aurait rien perdu dans le développement de sa richesse et de ses libertés ; je crois, dis-je, que les avantages de la Révolution de juillet ne valent pas ce que le gouvernement de juillet nous a fait perdre ; et je ne suis pas éloigné de penser aussi qu'un peu plus de longanimité de la part de M. Barrot n'eût mieux valu pour nous que le brusque éclat du 24 février. Je ne justifie donc pas les deux révolutions, je les excuse. Mais une fois accomplies, je me range à leurs principes ; c'est pour cela que je suis républicain, et républicain socialiste, entendez-vous, inflexible et intraitable.

Eh bien ! je raisonne absolument de même sur l'insurrection de juin. Je ne l'eusse point approuvée, même victorieuse : je ne suis pas sûr que dans le tumulte qui en eût été la suite, le bien qu'espéraient les insurgés n'eût pas été balancé par des maux plus grands encore. — Mais aussi je ne condamne pas plus cette insurrection, que je ne condamne l'insurrection de février et de juillet : je l'excuse.

Je l'excuse, dis-je, et pourquoi ? Parce que le *droit au travail*, droit constitutionnel, garanti par le Gouvernement provisoire, posé par l'Assemblée nationale, est depuis quatre mois indignement violé.

Etait-ce respecter le droit au travail que de faire remuer de la boue par cent mille hommes, d'en enrégimenter vingt-cinq mille autres sous ce prétexte que l'Etat n'étant, ne pouvant et ne voulant être ni agriculteur, ni voiturier, ni industriel, ni commerçant, n'avait pas de travail à donner aux ouvriers ?

Était-ce respecter le *droit au travail* que d'appeler une *aumône déguisée* le salaire de cent mille ouvriers employés aux ateliers nationaux, alors que ce salaire, d'après le texte formel de la constitution, qui garantit le travail, n'était en réalité qu'une juste indemnité.

Oui, je l'affirme hardiment, et malheur à qui pourrait le méconnaître, le droit au travail, conquis par la révolution de Février, reconnu par tout le peuple, promis par le gouvernement et la constitution, est violé depuis quatre mois.

Ou rayez-le du pacte social, ou plaignez ceux que vous avez réduits à le revendiquer les armes à la main, et après les avoir fusillés, ne les calomniez pas.

Oh! je le sais aussi bien que vous : il est difficile de conduire une société, république ou monarchie, à qui l'on reconnaît des droits comme ceux-ci :

Liberté de conscience,
Liberté d'examen,
Liberté de la presse,
Suffrage universel,
Vote de l'impôt,
Egalité devant la loi,
Participation à tous les emplois,
Droit de réunion,
Droit à l'instruction,
Droit au travail,
Droit à la propriété,
Droit à l'assistance.

La garantie de tous ces droits est, comme leur conciliation, un immense problème, qui fera mourir à la peine plus d'un législateur. Et quand on songe que chacun de ces droits implique, comme sanction pénale, le droit d'insurrection, on est tenté de désespérer du salut de notre pauvre humamanité.

Mais, je vous le déclare : contre la philosophie, contre la liberté et l'égalité, contre les constitutions et les insurrections, vous n'avez de refuge que dans l'absolutisme de l'Eglise et de l'Etat : si vous, rédacteur de l'*Union*, vous aviez tiré cette conséquence et posé cette alternative, votre argument aurait valu contre la société, mais non pas contre moi.

Moi ! je ne suis qu'un raisonneur qui pèse chaque jour, au trébuchet de la dialectique, les idées et les événements. Je vous le dis en vérité : Vous venez ici, et vous allez là ; vous ne pouvez ni vous arrêter, ni rétrograder, et votre droit, votre morale, changent et se modifient à chaque pas que vous faites dans votre inévitable route. Il est étrange que vous me rendiez responsable des décrets de cette Providence que vous confessez et que j'adore.

Le 15 juillet.

8 Juillet.

Le terme ! voici le terme ! Comment allons-nous payer le terme ?...

Depuis cinq mois nous ne faisons rien ? nous n'avons rien reçu, rien livré, rien vendu ! L'industrie est à bas ! le commerce à bas ! le crédit à bas ! le travail à bas !...

Plus d'ouvrage, plus d'argent, plus de ressources ! Le terme est échu; les tailles sont pleines; les couverts d'argent, les bijoux des femmes, la montre du mari, le plus beau du linge, tout est au Mont-de-Piété ! Comment pourrions-nous encore payer le terme ? Comment ferons-nous pour vivre ?...

Que les auteurs des ordres impitoyables; que les grands politiques qui ont repris la tradition exécrée de Saint-Merri et de Transnonain ; que ceux qui ont dit qu'il valait mieux, pour la dignité de l'Assemblée nationale, au lieu d'une conciliation pacifique, le massacre de dix mille citoyens; que ces républicains *honnêtes*, comme ils se nomment, qui sont venus à la République en parjures, qui la servent en parjures, qui en sortiront parjures; que ceux-là répondent aujourd'hui à la plainte de la bourgeoisie désespérée, s'ils peuvent !

Allez donc, maintenant, gardes nationaux égarés, allez demander à vos prétendus conservateurs, du travail, du crédit, du pain ! Ce qu'ils ont à vous offrir, pour vous, pour vos femmes et vos enfants, c'est du sang et des cadavres !...

Et que leur importe ? Ne seront-ils pas ministres dans quinze jours ?...

Il ne s'agit plus de sauver le prolétaire : le prolétaire

n'existe plus, on l'a jeté à la voirie. Il faut sauver la bourgeoisie : la petite bourgeoisie de la faim, la moyenne bourgeoisie de la ruine, la haute bourgeoisie de son infernal égoïsme. La question est aujourd'hui, pour la bourgeoisie, ce qu'elle était le 23 juin pour le prolétariat.

Nous ne faillirons pas à nos principes. La force des choses, la plus grande des divinités antiques, l'inflexible Némésis, a fait de ces principes un ordre absolu pour le salut du peuple.

Lorsque l'État, surpris par une révolution dont il eut le tort de ne pas reconnaître tout de suite le véritable caractère, se trouva dans l'impossibilité de payer la dette flottante, de rembourser les bons du trésor et les livrets de la caisse d'épargne, que fit-il? Il eut recours à la consolidation; il convertit en rentes les bons qu'il ne pouvait plus payer, les dépôts qu'il ne pouvait rendre. L'Assemblée nationale discute aujourd'hui même les deux décrets relatifs à cette opération. C'est-à-dire que l'État, débiteur insolvable, demande remise d'une partie de la dette et crédit pour le surplus. Personne ne le trouva mauvais ; la nécessité en faisait une loi.

Lorsque la banque de France se trouva dans l'incapacité de satisfaire à toutes les demandes de remboursement de ses billets et se vit un moment sur le gouffre béant de la banqueroute, que fit-elle encore? Elle obtint un décret qui donnait à son papier cours forcé, c'est-à-dire qu'au lieu de donner crédit aux citoyens, elle le leur demanda. Personne ne s'est plaint du décret qui sauva la banque : le salut public, la nécessité en faisait une loi.

Ce n'est plus l'État seulement, ce n'est plus la banque de France qui est dans l'impossibilité de remplir ses engagements : c'est la masse entière des locataires, dans toute la France.

Serait-il donc injuste que les locataires obtinssent des propriétaires : 1° un ajournement du terme ; 2° une remise sur le montant des loyers?

J'ose le dire : non-seulement cela ne serait point injuste, cela est de nécessité publique.

La cessation du commerce et de l'industrie provenant d'un événement de force majeure, nous a placés tous, locataires et propriétaires, dans des conditions exceptionnelles, prévues d'ailleurs et expliquées dans tous les traités de jurisprudence.

Nous n'avons rien produit, nous ne devons rien.

Pour 400,000 locataires domiciliés dans le département de la Seine, on ne compte pas 20,000 propriétaires, 1 sur 20.

Quand l'État réduit sa dette et suspend ses paiements; quand la banque arrête ses remboursements; quand le marchand, le fabricant, l'entrepreneur n'écoulent plus leurs produits, ne trouvent plus l'emploi de leurs services, les propriétaires de maisons seraient-ils bien venus à exiger, comme en temps ordinaire, l'acquittement de leurs loyers? Est-ce que la Révolution et les conséquences de la Révolution ne doivent pas peser également sur tous? Et si, à la stagnation générale des affaires, s'ajoute la dépréciation universelle des valeurs, n'est-il pas évident que les locataires ont droit, non-seulement à une prorogation de terme, mais à une réduction sur le prix du loyer?...

Est-ce là du communisme ou de la simple équité?

Et si le propriétaire osait se plaindre qu'on lui fait banqueroute, ne serions-nous pas en droit de lui répondre que ce n'est pas nous, locataires, qui faisons banqueroute, que c'est la force des choses?... Or, ce qui est vrai du locataire, l'est, et au même titre, du fermier. Le fermier ne vend plus ses denrées ou les vend à vil prix. Le blé est à 10 francs l'hectolitre, le vin à 3 centimes le litre. Les frais de production du blé et du vin ne sont pas couverts par les prix de vente. Comment le fermier pourrait-il donc payer le propriétaire et acquitter l'impôt? Est-ce sa faute si la Révolution est venue interrompre toutes les transactions?...

Que si, enfin, les propriétaires d'immeubles ne peuvent,

en bonne justice, se refuser d'abord à une prorogation de paiement, puis à une réduction des baux en faveur des locataires et fermiers ; si l'État, en consolidant la dette flottante, en donnant cours forcé aux billets de la Banque de France, en frappant une contribution sur les créances hypothécaires, et élevant le tarif des droits de mutations pour les gros héritages, a donné le premier le signal de cette réduction universelle, ou, pour mieux dire, de cette réciprocité de crédit, pourquoi les rentiers de l'État, si exactement payés jusqu'ici, resteraient-ils seuls privilégiés ? Serait-ce donc leur faire tort que de leur demander à leur tour, au nom des contribuables locataires, fermiers et propriétaires, le crédit d'une fraction de leurs rentes ?...

Mais si tous les citoyens se font mutuellement crédit de quelque chose ; le propriétaire de maison, d'une partie de ses loyers ; le propriétaire fermier, d'une partie du fermage ; le créancier hypothécaire, d'une partie de ses intérêts ; le rentier de l'État, d'une fraction de sa rente ; n'est-il pas évident que cette mutualité équivaut à une espèce d'organisation du crédit, et que si l'on entrait franchement dans cette route, on aboutirait à la reprise immédiate du travail et des affaires ?...

Que la garde nationale qui s'est dévouée pour l'ordre dans ces jours néfastes y réfléchisse : c'est son salut que nous lui proposons, dans ces quelques lignes.

Nous engageons donc tous les locataires et fermiers à s'entendre et à présenter à l'Assemblée nationale une pétition fortement motivée, une pétition qui soit, non pas une supplique, mais un ordre.

Cette pétition, rédigée en forme de décret, de manière à ce que l'Assemblée nationale n'eût rien à faire qu'à y joindre sa sanction, dirait en substance :

Vu l'urgence et le péril imminent ;
Considérant que le salut du peuple est la loi suprême ;

Considérant que la rente de la terre est un privilége gratuit, qu'il appartient à la société de révoquer ;

Considérant qu'il est du droit de l'Etat de régler le taux des usures et le revenu des capitaux ;

Considérant que les intérêts de l'État, des fermiers, locataires, emprunteurs sur gage ou hypothèque, sont identiques et solidaires ;

Considérant que le seul moyen d'échapper au péril de la situation, de ranimer le travail, de sauver la famille et la propriété, est dans une vaste opération de crédit réciproque ;

L'Assemblée nationale décrète :

Art. 1er — A dater du 15 juillet 1848 jusqu'au 15 juillet 1851, il sera fait remise, par tous propriétaires de maisons, sur le prix de leurs loyers, du tiers des sommes dues, savoir : un sixième pour le locataire, et un sixième pour l'État.

Art. 2. — A dater de la même époque, et pendant le même laps de temps, il sera fait remise par tous les propriétaires fonciers du tiers de leurs fermages, savoir : un sixième pour le fermier, et un sixième pour l'État.

Art. 3. — A dater du 15 juillet 1848, jusqu'au 15 juillet 1851, il sera fait remise par tous créanciers hypothécaires du tiers des intérêts qui leur sont dus, savoir : un sixième pour le débiteur, et un sixième pour l'État.

Art. 4. — Les fermiers, locataires et débiteurs qui désireront jouir de la réduction que leur accorde le décret sur le prix des loyers et fermages, devront faire connaître leurs baux aux percepteurs de leurs cantons et receveurs, qui seront chargés d'établir l'état des remises.

La déduction du tiers sera opérée par les fermiers, locataires et débiteurs, sur chaque terme échu de leurs obligations et contrats, et le sixième revenant à l'Etat sera versé par eux aux bureaux des contributions.

Art. 5. — Indépendamment de la retenue sus-mentionnée, le paiement des termes échus ou à écheoir du 15 juillet au 15 octobre 1848 est ajourné de trois mois, et sera réparti par quart sur les termes suivants, à partir du 15 janvier 1849.

Art. 6. — Les baux à ferme et à loyer, ainsi que les obligations hypothécaires sujettes à la retenue ci-devant stipulée, sont prorogés jusqu'au 15 juillet 1851.

Art. 7. — Il sera retenu aux rentiers de l'État, sur chaque trimestre à échoir du 15 juillet 1848 au 15 juillet 1851, un tiers de leur rente.

Art. 8.—L'impôt foncier de 45 centimes et celui sur les créances hypothécaires sont abolis.

Les droits sur les boissons seront réduits des trois quarts, et ramenés à une forme unique.

Art. 9.—L'État, au moyen des sommes qui lui seront versées pendant les trois années à courir du 15 juillet 1848 au 15 juillet 1851, par suite des retenues à opérer sur les fermages, loyers, créances hypothécaires et fonds publics, sommes qui s'élèveront à plusieurs milliards, sera chargé de réorganiser sur des bases nouvelles le crédit public, l'assurance, la circulation, les transports et les mines.

Gardes nationaux, rien n'est plus facile pour vous que de sauver votre fortune, de relever vos affaires, d'assurer le bien-être de vos familles, l'émancipation du travailleur : il ne s'agit que d'établir momentanément un impôt sur le revenu, en y intéressant le fermier, le locataire, le débiteur. Gardes nationaux, portez, pour voir, ces vœux à l'Assemblée nationale, et vous verrez bientôt quels sont vos amis et vos ennemis.

Loi sur les Clubs et la Presse.

9 Août.

Est-ce là faire droit ? Est-ce là comme on juge ? s'écriait Chicaneau en fureur.

Nous pouvons bien dire maintenant : Est-ce là comme on légifère ?

Il y a quelques jours, l'Assemblée nationale avait à faire une loi sur les clubs.

La réaction exigeait que les clubs fussent supprimés : le gouvernement, d'ailleurs aux ordres de la réaction, le souhaitait aussi. Mais la révolution était là, qui demandait, elle, le maintien des clubs.

Comment faire donc pour annihiler les clubs, tout en ayant l'air de les maintenir ?

La commission Dupin, Coquerel et Compagnie s'est chargée de résoudre le problème.

La commission a proposé, l'Assemblée nationale a adopté le décret dont la teneur se résume ainsi :

L'article 2 enlève aux clubs la liberté, la qualité, le lieu.

L'article 3 leur ôte la vie privée.

L'article 4 les place sous la surveillance de la haute police.

L'article 5 leur ôte la sécurité, en leur imposant pour garantie d'ordre la sui-dénonciation, le suicide.

L'article 6 leur interdit la parole.

L'article 7 leur défend l'action.

Une société est un être moral, ou elle n'est pas. Comme être moral, elle ne subsiste, elle ne vit que par les conditions qui font la vie de l'homme même : la liberté, la qualité, l'individualité, le lieu, le temps, la sécurité, la pensée, la parole et l'action.

Qu'est-ce donc qu'une société qui ne peut se constituer que sous le bon plaisir de l'autorité ; à qui il est défendu de prendre un nom et de se qualifier ; qui n'a pas le droit de paraître dans les lieux publics, et qui néanmoins est obligée d'admettre à ses séances le public ; une société qui n'a pas de vie privée ; qui ne délibère que sous l'œil de la police ; qui ne peut discuter rien de ce qui fait ombrage au pouvoir ; qui, après avoir délibéré, ne peut prendre de conclusions ; une société qui ne pense, ne parle, n'agit pas ?

Une pareille société est moins qu'un rassemblement sur les places publiques ; c'est une pantomime sans idée, jouée par des aveugles-muets. Voilà les clubs, tels que l'Assemblée nationale les a faits, entraînée par l'éloquence des Sénard, des Coquerel.

Le mensonge, la mauvaise foi, la bouffonnerie dans la loi ! c'est ce qu'il était réservé à la démocratie de nous apprendre...

Aujourd'hui, il s'agissait de la liberté de la presse, la liberté de la presse, toujours la première remise en question, à la suite des jongleries révolutionnaires.

Croyez-vous que le gouvernement de février soit si ingrat que d'en vouloir à la liberté de la presse ! Oh ! non : ce qu'il demande, ce sont des GARANTIES contre la licence de la presse.

Des garanties, dites-vous ? quoi ? est-ce que le Code pénal est aboli ? les lois de 1819 et 1830 ne sont-elles pas là ? Qu'est-il besoin d'autre chose que d'en changer le style, et d'en accommoder les articles aux exigences républicaines ?

Les garanties que demande le gouvernement contre la presse, c'est d'abord un cautionnement.

— Voyez, dit M. Sénard, nous ne demandons que la caution de l'amende que le journaliste peut encourir, 24,000 f. !
— Mais le cautionnement, c'est comme la douane, une pro-

hibition, ce n'est pas une garantie ; — mais 24,000 francs sont plus difficiles à trouver aujourd'hui que 100,000 francs le 22 février ; — mais la plus forte des amendes ne doit pas, selon vous-même, dépasser 6,000 francs ; — mais vous avez pour garantie de l'amende la contrainte par corps ; — mais vous ne pouvez poser en principe dans une loi que la loi sera violée !

Il y a autre chose, M. le ministre, dans ces 24,000 francs, qu'une garantie ! dites la vérité.

— Nous demandons, dit alors le ministre, une garantie contre la presse anarchique, contre la presse socialiste, contre cette mauvaise presse qui réclame le droit au travail ; contre la presse à 5 centimes, qui s'adresse spécialement à des hommes qui n'ont pas assez d'argent pour s'abonner ! Quant à la presse sérieuse, à la presse grave, qui se constitue au capital de 4 ou 500,000 francs ; à cette presse qui s'honore autant par sa moralité que par son patriotisme, nous ne songeons pas à l'inquiéter.

Voyez le *Constitutionnel*, le *Siècle*, les *Débats*, la *Gazette de France*, tous les journaux dynastiques, légitimistes, anti-socialistes, les entendez-vous se plaindre du gouvernement ? Est-ce que les procureurs-généraux les tracassent ? Est-ce que nous nous méfions de leurs tendances ? Est-ce qu'ils conspirent ? Est-ce qu'ils trompent, par de fausses espérances, le prolétariat ?

Un journal qui ne pourrait trouver crédit de 24,000 francs, nous le regardons comme un journal anarchique, impie, ennemi de la famille et de la propriété.

24,000 francs ! — Voilà, pour nous, le critérium du génie, de la vertu et du patriotisme !

24,000 francs ! — Nous déclarons ennemi de la société et de la République tout journal qui, avant d'exister, ne déposera pas à notre caisse des consignations 24,000 francs !

24,000 francs ! — C'est, sous la République, le cens électoral de la presse. De 100,000 francs qu'il était sous la monarchie, nous l'avons abaissé à 24,000 francs, et vous vous plaignez !..

A nous donc les ouvriers, les travailleurs, les prolétaires ! A nous les pauvres ! A nous le denier de la veuve ! A nous les fondateurs en haillons de la République ! A nous les héros, maintenant désarmés, des barricades ! A nous les calomniés de février, de mars, d'avril, de mai, de juin !..

Il s'agit de prouver que vous êtes d'honnêtes gens, en vous cotisant pour former au journal du *Peuple* une caution de 24,000 francs.

Vous vous croyiez de braves citoyens, des cœurs généreux, de vrais patriotes ! — Mais, sachez-le bien, vous tous qui ne demandez à la République que la liberté, à la propriété que du travail : vous ne serez un parti sérieux, honnête, digne de considération, estimé du gouvernement, que lorsque vous aurez formé entre vous tous 24,000 francs.

C'est un ministre du 24 février, c'est le citoyen Sénard, qui vous le déclare au nom de la République.

Les Malthusiens.

10 Août.

Le docteur Malthus, un économiste, un Anglais, a écrit ces propres paroles :

« Un homme qui naît dans un monde déjà occupé, si sa
« famille n'a pas le moyen de le nourrir, ou si la société n'a
« pas besoin de son travail, cet homme, dis-je, n'a pas le
« moindre droit à réclamer une portion quelconque de
« nourriture : il est réellement de trop sur la terre. Au
« grand banquet de la nature, il n'y a point de couvert mis
« pour lui. La nature lui commande de s'en aller, et ne
« tardera pas à mettre elle-même cet ordre à exécution. »

En conséquence de ce grand principe, Malthus recommande, sous les menaces les plus terribles, à tout homme qui n'a pour vivre ni travail ni revenu, de *s'en aller*, surtout de ne pas faire d'enfants. La famille, c'est-à-dire l'amour, comme le pain, sont, de par Mathus, interdits à cet homme-là.

Le docteur Mathus était, en son vivant, ministre du saint Évangile, de mœurs douces, philanthrope, bon mari, bon père, bon bourgeois, croyant à Dieu autant qu'homme de France. Il mourut, le Ciel lui fasse paix ! en 1834. On peut dire qu'il a le premier, sans s'en douter, réduit à l'absurde toute l'économie politique, et posé la grande question révolutionnaire, la question entre le travail et le capital.

Chez nous, où la foi à la Providence est restée vive, malgré l'indifférence du siècle, le peuple dit, par manière de proverbe, et c'est en cela que nous nous distinguons de l'Anglais : *Il faut que tout le monde vive !* — Et notre peuple, en disant cela, croit être aussi bon chrétien, aussi conservateur des bonnes mœurs et de la famille, que feu Malthus.

Or, ce que le peuple dit en France, les économistes le nient, les gens de lois et les gens de lettres le nient; l'Église, qui se prétend chrétienne, et de plus gallicane, le nie; la presse le nie, la haute bourgeoisie le nie, le gouvernement, qui s'efforce de la représenter, le nie.

La presse, le gouvernement, l'Église, la littérature, les économistes, la grande propriété, tout, en France, s'est fait anglais, tout est malthusien. C'est au nom de Dieu et de sa sainte providence, au nom de la morale, au nom des intérêts sacrés de la famille, qu'on soutient qu'il n'y a point de place, dans le pays, pour tous les enfants du pays, et qu'on insinue à nos femmes d'être moins fécondes. En France, malgré le vœu du peuple, malgré la croyance nationale, le boire et le manger sont réputés privilége, le travail privilége, la famille privilége, la patrie privilége.

M. Antony Thouret disait l'autre jour que la propriété sans laquelle il n'est ni patrie, ni famille, ni travail, ni moralité, serait irréprochable le jour où elle cesserait d'être un privilége. C'était dire assez clairement que pour abolir tous les priviléges, qui mettent, pour ainsi dire hors la loi, hors l'humanité, une partie du peuple, il fallait, avant tout, supprimer le privilége fondamental et changer la constitution de la propriété.

M. A. Thouret s'exprimait en cela comme nous-mêmes, comme le Peuple. L'État, la presse, l'économie politique ne l'entendent pas ainsi : ils s'accordent à vouloir que la propriété, sans laquelle, au dire de M. Thouret, point de travail, point de famille, point de République, demeure ce qu'elle a toujours été, un privilége.

Tout ce qui se fait, qui se dit, qui s'imprime aujourd'hui et depuis vingt ans, se fait, se dit et s'imprime en conséquence de la théorie de Malthus.

La théorie de Malthus, c'est la théorie de l'assassinat politique, de l'assassinat par philanthropie, par amour de Dieu. — Il y a trop de monde au monde : voilà le premier article de foi de tous ceux qui, en ce moment, au nom du Peuple, règnent et gouvernent. C'est pour cela qu'ils travaillent de leur mieux à diminuer le monde. Ceux qui s'acquittent le mieux de ce devoir, qui pratiquent avec piété, courage et fraternité les maximes de Malthus, sont les bons citoyens, les hommes religieux ; — ceux qui protestent, sont des anarchistes, des socialistes, des athées.

Le crime inexpiable de la révolution de février est d'avoir été le produit de cette protestation. Aussi, on lui apprendra à vivre à cette révolution qui promettait de faire vivre tout le monde. — La tache originelle, indélébile de la République, c'est d'avoir été proclamée par le peuple, anti-malthusien. C'est pour cela que la République est si particulièrement odieuse à ceux qui furent et qui veulent redevenir les complaisants et les complices des rois, *grands mangeurs d'hommes,* disait Caton. On la monarchisera votre République, on lui fera dévorer ses enfants.

Là est tout le secret des souffrances, des agitations et des contradictions de notre pays.

Les économistes ont les premiers parmi nous, par un inconcevable blasphème, érigé en dogme de la Providence la théorie de Malthus. Je ne les accuse pas plus que je ne les calomnie. Les économistes sont en cela de la meilleure foi, comme de la meilleure intention du monde. Ils ne demanderaient pas mieux que de faire le bonheur du genre humain ; mais ils ne conçoivent pas comment, sans une organisation quelconque de l'homicide, l'équilibre entre la population et les subsistances pourrait exister.

Demandez à l'Académie des sciences morales. Un de ses membres les plus honorables, que je ne nommerai pas, bien qu'il s'honore de ses opinions, comme doit faire tout honnête homme, étant préfet de je ne sais quel département, s'avisa un jour, dans une proclamation, de recommander à ses administrés de ne plus faire autant d'enfants à leurs femmes. Grand scandale parmi les curés et les commères, qui traitèrent cette morale académique de morale de cochons ! Le savant dont je parle n'en était pas moins, comme tous ses confrères, un défenseur zélé de la famille et de la morale : mais, observait-il avec Malthus, au banquet de la nature, il n'y a pas de place pour tout le monde.

M. Thiers, membre aussi de l'Académie des sciences morales, disait dernièrement au comité des finances, que s'il était ministre, il se bornerait à *traverser courageusement, stoïquement, la crise,* se renfermant dans les dépenses de son budget, faisant respecter l'ordre, et se gardant avec soin de toute innovation financière, de toute idée socialiste, telle que notamment le droit au travail, comme de tout expédient révolutionnaire. Et tout le comité d'applaudir.

En rapportant cette déclaration du célèbre historien et homme d'État, je n'ai nulle envie, on le sent bien, d'incriminer ses intentions. Dans la disposition actuelle des esprits je ne réussirais qu'à servir l'ambition de M. Thiers, s'il lui en restait. Ce que je veux faire remarquer, c'est que M. Thiers, en s'exprimant de la sorte, témoignait, peut-être sans y penser, de sa foi à Malthus.

Entendez bien ceci, je vous prie. — Ce sont deux millions, quatre millions d'hommes qui périront de misère et de faim, si l'on ne trouve moyen de les faire travailler. C'est un grand malheur, assurément, et nous en gémissons tous les premiers, vous disent les malthusiens : mais qu'y faire ? Il vaut mieux que quatre millions d'hommes périssent que de compromettre le privilége ; ce n'est pas la faute du capital, si le travail chôme ; au banquet du crédit, il n'y a pas de place pour tout le monde.

Ils sont courageux, ils sont stoïques, les hommes d'État de l'école de Malthus, quand il s'agit de sacrifier les travailleurs par millions. — Tu as assassiné le pauvre, disait le prophète Elie au roi d'Israël, et puis tu t'es emparé de son héritage. *Occidisti et possedisti.* Il faut aujourd'hui renverser la phrase, et dire à ceux qui possèdent et qui gouvernent : Vous avez le privilége du travail, le privilége du crédit, le privilége de la propriété, comme dit M. Thouret; et c'est parce que vous ne voulez pas vous en dessaisir, que vous répandez comme l'eau la vie du pauvre : *Possedisti et occidisti !*

Et le peuple, sous la pression des baïonnettes, se consume lentement ; se meurt sans soupir et sans murmure : le sacrifice s'accomplit dans le silence. Courage ! travailleurs ; soutenez-vous les uns les autres : la Providence finira par vaincre la fatalité. Courage ! vos pères les soldats de la République, étaient encore plus mal que vous aux siéges de Gênes et de Mayence.

M. Léon Faucher, combattant pour le cautionnement des journaux, pour le maintien des douanes sur la presse, raisonnait aussi comme Malthus. — Le journal sérieux, disait-il, le journal qui mérite considération et estime, est celui qui s'établit au capital de 4 à 500,000 francs. Le journaliste qui n'a que sa plume est comme l'ouvrier qui n'a que ses bras. S'il ne trouve moyen de faire acheter ses services ou créditer son entreprise, c'est signe que l'opinion le condamne : il n'a pas le moindre droit à prendre la parole devant le pays : au banquet de la publicité, il n'y a pas de place pour tout le monde.

Ecoutez Lacordaire, ce flambeau de l'église, ce vase d'élection du catholicisme. Il vous dira que le socialisme est l'antéchrist. — Et pourquoi le socialisme est-il l'antéchrist ? — Parce que le socialisme est l'ennemi de Malthus, et que le catholicisme, par une transformation dernière, s'est fait malthusien.

L'Évangile nous dit, s'écrie le tonsuré, qu'il y aura toujours des pauvres : *Pauperes semper habebitis vobiscum* ; et qu'en conséquence la propriété, en tant qu'elle est privilége et qu'elle fait des pauvres, est sacrée. Le pauvre est nécessaire à l'exercice de la charité évangélique : au banquet d'ici-bas, il ne saurait y avoir place pour tout le monde.

Il feint d'ignorer, l'infidèle, que *pauvreté*, dans la langue sainte, signifie toute espèce d'affliction et de peine, et non pas chômage et prolétariat. Et comment celui qui allait partout dans la Judée, criant : *Malheur aux riches!* eût-il pu l'entendre autrement? Malheur aux riches ! dans la pensée de Jésus-Christ, c'était malheur aux malthusiens.

Si le Christ vivait de nos jours, il dirait aux Lacordaire et consors : « Vous êtes de la race de ceux qui, dans tous « les temps, ont versé le sang des justes, depuis Abel jus- « qu'à Zacharie. Votre loi n'est pas ma loi ; votre Dieu n'est « pas mon Dieu !..... » Et les Lacordaire crucifieraient le Christ comme séditieux et comme athée.

Le journalisme presque tout entier est infecté des mêmes idées.—Que le *National*, par exemple, nous dise s'il n'a pas toujours cru, s'il ne croit pas encore que le paupérisme, dans la civilisation, est éternel ; que l'asservissement d'une partie de l'humanité est nécessaire à la gloire de l'autre ; que ceux qui prétendent le contraire sont de dangereux rêveurs qui méritent d'être fusillés ; que telle est la raison d'état ? Car, si telle n'est pas la pensée secrète du *National*, si le *National* veut sincèrement, résolument l'émancipation des travailleurs, pourquoi ces anathèmes, pourquoi cette colère contre les socialistes purs, contre ceux qui, depuis dix et vingt ans, demandent cette émancipation ?

Qu'ils daignent aussi, afin que le Peuple les connaisse, faire leur profession de foi économique, ces bohémiens de la littérature, aujourd'hui sbires du journalisme, calomniateurs à prix fixe, courtisans de tous les priviléges, panégyristes de tous les vices, parasites vivant aux dépens d'autres parasites, qui ne parlent tant de Dieu que pour dissimuler leur matérialisme ; de la famille que pour couvrir leurs adultères, et qu'on verrait par dégoût du mariage, caresser des guenons, s'ils ne trouvaient plus de malthusiennes.

Faites des filles, nous les aimons, chantent ces infâmes, en parodiant le poète. Mais abstenez-vous de faire des garçons : au banquet de la volupté il n'y a pas de place pour tout le monde.

Le gouvernement était inspiré de Malthus, lorsqu'ayant cent mille ouvriers disponibles auxquels il donnait un salaire gratuit, il se refusait à les employer en travaux utiles ; — lorsqu'ensuite, après la guerre civile, il demandait pour eux une loi de transportation. Avec les dépenses des prétendus ateliers nationaux, avec les frais de guerre, de procédure, de prison, de transport, on pouvait donner aux insurgés du travail pour six mois, et changer tout notre régime économique. Mais le travail est un monopole ; mais on ne voulait pas que l'industrie révolutionnaire fît concurrence à l'industrie du privilége : au chantier de la nation, il n'y a pas de place pour tout le monde.

La grande industrie ne laisse rien à faire à la petite : c'est la loi du capital, c'est Malthus.

Le commerce en gros s'empare peu à peu du commerce de détail : c'est Malthus.

La grande propriété envahit, s'agglomère les plus pauvres parcelles : c'est Malthus.

Bientôt la moitié du peuple dira à l'autre :

La terre et ses produits sont ma propriété ;

L'industrie et ses produits sont ma propriété ;

Le commerce et les transports sont ma propriété ;

L'Etat est ma propriété.

Vous qui ne possédez ni réserve ni propriété ; qui n'êtes point fonctionnaire public, et dont le travail nous est inutile, ALLEZ-VOUS-EN ! Vous êtes réellement de trop sur la terre : au soleil de la République, il n'y a pas de place pour tout le monde.

Qui viendra me dire que le droit de travailler et de vivre n'est pas toute la Révolution ?

Qui viendra me dire que le principe de Malthus n'est pas toute la contre-révolution ?

Et c'est pour avoir publié de telles choses, c'est pour avoir énergiquement signalé le mal, et cherché de bonne foi le remède, que la parole m'a été ôtée par ordre du gouvernement, du gouvernement qui représente la Révolution !

C'est pour cela que j'ai vu passer sur moi, muet, le déluge des calomnies, des trahisons, des lâchetés, des hypocrisies, des outrages, des désertions et des défaillances de tous ceux qui haïssaient ou qui aimaient le peuple ! C'est pour cela que j'ai été, pendant un mois entier, livré aux chacals de la presse et aux chats-huants de la tribune ! Jamais homme, ni dans le passé, ni dans le présent, ne fut l'objet d'autant d'exécration que je le suis devenu, pour ce seul fait que je fais la guerre aux anthropophages.

Calomnier qui ne pouvait répondre, c'était fusiller un prisonnier. Carnassiers de Malthus, je vous reconnais là ! Poursuivez donc ; nous avons plus d'un compte à régler encore. Et si la calomnie ne vous suffit pas, employez le fer et le plomb. Vous pouvez me tuer : nul ne peut éviter son sort, et je suis à votre discrétion. Mais vous ne me vaincrez pas : vous ne persuaderez pas au peuple, moi vivant, moi tenant une plume, que, hormis vous, il y ait quelqu'un de trop sur la terre. J'en fais le serment devant le Peuple et devant la République !

La Calomnie.

12 Août.

Lecteurs, rassurez-vous. Ce n'est pas de moi que je parle ; ce n'est pas ma réputation, mon honneur traîné sur la claie que je veux venger. Que je sois le successeur de Cartouche, de Mandrin, de Lacenaire, comme disent mes biographes ; que le *Constitutionnel* et ses adeptes m'appellent le *théoricien du vol;* que le grand Coquerel, de son prénom Athanase, déclare mes propositions dignes de la cour d'assises et du bagne ; que celui-ci me fasse bâtard et celui-là souteneur d'une prostituée ; que ceux qui jouissent à la fois et de la mère, et de la fille, et de la sœur, et de la nièce, et de la servante, me dénoncent comme un destructeur de la famille ; que des libertins et des renégats mettent le comble à l'horreur publique en me signalant comme matérialiste et athée : il s'agit bien de ces misères ! Quand la Révolution est en péril, quand la faim décime le Peuple, je n'ai pas le loisir d'entretenir le public de mes injures personnelles. Le flot de la calomnie passera : les idées que je défends ne passeront pas.

La calomnie à la République : voilà l'objet de mes préoccupations et de mes terreurs.

Calomnie d'en haut et calomnie d'en bas ; calomnie de la gauche et calomnie de la droite ; calomnie aux feux croisés, en tirailleurs, par pelotons et par mitraille ! c'est la calomnie qui nous tue, républicains, la calomnie qui nous abîme, dans l'âme et dans le corps.

Les calomniateurs de la République, ce sont tout à la fois ceux qui la gouvernent sans la comprendre ; ceux qui la déchirent, parce qu'ils la comprennent ; ceux qui la trahissent et qui l'exploitent, parce qu'ils se jouent de tout, de la République, comme de la monarchie et de la religion.

A tout seigneur, tout honneur : je commence par le *National*.

En m'adressant au *National*, je saurai distinguer les personnes de la chose, séparer les écrivains de l'imprimé, les journalistes de la feuille qui est leur organe collectif, comme dit M. Léon Faucher. La conspiration de calomnie qui s'acharne sur moi ne m'empêchera pas d'être juste, même envers des ennemis.

Le *National* est depuis vingt ans une pépinière de célébrités.

La France littéraire s'honorera toujours des Thiers et des Mignet : pour ma part, je dois à leurs ouvrages plus d'une sorte de reconnaissance.

La République est fière d'Armand Carrel, de son talent autant que de sa bravoure et de son caractère.

Les Magnin, les Taillefer, les Génin, les Bastide, quoique avec moins d'éclat, font honneur au pays, autant qu'au journal qui les mit en lumière. — M. Armand Marrast, après avoir été dix ans le prince de la presse quotidienne, promet à la République un homme d'autant de caractère que d'esprit. J'avoue cependant que je l'aimerais encore mieux derrière son pupître de journaliste qu'au fauteuil de la présidence... S'il est un écrivain que j'honore de l'approbation de ma conscience et de ma raison, c'est ce philosophe, aussi profond que modeste, aussi éminent par le style que par la science, M. Littré. — La mort de Dornès, enfin, a répandu sur le *National* un reflet impérissable de patriotisme.

Comment donc se fait-il qu'avec tant de ressources, avec des esprits si puissants, le *National* n'ait jamais été, depuis qu'il existe, au point de vue des idées, que le plus inintelligent et le plus inintelligible des journaux?

Ah! c'est que le *National* n'est pas l'organe d'une doctrine : c'est une collection de sentiments, un éclectisme d'opinions. Le *National* est comme l'Académie, une compagnie de beaux esprits et de génies supérieurs, mais qui, par elle-même et précisément parce que ce n'est qu'une compagnie, est incapable de produire une idée.

Voilà pourquoi le *National* et son parti n'a jamais su le premier mot de la République à laquelle il travaillait avant février, et qu'il ne cesse de démolir depuis février ; — voilà pourquoi l'avènement du *National*, de ses opinions et de ses hommes, au gouvernement de la République, a paru au peuple un contre-sens, une usurpation : pourquoi, en deux mots, le *National*, usurpateur de la République, est devenu le calomniateur de la République.

Je ne connais point les rédacteurs actuels du *National* : je suppose qu'ils sont en tout dignes de leurs prédécesseurs. Mais j'affirme, sans que je veuille du reste incriminer leurs intentions, que leur feuille, en dissimulant, travestissant comme elle fait tous les jours, la question révolutionnaire, fait œuvre de calomnie et détruit la République.

La République, préparée, fondée par vingt années de discussions économiques et sociales, auxquelles le *National* n'a jamais voulu prendre la moindre part, la République est une chose : le *National* veut qu'elle soit autre.

Le *National* ne comprend point la République comme idée positive : il n'y voit, n'y a jamais vu qu'une négation, la Charte constitutionnelle, moins le roi. — Lorsque M. Thiers, se tenant dans la sphère des principes, posait son fameux axiome : *Le roi règne et ne gouverne pas*, il définissait la république du *National*. Plus matérialiste que M. Thiers, le *National*, après avoir supprimé le principe, voulut aussi supprimer le symbole ; mais comme, à part la destruction du symbolisme monarchique, le système du *National* ne diffère essentiellement en rien de celui de M. Thiers, à peine la royauté expulsée, le *National* s'est fait partisan de ce qui ressemble le plus à une royauté, il s'est fait partisan de la présidence, et la République, pour lui, a été constituée. Otez la personne royale, ôtez la prérogative royale, et le *National*, que Louis-Philippe aimait, parce qu'il l'avait deviné, est tout aussi juste-milieu, aussi doctrinaire, aussi conservateur et rétrograde que M. Guizot.

Depuis 1830, nous n'avons cessé de lui dire : La République, c'est le socialisme. Et le Peuple, dont la voix consacre toutes les vérités, le Peuple a fini par crier, comme nous, en février et depuis février : *Vive la République démocratique et sociale!*

A cette manifestation décisive, qu'a opposé le *National?* Il s'est fait écrire une lettre de dix lignes par un homme célèbre, chéri du Peuple, défenseur de la propriété dans un intérêt de doctrine, comme nous en sommes l'adversaire dans un intérêt de doctrine ; lettre dans laquelle cet homme célèbre, M. de Lamennais, déclarait qu'il n'était pas communiste ! Pour se soustraire au jugement du Peuple, le *National* tire en cause une grande renommée ; quand on lui parle économie sociale, il vous répond métaphysique ; il oppose définition à définition, et il croit en avoir fini avec la critique ! Le Peuple n'a point été dupe du sophisme : il a demandé avec un redoublement d'énergie l'organisation du travail, la République démocratique et sociale.

Combien de fois, chiffres en main, n'avons-nous pas dit au *National* : Prenez garde, la société est établie sur une erreur de compte. Ce qui engendre le paupérisme, c'est qu'on applique à la nation, à l'être collectif, les principes de l'économie domestique ; c'est qu'on suppose dans la société un bénéfice qui n'existe pas ; c'est que le travailleur, sur qui le capital et le privilége prélèvent ce bénéfice, ne peut pas racheter son produit, et que le travailleur ne rachetant pas son produit, il y a nécessairement stagnation, grève, puis dépréciation, faillite et banqueroute ; c'est, en un mot, que par la rente et l'intérêt des capitaux, sans que personne soit coupable de maléfice et de mauvaise foi, le travailleur est volé !...

Au lieu de vérifier le fait, le *National*, qui se connaît peu, à ce qu'il paraît, en comptabilité, et dont le spiritualisme rougirait de descendre à ces vilenies de produit *net* et de produit *brut*, le *National* s'est d'abord renfermé dans un superbe silence ; et quand enfin il a daigné s'occuper des questions économiques, ç'a été pour consacrer purement et simplement la productivité du capital, précisément la cause du paupérisme, une fiction, un mensonge !

Toute la révolution, selon nous, consiste à supprimer un mot, un seul mot de l'article 8 de la déclaration des droits :

« La propriété consiste dans le droit de jouir et de dis-
« poser de ses biens, DE SES REVENUS, des fruits de son tra-
« vail, de son intelligence et de son industrie. »

Le *revenu*, disons-nous, n'est qu'une hypothèse, dont l'analyse économique démontre la fausseté, dont la républicanisation du crédit entraîne fatalement l'abolition. Ou la Révolution est absurde et la République un non-sens, ou bien par le droit de propriété vous ne pouvez plus à l'avenir entendre autre chose que *le droit de disposer des fruits de son travail, de son intelligence et de son industrie*, qui est tout ce qu'entend, tout ce que demande le Peuple. C'est par erreur et surprise que le mot *revenus* s'est glissé dans la déclaration des droits de Robespierre, c'est cette erreur qui a fait, qui fera toujours avorter la République.

Le *National*, qui est girondin, thermidorien, malthusien, partisan du produit *net*, qui ne veut pas de la gratuité du crédit, qui sera royaliste, quand on lui aura démontré qu'entre la royauté et le socialisme il n'y a pas de moyen terme, le *National* se borne à répondre que nous sommes des anarchistes, des ambitieux ; que nous légitimons le vol, que nous détruisons la famille et la propriété !...

La calomnie, toujours la calomnie !..

Nous, républicains, nous qui depuis vingt ans avons arboré notre drapeau, proclamé nos principes, publié notre profession de foi, c'est nous que le *National*, qui n'a ni prévu, ni compris la République, taxe d'exagération, de fausse politique, de menées coupables, de tendances antisociales ! C'est nous qui perdons la cause du Peuple, qui compromettons le droit au travail, par nos définitions et nos manifestes ! C'est nous qui produisons la détresse publique ! C'est nous qui attisons la guerre civile ! Si la République est suspecte à la bourgeoisie, aux capitaux, à la propriété, c'est nous qui avons fait le mal, en denonçant à tous le principe, l'objet et la signification de la République ! Si les prétendants réussissaient dans leurs complots, c'est nous qui les aurions ramenés !...

Il faut convenir, pourtant, qu'il s'agit de bien autre chose aujourd'hui que d'un remaniement de la charte.

Le principe de la République, ainsi que vient de le reconnaître l'Assemblée nationale par un vote unanime, est le principe de la souveraineté du peuple et du suffrage universel.

Cela veut dire que, sous la République, il n'y a d'autres droits que ceux qui ont été garantis par le peuple, d'autre gouvernement que celui du peuple, d'autre justice que celle du peuple, d'autre force que le peuple, d'autres fonctionnaires que les élus du peuple.

Et comme le peuple n'est vraiment souverain et législateur qu'autant que tous les citoyens participent également à la loi et à l'exercice du pouvoir, il s'ensuit que l'égalité, condition essentielle de la souveraineté, est le deuxième principe républicain. Dans le système qui doit surgir de pareils principes, l'inégalité des conditions, le monopole, la vénalité des charges, la distinction des castes sont impossibles ; et il est vrai de dire que, ou le privilége, si quelque part on le souffre, tuera la République, ou la République, si elle suit son principe, emportera le privilége.

Ainsi donc, pour employer des termes moins abstraits, le

travail, comme droit et comme devoir, pour tout le monde ; la propriété, comme instrument de travail et comme rémunération, pour tout le monde : voilà ce que veut, ce que doit être la République. C'est encore l'Assemblée nationale qui, dans le même vote, l'a ainsi décidé. Quelques théoriciens, pensant que la propriété impliquait nécessairement privilége, niaient la propriété et demandaient en conséquence que la propriété n'existât pour personne. L'Assemblée nationale a résolu le problème d'une autre manière : elle a pensé qu'il valait mieux que le privilége de propriété fût étendu à tous ; que chaque citoyen devînt, de fait comme de droit, propriétaire ; que tout le monde fût intéressé à la propriété. En conséquence, elle a déclaré le principe de la propriété inviolable, se réservant de le définir lors du vote de la constitution.

Mais, pour que le travail soit en même temps garanti et rendu obligatoire à tous ; pour que chaque citoyen acquière la propriété, et, après l'avoir acquise, ne la puisse plus perdre : il faut remanier de fond en comble notre régime économique ; il faut refaire, non pas seulement notre constitution politique, mais notre constitution sociale.

Sur quels principes et d'après quelles lois devra s'opérer cette réorganisation ?

Voilà ce que le socialisme cherche depuis vingt ans, et ce qui soulève les malédictions du *National*.

Le travail qui, sous le nom de socialisme, s'est accompli dans les idées dès avant la révolution de 1830, n'a eu d'autre but que de définir le régime républicain, d'en déterminer les conditions, d'en poser les bases. Maintes fois nous avons averti le *National*, organe prétendu de la république sous le dernier règne. Le *National* n'a jamais voulu nous entendre ; il s'est obstiné dans son éclectisme constitutionnel ; il a repoussé toute discussion.

En vain nous lui disions : La question aujourd'hui n'est plus politique ; elle est économique. La féodalité mercantile, la pire des aristocraties, envahit la société et fait rétrograder la civilisation jusque par delà Charlemagne. Dans cette France, ou l'égalité est indigène, la capital écrase, absorbe la petite industrie, le petit commerce, les petites fortunes. un peuple de citoyens se transforme, à vue d'œil, en un peuple d'esclaves. D'autant plus nous produisons, d'autant plus nous sommes pauvres : et quand après avoir longtemps travaillé, longtemps produit, nous ne possédons plus rien, le capital alors s'arrête, renvoie les ouvriers, et dit : On ne travaille plus. Notre activité, si intelligente, si féconde, nous rend la vie de plus en plus laborieuse. de plus en plus précaire, de plus en plus misérable. Nous perdons tour à tour, par ce mécanisme, la propriété, la sécurité, l'égalité, le travail, la famille, l'amour même. Que ferez-vous donc, hommes du *National*, après que vous aurez chassé Louis-Philippe et supprimé un article de la charte?

A ces interpellations positives, réitérées, le *National* n'a jamais daigné répondre, ou s'il y a répondu, ç'a été pour nous reprocher que nous corrompions l'esprit du peuple en ne lui parlant que d'*intérêts matériels!*

Et aujourd'hui, surpris par un événement qu'il a provoqué, mais qu'il n'a pas produit, mis en demeure d'organiser la République, sommé par tous les partis de déclarer sa pensée, il bégaie, il murmure, il échange des protocoles avec ses confrères dynastiques, parfois il accuse les réactionnaires, plus souvent, presque toujours, il calomnie les républicains.

Le *National*, qui n'a pas donné, en vingt ans, un quart d'heure à la question sociale, un quart d'heure à la République, nous déclare, du haut de son incapacité, ennemis de la République! Il voudrait dissimuler, ruser avec l'opinion : faire à la fois du socialisme et du privilége; jouer à la bascule avec le travail et le capital, accorder le Christ et Bélial, persuader aux volés qu'ils sont eux-mêmes les voleurs, éterniser l'équivoque et la misère! Comme si la question révolutionnaire n'était pas, depuis vingt ans, posée ; comme si la révolution de Février n'était pas la fin d'un régime de privilége, de corruption, de gâchis, et le commencement d'un régime fondé sur la science et l'égalité ; comme si l'idée-mère de cette révolution était chose nouvelle ; comme si, en pareille circonstance, la dissimulation n'était pas trahison !

Dites-nous donc de grâce, gens du *National*, ce que vous entendez par ce mot de république ? Définissez, s'il vous plaît, le droit au travail, le droit de propriété, la souveraineté du peuple, le suffrage universel, la démocratie, la liberté et l'égalité ? Ne perdez point de temps ; nous avons déjà trop attendu : Qu'est-ce que la République ? pourquoi avez-vous fait la République ?

La République crie au *National* : marche ! marche !

Et le *National* répond à la République : arrête ! arrête !

La République va trop vite pour le *National* : il ne s'était pas attendu à cette fougue. Il trouve que nous sommes impatients ; il vient de se mettre à la question, il commence seulement ses études ! N'a-t-il pas déjà fait nommer un comité de travailleurs ? ordonné une enquête sur les travailleurs ? envoyé M. Blanqui, avec plusieurs économistes, en tournée dans les départements, pour faire un rapport sur la situation des travailleurs ? Tous les jours ne s'essaie-t-il pas aux réformes ? N'est-ce pas lui ou ses hoirs qui a donné cours forcé aux billets de banque, converti en rentes les bons du trésor et les livrets des caisses d'épargne ; inventé l'impôt de quarante-cinq centimes ; fait, défait, refait l'impôt sur les boissons ; tâté de l'impôt progressif et de l'impôt somptuaire ; proposé, retiré, annoncé de nouveau l'impôt sur le revenu ; ajourné la réduction de l'impôt sur le sel ; engagé ou vendu les forêts de l'Etat ? N'a-t-il pas, en toute occasion, protesté contre les assignats et le papier-monnaie, préparé la loi sur les assurances ? N'est-il pas en train de racheter les chemins de fer ? N'a-t-il pas contracté l'emprunt

à 65? — A 65 ! Certes les prêteurs ne s'exposent guère !
Vienne une banqueroute : on trouvera bien moyen d'obtenir, de notre fortuné pays, un concordat à 65 !...

Et la République ne veut pas attendre! la République,
dans les angoisses de la grève et de la faim, ose lever la
tête ! Gardes nationaux et soldats, feu ! sur la République
démocratique et sociale !

Il nous demandait, hier, si nous avions quelque chose à
ajouter aux aménités dont nous l'avons gratifié, il y a sept
ans, dans une brochure intitulée : *Avertissement aux propriétaires!*

Ceci nous remet en mémoire que le *National*, à une
époque où il ne disposait pas de la force publique, se contentait de nous signaler pour nos idées républicaines, au
procureur du roi. Nous en retrouverions au besoin les
pièces. Le *National* se faisant éclaireur du parquet pour le
salut du privilége, et désignant du doigt, comme la justice
divine dans le tableau de Prudhon, les adversaires du revenu *net!* Quel souvenir nous rappelez-vous là !

Ah ! républicains du *National,* nous ne pensions pas être
prophète, lorsque déplorant votre aveuglement fatal, et prévoyant dès lors le désespoir d'une multitude égarée, nous
écrivions, en 1839 :

« L'opulence et la misère, compagnes inséparables, croî-
« tront dans une progression sans fin ; le capital envahira
« tout ; le paysan ruiné vendra son héritage... La misère et
« l'abrutissement des prolétaires seront au comble : on ne
« les empêchera pas de s'instruire ; mais ils ne pourront
« vivre sans travailler, et quand ils ne travailleront pas, ils
« ne mangeront rien... Le mérite des femmes ne sera plus
« que le tarif de la beauté ; leur droit le plus sacré, de se
« livrer au plus offrant. Les riches les posséderont toutes,
« parce qu'eux seuls pourront les payer : les pauvres auront
« pour épouses les êtres disgraciés et les rebuts de la
« luxure...

« Cependant il se rencontrera des âmes fières, des hommes
« qui refuseront de découvrir leurs fronts devant le veau
« d'or : ceux-là voudront entrer en compte avec les favoris
« de la fortune. — Comment êtes-vous si riches et sommes-
« nous si pauvres ? — Nous avons travaillé, répondront les
« riches; nous avons épargné, nous avons acquis... — Nous
« travaillons plus que vous; comment se fait-il que nous
« n'acquérions jamais rien ? — Nous avons hérité de nos
« pères ? — Ah ! vous invoquez la possession, la transmis-
« sion, la prescription ! Eh bien ! nous appelons la force.
« Propriétaires, défendez-vous !

« Et il y aura des combats et des massacres, et quand
« force sera demeurée à la *loi*, quand les *révoltés* seront
« détruits, on écrira sur leurs tombes : ASSASSINS, tandis
« que leurs victimes seront glorifiées MARTYRS ! » (*De la célébration du dimanche.*)

Et dans cet *Avertissement aux propriétaires* que vous osez citer, ne disions-nous pas, en 1842, aux prolétaires déjà irrités :

« Maintenant que le système de monarchie représentative
« tire à sa fin, c'est le tour d'une démocratie bourgeoise,
« incohérente, querelleuse, babillarde... — Détruisez le
« gouvernement actuel, et au lieu de cette égalité à laquelle
« vos cœurs généreux aspirent, vous n'obtiendrez qu'une
« répétition de la démocratie conventionnelle ou directo-
« riale, interrompue violemment elle-même il y a quarante-
« quatre ans, au 18 brumaire. Et comme tout gouvernement
« veut se maintenir et se croit légitime, vous rencontrerez
« de nouvelles résistances, plus impitoyables et plus achar-
« nées, de sorte qu'après avoir échappé aux balles dynasti-
« ques, vous tomberez sous les balles républicaines. Il faut
« que les destins s'accomplissent... »

Puis nous ajoutions, en invitant les ouvriers à la patience et à la paix, et en redisant avec eux la chanson fau-
bourienne :

« En avant, courage !
« Marchons les premiers :
« Du cœur à l'ouvrage,
« Braves ouvriers ! »

« Marchez, en chantant, à la conquête du nouveau monde,
« race prédestinée ! Travaillez, instruisez-vous les uns les
« autres, braves ouvriers ! Votre refrain est plus beau que
« celui de Rouget de l'Isle ! »

Hélas ! nous ne pouvons plus aujourd'hui dire aux travailleurs : *Marchez en chantant à la conquête du nouveau monde, race prédestinée !* Plus de travail, plus de chansons !

Nous leur dirons plutôt :

Allez en deuil, le crêpe au bras, le drapeau noir flottant, les femmes en pleurs, les enfants répétant en chœur la romance de misère : *Cinq sous !* allez au *National*, race désespérée ! allez lui demander ce qu'il a fait de la République.

La fenaison a été belle, la moisson est riche, la vigne luxuriante, les campagnes joyeuses. La jolie paysanne ne demande qu'à échanger ses fruits, ses fromages, ses volailles, contre les modes et les passementeries de vos ouvrières. Le laboureur, le vigneron, regorgeant de bien, est prêt à vous payer des dons de la nature les produits de votre industrie et de vos arts. Mais le privilége, retirant ses écus, a jeté l'interdit sur le travail et sur l'échange ; les communications sont coupées entre la ville et la campagne. C'est pourquoi l'abondance ruine le paysan, pendant que la grève tue l'ouvrier. Allez au *National*, allez lui demander quand il lui plaira de vous donner la République !

O Cavaignac ! nous t'aimons tous du fond du cœur, pour ton frère, pour toi ! Nous ne t'accusons pas : tu as été l'instrument de la fatalité ; tu n'es pas plus coupable du meurtre de nos frères que les balles de tes soldats. Sois donc le Washington de la France socialiste et républicaine, et garde-toi de te faire le Monck de ces égoïstes. Méfie-toi : quelque chose nous dit que la trahison t'environne, qu'autour de toi se trament des complots contre le Peuple et contre les travailleurs. Souviens-toi bien que les prétendants sont désormais impossibles. Eh! lequel d'entre eux serait de force à nous garantir le travail et la propriété?...

Le travail! ce n'est point un cadeau de roi : c'est un présent de la République.

Le National.

15 Août.

Mon âme est triste à mourir, disait le Christ au Jardin des Oliviers : *ôtez-moi ce calice amer!*

C'est le sentiment que nous éprouvions ce matin, à la lecture du *National*. — Ceci, bien entendu, sans aucune comparaison de nous avec l'Homme-Dieu, pas plus que du *National* avec Judas.

Le brave journal fait le plaisant. L'idée d'une *liquidation générale* de la société le fait rire : la République est si prospère ! son crédit si bien établi !... Il ricane le socialisme, le proudhonisme, sans s'apercevoir que le *isme* ne s'accole pas mieux à notre nom qu'à nos idées, et que cet essai malheureux de barbarisme est déjà pour nous une justification. — Il ergote, le pauvre *National*, comme un clerc de procureur :

« Si, dit-il, nous travaillons à détruire la République,
« elle existe donc ! Mais si elle existe, pourquoi nous de-
« mander quand il nous plaira de la donner ? Elle n'existe
« donc pas encore ? mais si elle n'existe pas encore, nous
« n'avons donc pas travaillé à l'établir ! Et si nous n'avons pas
« travaillé à l'établir, nous ne la détruisons donc point !... »

Vous connaissez sans doute, ami lecteur, ce fameux syllogisme, type du genre : *Il pleut; or il ne pleut pas; donc il pleut!* Vous avez tout le secret de la dialectique du *National*.

Ce qui indispose notre trop spirituel confrère, c'est que, dans je ne sais quel entrefilet, nous aurions parlé, peut-être étourdiment, de *certains faits* de nature à compromettre la dignité du *National*, et offensants pour sa personne. Il nous somme de faire connaître ces *certains faits*. Le *National* mitonnerait-il contre nous un petit procès en diffamation et calomnie? Ceci serait un peu plus sérieux que l'incroyable épisyllogisme de tout-à-l'heure. Car, remarquez bien : Si nous n'articulons pas *certains faits* dont nous l'avons menacé, le *National* nous poursuit en calomnie. Et si nous articulons lesdits *faits*, le *National* nous poursuit, à plus forte raison, en calomnie. Comment sortir de là? C'est un si terrible raisonneur que le *National!*

Les faits! les faits! — Certes nous sommes à plaindre s'il nous faut donner le bilan des faits et gestes du *National!* La citation serait longue, et longue la kyrielle. Pourtant nous essaierons d'en dire quelque chose, au risque du procureur du roi, pardon, du procureur de la République. On commettrait de plus fortes méprises avec le *National.*

Depuis 1830, le *National* poursuit de sa réprobation, de sa haine, le socialisme. Cela est-il vrai, oui ou non? Voilà un premier fait. Et pourtant le socialisme, c'est la République. Qu'en dit le *National?*

En 1842, nous reprochions au *National* de repousser la colonisation de l'Algérie, et, par une conséquence nécessaire, de rêver l'abandon de notre conquête. Nous lui citions, à cette occasion, ses numéros des 1er, 4, 16 et 22 juin 1841. Voilà un deuxième fait. — Le *National* persiste-t-il aujourd'hui dans son opinion de 1844, ou bien la désavoue-t-il? Il nous fera plaisir de nous le dire : nous serions heureux de retirer cet article du chapitre de nos griefs.

Le *National*, en 1841, était contraire à la liberté de la presse. Il nous dénonçait, à plusieurs reprises, notamment à l'occasion du procès Quénisset, pour nos critiques sociales; il applaudissait à la condamnation de Thoré. Et c'est sous l'influence, sous le gouvernement du *National*, que l'Assemblée constituante vient de voter, en 1848, un code de la presse qui ne cède en rien à celui de septembre. Voilà des faits. Le *National* nous dira-t-il s'il approuve cette législation d'inquisiteurs, conséquemment s'il rétracte son intolérance de 1841 vis-à-vis des idées socialistes? — Encore une fois, nous ne demandons pas mieux que d'enregistrer les explications du *National;* nous ne voulons pas le juger sans l'entendre, comme en usent avec les insurgés de juin ses commissions militaires.

Nous reprochions au *National*, en 1842, de faire servir la souveraineté du peuple et le suffrage universel de marchepied à un despotisme militaire. Nous lui citions ses propres paroles sur la mort d'Armand Carrel, qu'il avait, disait-il, *salué premier consul.* — Nous lui rappelions qu'en juin 1841, interrogé par la *Gazette de France*, si, au cas où le peuple, réuni en assemblées primaires, élirait un roi, lui, *National*, accepterait cette élection, il avait répondu, Oui ! — Ce sont des faits. Actuellement le *National* est le grand promoteur de la PRÉSIDENCE, et, Dieu merci, les généraux ne manquent pas au gouvernement. Le *National* nous dira-t-il où il entend s'arrêter sur cette pente monarchico-militaire ? Ce que nous lui en disons est pour éviter toute calomnie : le *National*, en un mot, est-il encore ou n'est-il plus royaliste?

Un des sujets les plus graves de reproches que la démocratie ait le droit de faire au *National* est l'embastillement de Paris. M. Bastide, par une générosité de sentiments qui l'honore, a revendiqué pour lui seul la responsabilité de cet acte ; M. Armand Marrast, par une générosité non moins louable, n'a jamais, quoique innocent, songé à décliner cette responsabilité. M. Marrast comprenait que ce qui sort du journal appartient au journal; que la critique doit s'arrêter à la porte des bureaux, et jamais, sous la feuille, ne rechercher de noms propres. Nous ferons comme M. Marrast. Les forts détachés servent, depuis février, de prison aux socialistes et de casernes aux armées de la bourgeoisie : toujours des faits ! — Le *National* nous dira-t-il quel usage il prévoit devoir faire, pour l'avenir, des fortifications de Paris.

On demandait au *National* quel était son système de politique et de régénération sociale ? Et nous répondions, en 1842, que le *National*, « pensant, avec Hobbes, que *la guerre est l'état naturel du genre humain*, n'avait pas d'autre système que le sabre, d'autre gouvernement que les conseils de guerre. Rien de plus simple, disions-nous. Tous les ouvriers, agriculteurs, commissionnaires, instituteurs, etc., forment soit des armes spéciales, soit des compagnies hors rang. Les travaux répugnants et pénibles sont exécutés par des pionniers, qu'on multiplie à volonté en renforçant la discipline. Les filles et femmes sont enrégimentées comme vivandières. Chaque matin un ordre du jour assigne les droits et devoirs de l'homme et du citoyen; la discipline militaire est la règle morale, et un code pénal énergique, avec une procédure expéditive, couronne l'œuvre !... »

En écrivant cela, nous prophétisions, quoi ? grand Dieu ! Ces *ateliers nationaux*, à la suite desquels sont arrivées les commissions militaires. Or, les ateliers nationaux ne sont pas, cela est aujourd'hui démontré, le fait de Louis Blanc ; l'idée des ateliers nationaux n'est pas sortie du Luxembourg. Louis Blanc, les délégués, les ouvriers en masse n'ont cessé de protester contre ces prétendus ateliers, organisés sous le ministère et avec la permission de M. Marie, alors ministre des travaux publics. — Qui donc a inventé les ateliers nationaux, puisque ce n'est pas Louis Blanc, qui ? Ceux-là apparemment qui, plus tard, ont créé les commissions militaires. Le *National* voudrait-il nous éclairer sur ce double fait ?...

Les économistes français, excités par l'exemple de Cobden, se mettent à prêcher le libre échange. Quel parti a pris le *National* dans cette grande controverse, qui intéressait à la fois le commerce, l'industrie, le capital du pays ? Nous l'avons vu, et notre édification a été grande ! Le *National*, sans y rien entendre, penchait secrètement pour la suppression des barrières ; mais Louis-Philippe et plusieurs ministres partageaient la même opinion : dès lors le *National* a fait volte-face ; il est devenu infidèle à sa conviction, et cette conviction était une erreur! Le public tout entier a vu le fait. — Le *National* serait-il présentement à même de nous dire s'il est ou non partisan du libre échange, et pourquoi?

C'est le défaut absolu d'idées sociales et économiques qui a conduit le *National*, et la République avec lui, dans cet abîme de contradictions, de sang et de honte où nous sommes plongés!

Avant février, le *National* était voltairien : c'était un fait. Depuis, nous l'avons vu quotidiennement devenir ignorantin : c'est un autre fait. Lequel des deux est le *National?* voltairien ou ignorantin? Nous, qui ne sommes ni l'un ni l'autre, et qui ne calomnions personne, nous serions heureux d'entendre la réponse du *National*.

Le commerce arrêté, le travail suspendu, la République ruinée, le trésor public ne se remplissant que d'emprunts, l'État livré aux usuriers, le *National*, qui résumait autrefois sa politique révolutionnaire dans cette phrase énergique : *Concentrer la révolution dans Paris, et jeter la France sur le Rhin*, le *National* a été forcé de renier ses théories et ses promesses ; il s'est trouvé, en présence de l'Europe attentive, aussi impuissant, aussi couard que Louis-Philippe.

En 1848, comme en 1830, la Pologne a été abandonnée : le *National*, qui avait déchiré les traités de 1815, s'est mis à les recoudre. Nous dira-t-il, du moins, comme l'a fait pendant dix-huit ans Louis-Philippe, si la nationalité polonaise périra ou ne périra pas?

L'Italie est abandonnée : le *National* offre aux Milanais, conjointement avec l'Angleterre, sa médiation. Quelle honte! M. Guizot est à Londres ; Metternich est à Londres ; le sang des Italiens crie vengeance contre le roi de Piémont et contre l'empereur ; le *National* est au pouvoir!... et les traités de 1815 subsistent toujours!

L'Espagne démocratique n'attend qu'un mot, un signe de nous, pour expulser à jamais de son territoire Isabelle, Christine, Montpensier et l'Anglais. Entre la République ibérienne et la République française, si nous voulons, plus de Pyrénées! Cela ne tient qu'au *National*. Le *National* serait-il devenu partisan des mariages espagnols?

> Non, non, jamais, jamais en France,
> Jamais, l'Anglais ne règnera!

C'était le chant du *National* avant février. Depuis février, le *National* est partisan de l'alliance anglaise : le lion parle comme le mouton!... M. Thiers serait-il donc président du conseil?... Hélas! oui : M. Thiers et le *National* ont fait ensemble un mariage morganatique. C'est pour cela que la question sociale est fusillée, la liberté étranglée, le gouvernement livré aux dynastiques, et la République vendue aux Hébreux! C'est pour cela que nous faisons des emprunts à 65!...

Dame! ce dit-on au comité des finances, quand on n'a point d'argent et qu'on ne peut pas se passer d'argent, on fait de bonnes conditions aux capitalistes et l'on se procure de l'argent!...

Qu'en pense le *National?*

Ecoutez bien ceci, gens du *National*. Nous ne savons qui fera la *liquidation* de la société, si ce sera le citoyen Proudhon ou le citoyen Cabet. Mais ce qui est sûr, c'est que vous poussez de toutes vos forces à la déclaration de faillite. Or, vous nous permettrez de vous le dire : de deux choses l'une, ou le *National* trahit la République, ou il n'est que la doublure du *Représentant du Peuple.*

Les Procès de Presse.

20 Août.

Tu tonnes, Jupiter, donc tu as tort.

Ce qui a perdu, l'une après l'autre, toutes les religions, c'est l'imbécillité des dieux, nous voulons dire l'absurdité du dogme et le fanatisme du prêtre.

Ce qui perd tous les états, c'est l'aveuglement du pouvoir.

Le *Représentant du peuple* a été saisi, ce matin, pour la troisième fois depuis trois jours ! Saisi pourquoi? Ecoutez ceci, lecteur !

La première saisie, celle de notre numéro du 16, aurait eu pour prétexte ou motif, d'après ce que nous a dit le commissaire de police, une attaque à la propriété, résultant de la publication d'une lettre signée J. ETEX, *statuaire et peintre, membre de l'Institut,* dans laquelle il est dit :

« Oui, je le répète avec vous, toute propriété qui n'est
« pas le fruit du travail de celui qui la possède, et dont on
« jouit sans l'avoir gagnée de sa sueur, de ses peines, est un
« vol fait à la société. »

Le citoyen Etex ne nie, n'attaque, ne discute point la propriété. Il se borne à la définir. Dans son opinion, il n'y a d'autre propriété que celle qui est *le fruit du travail.* La propriété ainsi conditionnée, il la déclare inviolable, il la défend : toute autre propriété, dont l'origine ne se ramène point au travail, lui semble un vol !

Le citoyen procureur de la République a vu là-dedans une prédication anarchique, attentatoire à la propriété. Il y a donc pour lui deux propriétés : une propriété qui est le fruit du travail, et que sans doute il permet qu'on préconise, et une autre propriété qui n'est pas le fruit du travail, et dont la discussion, suivant la jurisprudence du parquet, est interdite. Et c'est parce que le citoyen Etex s'est avisé de qualifier cette dernière espèce de propriété, que nous sommes saisis !

Mais vous, qui défendez *la propriété acquise sans travail*, qui ne voulez pas qu'on la qualifie, qu'on la discute, pourriez-vous nous en montrer les titres? Oseriez-vous nous dire quelle est cette propriété qui ne vient pas du travail, qui vient d'*ailleurs* que du travail? Etes-vous bien sûr qu'en la défendant vous ne trahissez pas la justice, vous ne compromettez pas la paix publique? Nous vous appointons à la barre de l'Assemblée nationale, le jour où sera discutée la déclaration des droits et la définition de la propriété.

Nous saurons si vous n'avez pas fait abus de pouvoir, si vous n'avez pas violé la loi et outragé la morale publique, en saisissant un journal qui, discutant la loi avant qu'elle fût faite, a cru pouvoir dire ce qu'il entendait par vol, ce qu'il entendait par propriété! Certes, nous savions que la révolution de février avait été faite PAR les travailleurs : mais vous nous prouvez aujourd'hui que dans l'opinion de certaines gens, elle n'existe pas POUR les travailleurs. Il y a des propriétés qui ne viennent pas du travail : *Sic vos non vobis.*

La seconde saisie exécutée contre nous a eu pour cause l'insertion d'une lettre écrite de la Conciergerie. On nous reproche d'avoir, par cette insertion, excité à la haine d'une des classes de la société. Nous avons relu cette lettre, et nous avons trouvé que si elle excitait à quelque chose, c'était à la pitié pour les malheureux incarcérés à la suite de l'insurrection de juin. Nous avons pleuré sur leurs souffrances, sur leur dénuement et leur désespoir, nous avons peint leur sublime résignation, leur courage héroïque : voilà notre délit.

Mais admirez la profonde sagacité du parquet.

Il y a, dit-il, deux classes de citoyens comme il y a deux

espèces de propriétés : la classe de ceux qui possèdent sans travailler et la classe de ceux qui, en travaillant, ne possèdent pas.

La Révolution de février a été faite pour étendre le bénéfice de la propriété, par le travail, à tout le monde.

L'insurrection de juin a été le produit de la même idée.

Mais les socialistes, partisans de l'universalisation de la propriété, ont été vaincus : et ceux de leurs partisans qu'on n'a pas fusillés ont été condamnés à la transportation.

Lors donc que le *Représentant du Peuple*, organe connu de la République démocratique et sociale, excite la pitié en faveur des transportés, il excite indirectement la haine contre les vainqueurs, contre tous ceux qui ont le privilége de posséder quelque chose. Lorsque le *Représentant du Peuple* révèle les atrocités et les infamies de quelques misérables mêlés parmi les rangs de la garde nationale, c'est comme s'il accusait tous les gardes nationaux, tous les bourgeois, de ces atrocités. Donc il y a excitation.

Procureur sans entrailles ! et quels sont ceux que le *Représentant du Peuple* excite à la pitié, à la compassion, si ce n'est vous et vos pareils ? Donc, pour conclure votre raisonnement, c'est votre propre haine que nous cherchons à exciter contre vous ! Sentez-vous l'absurdité, maintenant !

Oui, il y a en ce moment des prolétaires qui souffrent et qui pleurent, et des aristocrates qui jouissent et qui triomphent; oui, nous plaignons les premiers, et nous implorons pour eux la pitié des autres : vous, vous ne savez pas que les pousser tous, ceux-là au désespoir, et ceux-ci à l'endurcissement.

Quelle république, que celle où il est défendu de pleurer !

Le troisième délit dont on nous accuse, et qui a motivé la saisie de ce matin, est aussi fondé.

Dans un article intitulé : *Enquête sur les événements de juin*. — et pourquoi ne ferions-nous pas, nous aussi, une enquête ? — nous aurions de nouveau EXCITÉ à la haine entre plusieurs classes de citoyens, plus à la haine et au mépris du gouvernement. Comme c'est commode, entre les mains d'un procureur expert, que l'excitation ! Mais voici qui est instructif.

D'après les termes précis de l'article incriminé, les *classes de citoyens* que nous aurions excitées à la haine les unes des autres, sont les légitimistes, les bonapartistes, les orléanistes, les chefs de la féodalité financière, dont notre *enquête* signale l'action partout présente, sous le drapeau socialiste, dans les événements de juin. Les carlistes, les bonapartistes, les orléanistes, *classes de citoyens!* classes ayant une existence reconnue, une existence légale ! classes honnêtes, qu'il est défendu de troubler dans l'accomplissement de leurs complots; classes parlementaires, qui s'entendent au mieux avec les procureurs de la République, et qui ont la main haute dans le gouvernement !...

Les légitimistes, les bonapartistes, les orléanistes, les capitalistes, les égoïstes : tout ce qui conspire la ruine de la République, voilà ceux que le procureur de la République protége de ses réquisitoires ; voilà ceux qu'on défend d'attaquer, à peine d'excitation à la haine du gouvernement !...

C'est juste ; vous avez raison, citoyen procureur. Nous ne sommes pas en République ; tout ceci n'est qu'un intérim. La France veut un roi : ce sera Henri V, Bonaparte ou Joinville, peu importe, pourvu que le nouvel élu jure, sur les saints Evangiles, d'exterminer les socialistes, les derniers des chrétiens. Et voilà pourquoi, jusqu'à conclusion du marché, les bonapartistes, les légitimistes, les orléanistes ayant un droit égal, sont trois classes de citoyens également respectables, au mépris et à la haine desquelles toute excitation doit être, de par la loi de la République, réprimée sévèrement.

Pardon, encore une fois, monsieur le futur procureur du roi : vous pouvez désormais discontinuer vos poursuites. A bon entendeur, demi-mot. Nous ne combattrons plus vos orléanistes, vos bonapartistes, vos henriquinquistes, nous les discuterons !

Mais dépêchez-vous. — Au train dont vont les choses, nous craignons fort que votre nouvelle monarchie ne passe plus vite encore que la dictature de Cavaignac. Le 24 février nous avait reportés, d'un saut, au 10 août 1792. Nous avons eu, depuis, coup sur coup, notre 31 mai, notre 9 thermidor, notre 2 prairial, notre 18 brumaire.

Une affiche sur les crieurs publics, signée Ducoux, et que nous venons de lire, nous ramène à 1834. Il nous reste à parcourir, pour être rendus au 24 février, quatorze ans : en aurons-nous pour quatorze jours?

Proposition relative à un Emprunt national

ET A LA RÉUNION DE LA BANQUE DE FRANCE
AU DOMAINE PUBLIC PRÉSENTÉE LE 22 AOUT 1848 A L'ASSEMBLÉE
NATIONALE.

Citoyens Représentants,

L'ordre règne à Paris et dans toute la France. Il y régnera, malgré les complots réactionnaires, tant qu'il plaira à nous et au gouvernement.

Et cependant la confiance ne revient pas.

Les affaires restent stagnantes ; le travail diminue tous les jours ; la débâcle se généralise ; le capital, soit qu'il s'effraie, soit qu'il conspire, s'obstine à se cacher.

La misère est au comble : le Peuple meurt littéralement de faim. Les secours que fait distribuer l'administration épuisée sont de 12 centimes et demi par jour et par personne.

Et l'hiver arrive à grands pas !

L'audace des factions croît avec la détresse publique. De toutes parts on n'entend parler que de complots ; les partisans de la monarchie ont fondé sur le désespoir du Peuple l'espoir des prétendants !

Les nations amies de la France expirent sous le sabre, ou se débattent dans l'oppression, sans que nous puissions leur prêter secours. Le même charme qui arrête les bras de nos ouvriers, enchaîne à la frontière les pieds de nos soldats. Nous qui devrions servir aux Peuples de vengeurs et de guides, nous sommes cloués au pilori de notre impuissance.

La Révolution de Février devait être une ère de régénération morale, politique, économique : grâce à une poignée de sectaires dont l'influence rétrograde retient dans la routine le gouvernement et l'opinion, la Révolution de Février, depuis six mois, manque à ses promesses.

Une nation ne peut, ne doit emprunter qu'à elle-même : le préjugé du monopole nous livre aux usuriers.

Une nation qui s'emprunte, qui se fait à elle-même une avance, peut se prêter TOUT ce qu'elle veut et SANS INTÉRÊT. Nous payons 7 pour cent le loyer de l'argent qu'on nous prête, et nous n'en trouvons pas au dixième de nos besoins.

Qui dit, par rapport à une nation, prêt ou emprunt, dit augmentation de travail, augmentation de crédit par conséquent. Avec le régime de l'usure, plus nous empruntons plus nous nous discréditons ; plus, par une conséquence inévitable, diminue chez nous le travail.

Le crédit, la circulation et l'escompte sont des fonctions essentiellement sociales, restées jusqu'à ce jour anarchiques, et que la Révolution de Février avait promis d'organiser et centraliser démocratiquement. Comment se fait-il que ces fonctions soient encore à la merci de quelques détenteurs du numéraire, d'une imperceptible caste d'hommes d'argent?—La société, chose monstrueuse ! est comme un corps qui n'aurait pas de centre de gravité et serait livré à des attractions antagonistes ; et comme la Révolution a été faite précisément contre cet antagonisme, les tendances anarchiques comprimées, et l'action centrale n'existant pas, la société se trouve à la fois sans direction et sans mouvement.

Nous avons épuisé,—cela devait être, c'était écrit!—tous les moyens connus de l'usure et de l'impôt ; la pratique des financiers est à bout ; il ne nous reste qu'à nous résigner et à joindre les mains !...

Citoyens, LA PATRIE EST EN DANGER ! Or, à une situation désespérée, il faut un remède héroïque.

Je vous propose une mesure capable, dans mon opinion, de sauver la patrie, de mettre fin à la crise, à cette inertie mortelle et déshonorante de notre commerce, de notre industrie, de notre politique, capable enfin de remettre et de lancer la Révolution dans son ornière !...

Que l'Assemblée nationale sanctionne les deux décrets suivants :

I. — EMPRUNT DE DEUX MILLIARDS.

Art. 1er — Une nation qui se prête ou qui se fait crédit à elle-même, ne fait en réalité qu'augmenter sa production. D'après ce principe :

Art. 2. — Le peuple français, représenté par l'État, emprunte au peuple français, représenté par la totalité des citoyens, une somme de DEUX milliards de francs, dans la forme et aux conditions suivantes.

Art. 3. — L'emprunt sera effectué au moyen d'une émission de papier de crédit, qui sera faite par l'État, successivement et jusqu'à concurrence de deux milliards.

Art. 4. — Le papier de crédit ainsi émis sera représentatif d'une somme à verser par les contribuables, de la manière ci-après.

Mode de versement.

Art. 5. — Tout contribuable dont la cote de contributions directes, l'impôt de 45 centimes et les centimes additionnels non compris, dépassera 10 francs, sera soumis à l'emprunt.

Tout contribuable dont la cote de contributions directes sera au-dessous de 10 francs, sera exempté de l'emprunt.

Art. 6. — Les versements à faire par les contribuables soumis à l'emprunt seront :

Pour les cotes de

    10 à 25 francs, 2 fois le montant de la contribution.
    25 à 50 — 3 fois id. id.
    50 à 75 — 4 fois id. id.
    75 à 100 — 5 fois id. id.
    100 à 150 — 6 fois id. id.
    150 à 200 — 7 fois id. id.
    200 à 300 — 8 fois id. id.
    300 à 500 — 9 fois id. id.
    500 et au-dessus, 10 fois id. id.

Art. 7. — Les versements seront effectués moitié au moins en numéraire, dans les quatre années à partir de la promulgation du présent décret, et en huit termes égaux, exigibles de six mois en six mois.

Il sera facultatif aux contribuables soumis à l'emprunt de se libérer en un ou plusieurs paiements, avant l'expiration de la quatrième année.

Art. 8. — Jusqu'à libération entière, l'intérêt de la somme due ou restant à payer sera acquitté par le contribuable au taux de 5 pour cent, et ajouté à ses contributions.

Réciproquement, sur les versements effectués, le même intérêt sera payé au contribuable par l'Etat, et déduit de la cote de ses contributions.

Art. 9. — Tous contribuables sujets à l'emprunt, qui justifieront de dettes et obligations hypothécaires, chirographaires ou de commandite, obtiendront décharge de l'emprunt, dans le rapport de leur passif avec leur actif, ledit actif estimé cent fois le montant de la contribution.

Art. 10. — La portion d'emprunt ainsi défalquée sera imputable au créancier, et le débiteur qui aura obtenu décharge demeurera caution de la différence et recevra pour le créancier quittance du versement.

Si la somme des dettes égale ou surpasse la valeur de la propriété, estimée comme il a été dit article 9, le créancier ou les créanciers supporteront seuls l'emprunt, conformément à l'article 5.

Art. 11. — Tout contribuable, sujet ou non à l'emprunt, qui justifiera de dettes hypothécaires, chirographaires, ou de commandite, sera déchargé du montant de sa contribution directe, dans le rapport de son passif avec son actif, ledit actif estimé cent fois le montant de la contribution.

La partie ainsi défalquée sera imputable aux créanciers, et le débiteur demeurera caution et recevra pour eux quittance du paiement.

Toutefois la défalcation, et, par suite, l'imputation à faire aux créanciers sur la contribution directe, ne pourra jamais dépasser les trois quarts de cette contribution.

La présente disposition n'aura d'effet que pour les quatre années, à courir du jour du décret.

Art. 12. — Tous porteurs de rentes inscrites avant la promulgation du présent décret seront affranchis de l'emprunt, mais soumis à un impôt du quart de la rente, pendant les quatre années à partir du décret.

Émission des billets.

Art. 13.—Les billets de crédit émis par l'État porteront le titre de *Bons d'emprunt.*

Ils seront à la coupure de 10, 20, 50, 100, 200, 500, 1,000 francs.

Art. 14.—L'émission aura lieu mensuellement, pendant les trois années à partir de la promulgation du décret, jusqu'à concurrence de la somme de *deux milliards.*

Cette émission sera, pour chacun des quatre premiers mois de la série, de 100 millions; pour les autres mois, de 50 millions.

Art. 15.—Les bons d'emprunt seront tous versés par l'Etat, et en compte courant, à la Banque de France, soit la *Banque nationale de France,* ainsi qu'il est porté au décret ci-joint.

Art. 16.—Les bons d'emprunt émis par l'État, hypothéqués sur les biens et les revenus de l'Etat; timbrés, signés et endossés par la Banque nationale, gagés par les recouvrements de l'emprunt, seront réputés billets de Banque, et, comme tels, versés dans la circulation générale, par la voie ordinaire de l'escompte et du crédit, soit contre bonnes valeurs de commerce, soit contre titres authentiques de propriété.

Les effets de commerce, représentatifs de produits vendus et livrés et les titres de propriété servant d'hypothèques, s'ajoutant ainsi au gage métallique des billets, en compléteront la solidité.

Art. 17. — L'intérêt des escomptes et crédits faits en bons d'emprunt à la Banque nationale sera de 3 pour cent l'an, commission comprise, sans toutefois que l'escompte puisse être moindre, pour les valeurs à courte échéance, de 1/2 pour cent.

Art. 18.—Les bons d'emprunt n'auront pas cours forcé.

Ils seront, à toute réquisition des porteurs, remboursables par la Banque, en espèces, sauf retenue de 5 pour cent.

Art. 19. —Après l'expiration de la quatrième année, à dater du présent décret, les bons d'emprunt seront retirés de la circulation au fur et à mesure de leur rentrée dans les comptoirs, et remplacés par les billets ordinaires de la Banque, qui, dès ce moment, arrêtera le taux de son intérêt pour les crédits et escomptes en billets à 3 pour cent, et pour ceux en numéraire 3 et demi pour cent.

Art. 20.—A partir de la même époque, l'intérêt à payer par l'Etat, pour les fonds provenant de l'emprunt, sera réduit de 5 pour cent à 3 pour cent, taux de la Banque.

Remboursement de l'emprunt.

Art. 21.—Le remboursement des sommes versées à l'emprunt aura lieu de trois manières différentes, qui pourront, suivant les circonstances, être soit successivement, soit simultanément employées.

1º Conversion en rentes;

2º Remise sur l'impôt;

3º Remboursement par la Banque.

Art. 22.—La conversion en rentes 3 pour cent des sommes versées à l'emprunt sera accordée à tout créancier de l'État qui en fera la demande.

Art. 23. — Tous versements inférieurs à 25 francs, seront remboursés au moyen d'une réduction annuelle sur la contribution directe, calculée de manière à ce que le remboursement intégral ait lieu, au plus tard, dans les quatre années à partir du dernier versement.

Art. 24. — Sur les versements supérieurs à 25 francs, pareille somme sera d'abord déduite du montant du versement et remboursée en quatre annuités, par la remise sur l'impôt, ainsi qu'il est dit au précédent article.

Art. 25. — Le surplus des sommes versées, et qui n'aura pas été couverti en rentes, ou remboursé par la voie de l'impôt, sera remboursé par la Banque nationale, en quatre annuités, de manière que le remboursement total de l'emprunt soit effectué, au plus tard, à l'expiration de la huitième année qui suivra le dernier versement.

Art. 26. — Pour favoriser, autant que possible, les créanciers de l'Etat qui voudraient rentrer promptement dans leurs fonds, et augmenter la circulation des valeurs, il sera distribué par l'État à ses créanciers, après le dernier versement, des titres d'emprunt nominatifs et à souche, susceptibles d'endossement, et payables à la Banque nationale aux échéances prévues par l'article 25.

Art. 27. — Les propriétaires, entrepreneurs, industriels, commerçants, fabricants, etc., soumis à l'une des quatre contributions directes et porteurs de titres d'emprunt, demeurent garants envers leurs créanciers du remboursement des sommes avancées pour eux par ces derniers, en exécution des articles 9 et 10 du présent décret.

Emploi des fonds et destination de l'emprunt.

Art. 28.—Les sommes versées en numéraire, pour l'emprunt, seront livrées à la Banque nationale et aux comptoirs des départements, et ajoutées au capital métallique de la Banque, pour servir de gage aux bons de l'emprunt, et assurer leur acceptation par tous les citoyens.

Art. 29. — Quant aux deux milliards de valeurs résultant du fait même de l'émission et de l'acceptation des bons d'emprunt, l'application en sera déterminée ainsi qu'il suit :

1º Déficit à prévoir sur les budgets de 1848 et 1849.	300,000,000
2º Dégrèvements sur diverses contributions, 100 millions par année, pendant les quatre années de l'emprunt.	400,000,000
3º Primes et encouragements à l'industrie, 10 pour cent sur les salaires d'ouvriers des deux sexes employés dans les ateliers, chantiers, usines, fabriques et manufactures, pendant les trois mois à courir de la romulgation du décret.	50,000,000
4º Rachat de canaux, chemins de fer et mines; travaux de reboisement, endiguement, etc.	350,000,000
5º Crédits sur immeubles ruraux, d'après les conditions qui seront fixées par la loi sur le crédit hypothécaire et les statuts de la Banque nationale, 150 millions par an pendant quatre ans.	600,000,000
6º Crédit au commerce et à l'industrie, 50 millions par an pendant quatre ans	200,000,000
7º Disponible.	100,000,000
Total.	2,000,000,000

II. — RÉUNION DE LA BANQUE DE FRANCE AU DOMAINE PUBLIC.

Art. 1ᵉʳ. La circulation des valeurs est une fonction essentiellement sociale.

L'anarchie dans cette fonction est la seule cause des crises financières, commerciales et industrielles.

En conséquence :

Art. 2. — La Banque de France est déclarée institution d'utilité publique.

Elle est réunie au domaine de la nation, et fonctionne à son compte. Elle prend le titre de *Banque nationale de France*.

Art. 3. — Une commission, nommée par l'Assemblée nationale et prise dans son sein, procèdera immédiatement à la liquidation de la Banque de France.

Les actions seront remboursées d'après le cours moyen des douze derniers mois, en rentes sur l'État.

Art. 4. — L'administration de la Banque de France, réformée par l'Assemblée nationale, est placée sous la surveillance de chacun des Représentants du peuple et de la Chambre de commerce de Paris.

Dans les départements, les chambres de commerce et les conseils municipaux ont de droit la surveillance des opérations des comptoirs.

Art. 5. — La Banque est indépendante du gouvernement central, et placée hors de son action.

Aucun ministre ou fonctionnaire public ne peut faire partie ni du conseil d'administration de la Banque nationale, ni du conseil de surveillance.

Art. 6. — Les opérations de la Banque nationale embrassent le crédit agricole et industriel, aussi bien que l'escompte et la circulation.

Art. 7. — Le taux de l'intérêt, pour les crédits et escomptes, sera fixé provisoirement à la Banque nationale, à partir du recouvrement de l'emprunt, à 3 pour cent, sur les sommes versées en billets, et 3 et demi pour cent sur celles versées en numéraire.

Art. 8. — Le nombre d'annuités par lesquelles il sera facultatif aux emprunteurs sur hypothèque de se libérer, non compris la première année, pour laquelle l'intérêt seul sera perçu et retenu d'avance, ne pourra excéder vingt.

Art. 9. — Une loi spéciale, ainsi que les nouveaux statuts de la Banque nationale, détermineront les règles et conditions du crédit foncier.

Art. 10. — Les bénéfices réalisés par la Banque nationale seront ajoutés à son capital, jusqu'à ce que ce capital, en monnaie et lingots, ait atteint le chiffre d'au moins 4,500 millions, et suffise à toute la circulation du pays.

Ce capital réalisé, le produit de la Banque pourra être appliqué aux dépenses publiques, ou le taux de l'intérêt être réduit aux frais d'administration.

IIIᵉ SÉRIE

1848
SEPTEMBRE.—DÉCEMBRE

Manifeste du PEUPLE[1].

PATRIOTES,

Nous sommes les élus de vos suffrages ;

Nous venons à vous comme des suppliants, la branche d'olivier à la main, la consternation dans le cœur.

Qu'avons-nous fait de cette révolution que vous aviez confiée à notre garde, si pleine d'espérance et si pure, aux élections d'avril et de juin ?

La presse muselée, l'ouvrier démoralisé, le Peuple des barricades calomnié, l'Assemblée nationale décimée, les républicains de la veille traduits devant les conseils de guerre, condamnés, déportés, proscrits, suspects ; le règne du sabre substitué au règne de la loi ; une parole sardonique et froide remplaçant chez l'homme du pouvoir une parole pompeuse et vide ; un état de siége qui se prolonge, qui ne finira que par la volonté du Peuple, et le Peuple est dans les fers !

---

[1] Le journal *le Peuple*, auquel ce Manifeste servait de spécimen, a publié son premier numéro le 2 septembre. Ce Manifeste devait être signé de plusieurs représentants du peuple qui reculèrent devant les circonstances. *(N. de l'Éd.)*

une constitution monarchique dont toute la pensée se résume en ces mots, *refus de travail à l'ouvrier !* la misère, le désespoir, le sang des pères, les larmes des mères, les cris des orphelins ; à côté, le capital réactionnaire et conspirateur qui rit et triomphe... vous répondent !

Ah ! sans doute nous ne formons dans l'Assemblée nationale qu'une minorité imperceptible ; nous n'avons rien pu empêcher, nous ne pouvons rien, et, devant la conspiration des égoïsmes, toutes nos protestations resteront impuissantes. Mais une grande responsabilité n'en pèse pas moins sur nos têtes ; et nous croirions avoir démérité de la République et de votre estime, patriotes, si dans ces circonstances décisives, où l'union seule et la discipline font notre force, nous ne pensions pas à nous rapprocher de vous.

Le succès de la contre-révolution nous a rejetés sur la défensive : c'est la défense qu'il s'agit en ce moment d'organiser, en attendant que nous puissions organiser la victoire. Et c'est comme gage de bataille que nous venons demander à votre patriotisme un dernier effort, l'acte de vertu suprême du chrétien et du citoyen, la Patience !

La patience est le tout de l'homme : patience au travail et patience à l'étude, patience à la guerre, patience dans la persécution. C'est la patience qui fait les héros et les génies, qui donne la victoire au droit sur la force, à la pauvreté sur la fortune. C'est la patience qui fait les peuples libres, les grands peuples. Les complots, les provocations à la révolte vous environnent : que le Peuple soit, comme Dieu, patient parce qu'il est tout puissant et immortel, *patiens quia æternus*, dit l'Ecriture.

Donnez-nous donc, ô travailleurs, nos frères, donnez-nous pour quelque temps encore la patience ; écoutez nos paroles de paix et de sacrifice, et nous vous promettons en échange justice pour vous, honte et condamnation pour vos ennemis.

Nous venons, contre un gouvernement qui méconnaît son origine et sa fin, mais que nous ne désespérons pas de ramener encore, reprendre l'œuvre commencée, il y a dix-huit ans, par Godefroy Cavaignac, contre le gouvernement à jamais infâme de Louis-Philippe.

En fondant le Peuple, organe de la pensée ouvrière, nous venons constituer l'unité des travailleurs en présence de l'anarchie des priviléges, poser l'idée révolutionnaire, l'idée progressive, en face des projets réactionnaires, des idées rétrogrades. La Révolution de février, qui devait satisfaire à tous les vœux du Peuple trompé en juillet, la Révolution de février n'est déjà plus, comme celle de 1830, comme celle de 89 et 92, qu'une étape dans la route de notre émancipation ; ce sera la dernière.

Nous ne sommes d'aucune secte, d'aucune école : nous ne jurons par l'autorité de personne. Nous sommes du Peuple. Au Peuple seul, disait Platon, il appartient de créer des mots et des formules : toute expression, toute conception individuelle est une prison pour la pensée du Peuple.

Le Peuple a nommé la *République démocratique et sociale :* Nous sommes de la République démocratique et sociale.

Nous avons, comme le Peuple, pour principe la *liberté*, pour moyen *l'égalité*, pour but la *fraternité*.

La liberté, c'est-à-dire l'âme, la vie, le mouvement, la spontanéité, progressive dans son développement, infinie, absolue dans son essence et son idéal ;

L'égalité, progressive et absolue ;

La fraternité, progressive et absolue.

Toute notre science consiste à épier les manifestations du Peuple, à solliciter sa parole, à interpréter ses actes. Interroger le Peuple, c'est pour nous toute la philosophie, toute la politique.

Nous voulons la famille, et nous la voulons pour tout le monde. Qui donc, parmi nous, hommes du Peuple, a jamais attaqué la famille? Qui ne sait que l'homme de labeur est aussi, et par excellence, l'homme d'amour?... Nos yeux ont cherché les ennemis de la famille, et nous avons trouvé que ces ennemis de la famille étaient précisément les nôtres.

Vous, dont l'ambition est de gagner de quoi nourrir une femme et la rendre heureuse, voulez-vous savoir quels sont les ennemis de la famille? Portez le flambeau chez votre voisin le capitaliste, le rentier, l'homme de bourse, le gros salarié, le parasite, l'intrigant, l'oisif; pénétrez dans sa vie intime; interrogez sa femme, sa bonne, son petit garçon, et vous saurez quel est celui qui, par son égoïsme avare, par ses amours désordonnées, corrompt les mœurs publiques et dissout la famille. C'est la misère qui fait l'ouvrier libertin et fornicateur; chez lui il y a horreur naturelle du vice et entraînement à la vertu. C'est le luxe qui rend le riche incestueux et adultère : la satiété et la paresse sont en lui des agents indomptables de désordre.

Nous voulons le mariage monogame, inviolable et sans tache, contracté en toute liberté d'amour, dégagé de motifs sordides, résoluble seulement par la mort ou la trahison. Où donc trouverez-vous cet idéal de mariage, si ce n'est parmi vous, ouvriers et ouvrières? Les riches, non plus que le rois, ne connaissent l'amour en mariage.

Nous voulons le travail, comme droit et comme devoir, et sous la garantie de la Constitution, pour tout le monde. Le droit à l'assistance, dont on nous entretient avec une philanthropie hypocrite, n'est que le corollaire, la sanction du droit au travail, c'est l'indemnité du chômage.

N'est-il pas étrange que nous en soyons réduits à de pareilles professions de foi?

Le Sauvage fait la guerre au Sauvage afin de ne pas travailler. Le plus grand mal qu'il souhaite à son ennemi est de cultiver un champ. Et nous, parce que nous demandons à travailler, on nous traite de Sauvages!...

Le Grec et le Romain, grands travailleurs au commencement, mais engoués de politique, mirent les nations dans la servitude afin de se décharger sur elles du travail, et de vaquer sans distraction à leurs exercices parlementaires. La

politique, dit Virgile, fut le métier des enfants de la louve :
Tu regere imperio populos, Romane, memento ; hæ tibi erunt artes. C'était un principe, parmi les publicistes de l'antiquité, que l'homme de travail ne pouvait être un homme politique : aussi, loin de refuser le travail au prolétaire, ils le lui imposaient de force. — Aujourd'hui, nos politiques ne veulent ni travailler ni nous donner le travail. Ils voudraient tout pour eux, le travail et le gouvernement.

Au moyen âge, le système, le point de vue, les idées, tout se modifie. La caste féodale, non plus qu'autrefois la caste praticienne, ne prend part active au travail : elle le laisse au vilain. Mais, au lieu de contraindre, elle se fait payer. Par lettres-patentes (voilà l'origine de ce que nous appelons *patentes*), et moyennant redevance, à tous ceux qui voudront travailler le seigneur donne crédit de la terre, crédit du commerce, de l'industrie et des arts, crédit, en un mot, du travail : absolument comme le Juif et le Lombard donnaient crédit de leur argent. Le peuple travailleur, après un long esclavage, avait tellement pris goût à la besogne, que la caste oisive en était venue à penser qu'au lieu d'exiger de lui le travail, elle pouvait le lui vendre ! C'est le principe de tout le droit féodal.

De nos jours, sous ce régime de bancocratie, ne travaille pas qui veut, même en payant. L'ouvrier a beau laisser à son exploiteur 10, 20 et 50 pour cent de son salaire légitime : il n'obtient pas de travail. Le travail, autrefois privilége de l'esclave, est devenu le privilége du propriétaire. On se battait jadis pour ne pas travailler, c'était la guerre sociale ; on se bat aujourd'hui pour travailler, c'est la guerre sociale. La civilisation est allée d'un pôle à l'autre : on se tuait d'abord parce qu'il n'y avait pas de loisir pour tout le monde, et cela pouvait se comprendre ; on se tue maintenant parce qu'il n'y a pas de travail pour tout le monde, et cela ne se comprend plus.

Nos capitalistes législateurs refusent de reconnaître le

droit au travail : Peuple, encore une fois, nous te demandons la patience !...

Pour nous conformer au langage vulgaire, et afin d'éviter toute calomnie, toute équivoque, nous dirons que nous voulons la propriété, la propriété, c'est-à-dire la libre disposition pour chacun des fruits de son travail, de son industrie et de son intelligence.

Mais nous voulons la propriété, comme le travail, pour tout le monde, parce que, dans la société, la faculté de produire est comme la faculté d'acquérir, infinie.

Nous voulons la propriété, moins l'usure, parce que l'usure est l'obstacle au développement de la production, à l'accroissement et à l'universalisation de la propriété.

On a dit que la propriété ainsi entendue, ainsi dépouillée de ce qui en fait le privilége et l'abus, n'était plus la propriété. — Hommes de pratique encore plus que de théorie, nous laissons cette discussion aux savants ; il nous suffit, en maintenant la possession individuelle, de l'affranchir de toute inégalité et monopole.

Nous voulons, pendant cette époque de transition, que la révolution de Février a inaugurée, le respect de la propriété acquise, sauf la réduction progressive du privilége. Quel est donc, parmi nous, celui qui prêche la confiscation et le vol? Les doctrines les plus hardies sur la propriété ont circulé parmi le Peuple : combien ont-elles fait de pillards?... Nous avons cherché les voleurs, et nous les avons trouvés, avec les impudiques et les adultères, à la cour de l'ex-roi, dans la pairie, à la chambre des députés, aux ministères, partout, excepté parmi les travailleurs. Nul n'est plus ennemi du vol que celui qui travaille. C'est contre le vol privilégié qu'a été faite la révolution de Février : avis aux instigateurs et fauteurs de contre-révolution.

Nous voulons le maintien du principe d'hérédité, c'est-à-dire la transmission naturelle du père au fils des instruments et des produits du travail, non la transmission du monopole, du droit du seigneur. En quoi le principe d'hérédité, qui relie les générations et fait la force de la famille, sera-t-il contraire à l'égalité et à la fraternité, lorsqu'il ne servira plus à transmettre et accumuler des priviléges ?

Famille, travail, propriété sans usure et sans abus, en d'autres termes, gratuité du crédit, identification du travailleur et du capitaliste; hérédité des droits, non des priviléges; tels sont les éléments de notre droit public, de notre science sociale.

Or, la base économique de la société ainsi modifiée, tout revire, tout change dans la société. Les causes de misère deviennent cause de richesse; les agents d'inégalité et d'antagonisme, agents d'harmonie et de fraternité. Sous ce nouvel horizon, les idées, la philosophie s'élargissent et se réforment; la science et l'art prennent une autre signification, un autre style; la religion est expliquée.

La France a montré, dans ces derniers temps, combien elle était religieuse, religieuse dans le cœur et dans la raison. La religion, dans notre incomparable pays, est le ferment secret de tout ce qui a vie, autorité et durée. Les questions économiques, si vastes qu'elles se posent, ne suffisent pas à notre intelligence contemplative et pleine de tendresse; les grands problèmes de la philosophie nous laissent indifférents et tristes; l'idée pure ne peut nous ravir. Il faut à notre âme quelque chose de plus que le nombre et la mesure, quelque chose au-delà même de l'idée.

Où sont, parmi nous, les matérialistes et les athées? Nous avons regardé autour de nous, et nous ne les avons découverts que parmi ceux qui nous calomnient et nous persécutent. Voyez-vous cet être froid et laid, subtil et souple comme le serpent, railleur, chiffreur, sans pudeur, qui d'une voix argentine conclut toujours aux mesures impitoyables; qui ne veut pas du droit au travail; qui vous parle de la Providence, et qui adore la fatalité; qui ne voit dans la religion qu'un instrument de politique, dans la loi qu'une convention, dans la Révolution qu'un fait! Cet homme-là, c'est un matérialiste, c'est un impie.

Oui, nous voulons la religion : mais que personne ne s'y trompe. La religion, pour nous, n'est pas la symbolique : c'est le contenu, le mot de la symbolique. Pour découvrir la vraie religion, il faut recommencer notre exégèse, montrer philosophiquement, à l'aide des nouvelles données sociales, le surnaturalisme dans la nature, le ciel dans la société, Dieu dans l'homme. C'est quand la civilisation nous apparaîtra comme une perpétuelle apocalypse, et l'histoire comme un miracle sans fin; quand, par la réforme de la société, le christianisme aura été élevé à sa deuxième puissance, que nous connaîtrons la religion. Alors aussi nos calomniateurs, arrachés à leurs mythes, sauront quel est notre Dieu, quelle est notre foi...

Nous voulons comme forme de gouvernement et de société la République. Nous sommes les irréconciliables ennemis de la royauté, de tout ce qui y touche, de tout ce qui y ressemble. La royauté est une vieille fiction dont le sens est depuis longtemps connu, dont la restauration serait un outrage à la raison publique, à la dignité nationale. La royauté est le contraire de tout ce que nous voulons et que nous attendons de la République.

La République est l'égalité coordonnée des fonctions et des personnes : la royauté n'en est que la hiérarchie et la subalternisation.

La République exclut la distinction des castes : la royauté ne peut se passer de castes. A la féodalité nobiliaire, elle a substitué la féodalité mercantile : pourquoi aurions-nous chassé Louis-Philippe, le type, l'élu de la caste bourgeoise, si nous devions conserver une bourgeoisie, si nous voulions cultiver cette semence de laquelle a surgi la pire espèce de royauté, la royauté constitutionnelle?

La République est l'organisation du suffrage universel : avec la royauté, ce suffrage n'est qu'une loterie. — Nous dirons plus tard ce que nous entendons par ces mots : *Organisation du suffrage universel.*

La République suppose, avec la division des fonctions, l'indivisibilité du pouvoir. — Nous prouverons que le support le plus ferme du despotisme, la pierre angulaire des monarchies, se trouve justement dans cette distinction des pouvoirs en législatif, exécutif et judiciaire; distinction où la liberté, l'égalité, la responsabilité, le suffrage universel, la souveraineté populaire, les principes de justice et d'ordre, périssent tous.

La République est la centralisation du crédit, du commerce, de l'industrie, de l'agriculture, aussi bien que de la police et de l'enseignement : la royauté n'en est que l'anarchie ou le vasselage.

La République est un régime de responsabilité et de droit : la royauté ne subsiste que par la faveur et la corruption.

La République est, comme la religion, essentiellement expansive et universelle, embrassant le monde et l'éternité. — La royauté, toujours personnelle, locale, stationnaire, vivant chez soi et pour soi, la royauté est l'ennemie du genre humain et du progrès.

La République dirait à l'Autrichien : « Je veux que tu sortes de l'Italie ! » Et l'Autrichien en sortirait. Elle dirait au Scythe : « Je veux que tu laisses ma Pologne chérie ! » Et le Scythe reprendrait la route du désert. — La royauté dit aux tyrans : « Frères, combien me donnerez-vous, et je vous livre l'Italie et la Pologne ?... »

Aux tendances bourgeoises du gouvernement et de l'Assemblée nationale; aux restrictions apportées à l'exercice du droit de suffrage; aux entraves jetées sur la liberté d'association et la liberté de la presse; au projet de constitution monarchique soumis aux délibérations des représentants du Peuple; à la guerre faite aux idées sociales; aux pactes conclus avec les usuriers; à l'abandon des nationalités polonaise et italienne ; aux transactions entamées avec les gouvernements aristocratiques de l'Europe, il est facile de juger que notre pays est en pleine voie de restauration royaliste. A peine l'hercule populaire a tranché une tête de dynastie que de ce tronc exécré il en surgit de nouvelles, *repullulat hydra!* Là est en ce moment le péril, là doit se porter l'effort de notre résistance.

Républicains, comptez sur nous !... Mais si vous voulez que notre dévouement soit utile, qu'il nous soit permis à notre tour de compter sur votre appui. Et cet appui, quel est-il? nous vous le répétons en finissant, cet appui, ce qui fait votre force et la nôtre, c'est la patience.

Gardez-vous de céder aux perfides instigations de ceux qui vous poussent à la révolte et à la guerre civile : la guerre civile est le seul moyen de succès qu'ait en ce moment la royauté. Les choses, par la combinaison providentielle des événements, sont arrivées à ce point, que si le Peuple reste quelque temps immobile, la royauté, avec son infernal cortége, est perdue à jamais.

Patience donc, citoyens ; aucune vérité sur les hommes et sur les choses ne vous sera par nous dissimulée, aucune résolution timide suggérée. Mais, encore une fois, patience! c'est tout l'avenir du Peuple, et le salut de la République.

La Présidence.

Novembre.

Muse du pamphlet, du pamphlet révolutionnaire, coiffe ton bonnet phrygien, brandis ta pique, et chantons la *Marseillaise !* A moi Desmoulins, à moi Rouget de l'Isle, à moi Chénier, Paul-Louis, Béranger, Cormenin ! prêtez-moi vos traits et vos flammes. Vieux Lamennais, n'as-tu point encore quelques *Paroles* pour les *Croyants ?* Viens aussi, jeune poète qui mis en rimes sanglantes la misère du travailleur. La contre-révolution s'approche, assise sur un sac d'écus, pleine du vin de la colère des rois. Faubouriens, aux armes ! Montagnards, ceignez vos écharpes !... Et toi, Lagrange, mon ami, qui juras de mourir pour la souveraineté du Peuple, prends tes capsules et ton fusil ! Que le tocsin sonne ! que les lampions, les lampions s'allument comme dans les nuits de février ! que le *Chœur des Girondins*, que le *Chant du Départ* retentissent, que la voix du cornet à piston remplisse mon cœur d'un saint enthousiasme ! J'entends les cris des monarchiens, des valets du capital, des exploiteurs du prolétariat : Fêtons, célébrons, esclaves, la venue de notre maître ! Noël, noël, nous allons nommer le Président ! Noël, noël, VIVE LE ROI !....

Mais non, amis, pas d'émotion ! C'est le carnaval dynastique. Restons chez nous, rouges et bleus ! et puisque Dieu l'a voulu, et que les hommes le permettent, regardons par la fenêtre, les bras croisés, cette descente de la Courtille !

I. *Que la présidence, c'est la monarchie.*

Tu l'as dit, Cavaignac, et je l'ai entendu de mes oreilles : *La France va prouver, par le choix de son président, si elle est républicaine ou non.*

Vous croyiez donc, vous autres, la question de la République résolue par le coup de balai de février? — Pauvres sots !

Vous la croyiez résolue par la manifestation du 17 mars? — Imbéciles !

Vous la croyiez résolue par les élections d'avril, première application du suffrage universel? — Insipides !

Vous la croyiez résolue, le 5 mai, par l'adhésion des plénipotentiaires du Peuple? — Qui? messieurs de l'Assemblée nationale? vos représentants? Est-ce qu'ils sont engagés à quelque chose? est-ce qu'ils ont prêté serment?...

Vous croyiez la question de la République jugée, confirmée par le vote de la Constitution? — Mais la Constitution, c'est la question.

La Constitution, vous dis-je, n'a fait que poser au pays la question de la République. A présent c'est au pays et au paysan à la résoudre. Nous saurons dans six semaines *si la France est républicaine ou non!*...

Bravo, constituants ! Vous voulez que votre fille demeure vierge, et vous commencez par la marier? Prenez-vous donc la République pour une Victoria, que vous lui mettez pour condition ce qui fera d'elle une monarchie? Et vous prétendez que nous l'aimions, votre matrone! que nous, fils de la Liberté, nous ayons foi dans sa vertu! que nous prenions son drap de noces pour notre drapeau? Avez-vous oublié ce que chantait la *Vivandière,* au retour de Moscou :

> Quand au nombre il fallut céder
> La victoire infidèle,
> Que n'avais-je pour vous guider
> Ce qu'avait la Pucelle !

Ah! citoyens représentants, que votre Constitution se sent des lieux que vous avez fréquentés trop longtemps!... Je veux dire l'école des Chartes, non autre chose. Vous excitez, dans le pays, la fringale monarchique ; le pays vous répondra par une monarchie.

Chaque pays, chaque guise. En France, le Peuple, qui se soucie peu des subtibilités parlementaires, mais qui a l'ouïe fine et la langue affilée, le Peuple ne sait, ne comprend qu'une chose : c'est que celui qui commande les autres, qui agit, qui exécute, en un mot qui gouverne, celui-là est le maître de la maison. Et quand on lui parle d'une demoiselle de bonne maison qui a besoin d'un protecteur, d'un ami, pour lui tenir compagnie, gérer et administrer ses biens, la conduire dans le monde, veiller sur elle la nuit, le Peuple comprend tout de suite qu'il faut la marier ! *Marion pleure, Marion crie, Marion veut qu'on la marie!*

Votre président sera roi, vous dis-je, ou ne sera rien du tout. Et si vous voulez causer un moment, je m'engage à vous le faire voir, clair comme eau de roche.

Vous seriez-vous par hasard imaginé, nos Solons et nos Lycurgues, que le Peuple ayant à marier sa fille, la République, irait lui donner un manant tel que vous ou moi ? — Cavaignac, Lamartine, Ledru-Rollin ou Thomas Diafoirus ? — Qui, un soldat, un rimeur, un bachelier ! président de la République ! Fous que vous êtes ! Est-ce que le Peuple connaît ce monde-là ? Est-ce qu'il s'inquiète de leurs galons ou de leurs diplômes ?... Ce qu'il faut au Peuple, pour la République, ce qu'il demande, c'est un bon mâle, de forte encolure et de noble race.

Le Peuple s'inquiète peu, croyez-moi, de la distinction du *législatif* et de l'*exécutif*. L'exécutif, pour lui, c'est tout. Autre sans doute sera le notaire, autre le fiancé. Pourvu que le président fasse vite et bien, il aura, au jugement du Peuple, assez d'esprit. Sa virilité fera son mérite, *et habet mea mentula mentem!* Votre *législatif*, c'est un eunuque, quelque chose au dessous de rien !

Eh ! dites-moi : Jamais despote manqua-t-il de législations, de constitutions et de traditions pour contenir sa fougue et modérer sa jeunesse ? Cela pourtant ne fit jamais le moindre tort au despotisme.

Les lois de Moïse, la charte du peuple juif, étaient écrites bien avant qu'ils eussent des rois. Cela n'empêcha point les *melks* hébreux d'être rois dans toute la force du terme, et rois despotes. Pourtant, les bourgeois d'Israël n'avaient entendu ordonner que la puissance exécutive ; ils s'étaient réservé le greffe.

La loi des XII tables et toute la Constitution romaine existaient depuis longtemps lorsque vinrent les Césars, qui ne firent qu'ajouter le titre, ancien dans la République, d'empereur, à celui de consul, que portaient auparavant les chefs du pouvoir exécutif. Les Césars en furent-ils moins des AUTOCRATES, *très bons, très pieux, très cléments, très augustes*, je le veux ; mais enfin des autocrates ? Or, l'*autocratie*, la plénitude de la puissance exécutive, était la même chose que l'*autonomie*, la plénitude du pouvoir législatif : les magnanimes empereurs le firent bien voir !

Est-ce que la Russie n'a pas ses institutions, ses lois, ses castes, etc., contre lesquelles lutte depuis deux siècles le génie des Pierre-le-Grand, des Catherine et des Nicolas ? — Eh bien ! Nicolas, c'est un monarque absolu, un despote.

Croyez-vous qu'en France, avant 89, il n'y eût ni constitution, ni parlement, ni loi ?.. Et cependant le roi, parce qu'il faisait les choses, parce qu'il avait seul le droit de les faire, était réputé la loi vivante. *Si veut le roi, si veut la loi!* c'était encore un despote. Et quand la Constitution semi-républicaine de 1790 eût été faite, Louis XVI, chef du pouvoir exécutif de par cette Constitution, était encore si bien le maître, malgré le contrat paraphernal qui le liait, qu'il lui suffisait, pour avoir raison de la République, de lui répondre, lorsqu'elle lui faisait quelque amoureuse instance : *Je ne veux pas !* et se tenir coi !...

Est-ce que le système constitutionnel n'existait pas tout formé, et les matériaux des codes, les principes de l'administration n'étaient-ils pas là, quand arriva Bonaparte ? Est-ce que la Constitution de l'an VIII, que jura d'observer le général, œuvre de Sieyès, n'était pas le résumé des idées et de l'expérience antérieure ? Est-ce qu'à tout prendre, Bonaparte ne gouverna pas uniquement en vertu des lois, des mœurs, des institutions qu'il n'avait point faites, et qu'il avait trouvées ? — Mais il avait le pouvoir exécutif, et bien qu'on ne l'eût donné d'abord à la République que comme tuteur, il fit d'elle tout ce qu'il voulut... Il fut empereur et despote.

La Charte de 1814, et celle de 1830, ne furent-elles pas tour à tour le préliminaire obligé de l'avènement des deux dernières dynasties ? N'avait-on pas eu soin de stipuler que le roi ne pourrait rien faire qui ne fût prévu dans le contrat ? Mais il était dit aussi que le chef de l'État exercerait le droit conjugal ; et que reste-t-il au père de la fille, quand le mari et la femme couchent ensemble ?.. Je maintiens que la puissance royale fut plus grande encore, sous les deux dernières dynasties, qu'elle n'avait été sous l'ancien régime. Ne savez-vous pas que toute obligation suppose réciprocité ? Plus vous gênez l'étalon, plus vous enflammez sa vertu.

Vous croyez énerver votre président parce que vous lui mettez des entraves ! Je vous dis, moi, que vous ne faites qu'irriter sa fougue, et la rendre plus irrésistible. Ne vous ai-je pas entendu tous, dire, à propos de la présidence, comme cela se disait autrefois de la monarchie constitutionnelle, que le président, tout-puissant pour le bien, serait impuissant pour le mal? comme si, en fait de gouvernement, pas plus qu'en fait de mariage, l'homme pouvait répondre de ses œuvres !... Sauriez-vous, par hasard, le secret de faire à volonté des garçons ou des filles ?...

Votre président sera tout-puissant, cela suffit. Le Peuple, qui sait très bien qu'en telle affaire qui peut pense, le Peuple se rit de vos distinctions. Le futur sera vigoureux, je vous en avertis. Ce n'est pas tout, il sera noble. N'ayez crainte que le Peuple, qui s'y connaît, fasse pour sa pupille une mésalliance.

On déclame, on plaisante à tort et à travers, sur Louis Bonaparte. Quelques-uns, comme Antony Thouret, vont jusqu'à l'indignation. Pour moi, après y avoir réfléchi, je suis de l'avis du prince : je trouve que son véritable titre à la présidence est justement de n'être rien de ce que ses envieux lui demandent, ni homme de guerre, ni homme d'affaires, ni homme d'état. Son titre, à lui, c'est d'être Napoléon. La France, monarchique jusqu'à la moelle, ne demande rien de plus. N'oubliez donc pas que le président de la République est avant tout le mari de la République : le reste lui viendra avec le mariage. Ceux-là ont grand tort, à mon sens, qui, confondant, comme dit le proverbe, le bon Dieu avec les prunes, s'en vont fouiller la vie du candidat, calomnier ses intentions, préjuger ses principes, ou bien encore lui demander un programme !...

Quoi ! cet écervelé veut régner sur la France ! s'écrie un républicain badaud, à qui il faudrait un grand homme pour gouverner l'État ! lui qui entrant un matin dans Strasbourg, en culotte jaune et petit chapeau, aux cris de *Vive l'empereur !* se laissa prendre dans un cul-de-sac comme un blaireau dans un terrier !

Lui qui faillit allumer la guerre entre deux nations amies, pour prix de l'hospitalité que lui donnait l'une, et du pardon que lui avait dédaigneusement accordé l'autre !

Lui qui, coupable du même crime que le duc d'Enghien, aurait dû être traité comme le duc d'Enghien, si le gouvernement suisse et le gouvernement français avaient fait justice !

Lui que plus tard nous avons vu revenir en France par Boulogne, un aiglon sur le poing, comme un varlet de fauconnerie !

Lui que la cour des pairs envoya pour sa santé au fort de

Ham, aux sifflets et aux éclats de rire de tous les Parisiens!

Lui qui, grâce à quelque connivence du pouvoir, s'évada de prison, déguisé en blouse, une planche sur l'épaule, et cassa sa pipe en passant sur le pont-levis, comme il l'a raconté dans l'histoire de son évasion, écrite par lui-même, édition Temblaire, prix *un sou !*...

Lui qui depuis fut sergent de ville à Londres !

Qui joua la comédie à Eglington !

Qui, par deux fois, monté à la tribune de l'Assemblée nationale, s'en tira comme madame Mansion, *Qui ne dit ni oui ni non !*

Il est drôle le Napoléon, avec sa pipe cassée ! avec son aigle ! avec sa culotte de peau !...

Mais, reprend un autre, au langage plus parlementaire, sans doute son altesse est comme le perroquet de Normandie, qui, s'il ne chante pas, n'en pense pas moins. A défaut d'une campagne d'Italie, d'un traité de Campo-Formio, d'une expédition d'Égypte, nous aurons au moins un programme ?

Nous connaissons les idées de M. de Lamartine ; nous savons, à peu près, ce que veut le citoyen Ledru-Rollin, ce que veulent Messieurs Thiers et Molé. Cavaignac et Bugeaud, si leur politique laisse à désirer, peuvent invoquer leurs états de service. Mais Louis Bonaparte ?...

Je demande à Louis Bonaparte :

S'il renonce aux droits que lui conférait certain sénatus-consulte de 1804, invoqué par lui contre Louis-Philippe, lors de l'expédition de Strasbourg ? conséquemment, s'il prétend faire relever sa candidature d'autre chose que de la volonté du Peuple?

Si, n'ayant pas voté sur les principaux articles de la Constitution, il croit pouvoir, en sûreté de conscience, prêter serment à la Constitution?

S'il accepte la République démocratique, une et indivisible, telle qu'elle est définie par la Constitution ; ou s'il est pour la République démocratique et sociale ?

S'il est vrai qu'il se laisse ou se fasse appeler *Monseigneur?*

S'il croit à la durée de la paix en Europe, et pourquoi ?

S'il serait partisan de l'intervention en Italie, en Pologne et ailleurs, et sur quoi il fonderait, devant l'opinion du pays et la diplomatie européenne, l'utilité pour nous et la légitimité de cette intervention ?

S'il est vrai qu'il ait pris, au sujet de sa candidature, les conseils de l'Angleterre et de la Russie, comme le bruit en court ; ou s'il s'en tient au bon plaisir des électeurs français?

S'il a un système de crédit à substituer au système actuel, qui, au moment du péril, trahit à la fois le pays et l'État, et quel est ce système ?

S'il considère toute espèce de papier-monnaie comme une contrefaçon des assignats, et comment il pense résoudre le problème du crédit agricole ?

S'il croit possible de réduire l'effectif de l'armée, de diminuer le chiffre du budget, et comment?

S'il admet le droit au travail, ou s'il le repousse ?

Quelles sont ses idées sur le recrutement, la colonisation, l'organisation judiciaire, le conseil d'État, les libertés communales et départementales, la liberté de la presse, la liberté de l'enseignement, l'impôt progressif? etc., etc.

Si, après avoir vu les hommes de la gauche, de la droite, du centre, — on dit même les socialistes ! — il compte faire un gouvernement de conciliation, ou un gouvernement d'exclusion? Dans l'un et l'autre cas, où sont ses sympathies, ses préférences?...

— Bah ! interrompt là-dessus un républicain du lendemain, bien connu du *Charivari*, Jérôme Paturot, vous demandez au prince Louis son programme ! Vous l'avez ce programme ; c'est l'*Extinction du paupérisme*, un volume in-32, Paris, rue Neuve-des-Petits-Champs, n° 36. — L'extinction du paupérisme, entendez-vous? Que demandez-vous de plus? L'Empereur y a rêvé vingt ans, sans pouvoir résoudre le problème. Or, ce que n'a pu faire Napoléon-le-Grand, Napoléon-le-Jeune l'accomplira. Car Napoléon-le-Jeune est socialiste, communiste même, ne vous en déplaise. Voici son système.

Il pose en principe, page 5, que *la prospérité d'un pays dépend de la prospérité générale*.

A côté de ce principe lumineux, fécond, il pose cette mineure, non moins merveilleuse, pages 6, 7, 8, 9, — que le commerce, l'industrie, l'agriculture, l'administration, *sont minés par un vice organique*, lequel vice organique consiste principalement dans *la division égalitaire des propriétés*.

Il conclut par la nécessité, pour sauver le pays, de *recréer la grande propriété*, et *d'organiser le travail* sur des bases nouvelles.

Cette organisation, suivant le réformateur napoléonien, sera la suivante :

Dans chaque département et commune, les ouvriers et prolétaires nommeront des prud'hommes, *à raison d'un prud'homme par dix ouvriers;*

Il y aura pour dix prud'hommes un directeur ;

Et pour dix directeurs un gouverneur.

Les prud'hommes auront le grade de sous-officier ; les directeurs celui de capitaine ; les gouverneurs celui de colonel.

Les ouvriers seront considérés comme simples soldats. — Ils seront organisés *militairement*. (Page 28.)

Il sera formé par eux des colonies agricoles, auxquelles seront livrés les 6 millions 127,000 hectares de terres actuellement incultes. Ces colonies serviront tout à la fois de *réservoirs* pour l'industrie libre, qui y prendra les ouvriers dont elle aura besoin, et de *déversoirs* pour le trop-plein de la population. (Pag. 26.)

Les prud'hommes seront chargés, conjointement avec les maires des communes, d'envoyer à ces colonies les hommes que l'industrie libre ne pourra occuper; et réciproquement de fournir à l'industrie les sujets dont elle pourra avoir besoin. (Pag. 27.)

Les colons seront *logés dans des barraques en torchis et clayonnage*, de 4 m. 60 sur 2 m. 90. La discipline y sera *sévère;* la vie SALUTAIRE (sic), mais *rude;* l'entretien le *plus simple possible. Le logement, la solde, la nourriture, l'habillement, réglés d'après le tarif de l'armée* (pag. 30), et bornés au *strict nécessaire.* (Pag. 96.)

Les individus sans ouvrage trouveront dans ces établissements à utiliser leurs forces et leur intelligence *au profit de la communauté.* (Pag. 23.)

Les colonies, *lorsqu'elles seront en plein rapport, devant donner*, grâce à la modicité de la solde, *d'immenses bénéfices*, ces bénéfices seront employés à *acheter de nouvelles terres;* car, observe l'auteur avec une souveraine raison, *tout système qui ne renferme pas en lui-même un moyen d'accroissement continuel est défectueux.* (Pag. 32.)

Les colonies agricoles auront donc la facilité *d'étendre leur domaine, de multiplier leurs établissements,* (page 33), au détriment, bien entendu, de la propriété privée, qui devra peu à peu disparaître.

Ainsi, *tandis que par notre loi égalitaire les propriétés se divisent de plus en plus* — ce qui nous rapproche de plus en plus du régime démocratique, — le communisme napoléonien reconstruira *la grande propriété et la grande culture.* (Page 33.)

Et quand il ne restera plus en France de terres à acheter et de propriété à envahir, la compagnie *établira des succursales en Algérie, en Amérique même* (page 34) : le globe entier y passera. Partout où il y aura un hectare de terre à défricher et à acquérir, la communauté de Louis-Napoléon sera là *avec ses capitaux, avec son armée de travailleurs, avec son incessante activité. (Ibid.)*

Pour organiser de la sorte le travail, et convertir le pays en communautés militaires, il en coûtera, toutes rectifications faites aux calculs du prince Louis, environ 160 MILLIONS PAR AN au pays (voir le devis de son altesse impériale, pages 35 à 43.)—Cette somme de 160 millions sera acquittée, comme de justice et de raison, par la propriété rurale et industrielle, puisque c'est à l'intention de cette propriété, et pour la débarrasser du prolétariat, que doivent être fondées les colonies agricoles.

Vous demandez à Napoléon-Louis Bonaparte son programme, son système? Il existe, je vous le répète, ce programme ; il était, en septembre dernier, à sa quatrième édition. Enlevé qu'il est par les habitants des campagnes, qui tous applaudissent aux idées du futur empereur, il n'est pas étonnant que les représentants du Peuple, à Paris, n'en aient pas connaissance.

Ah! vous ne vouliez point de l'organisation anodine de Louis Blanc! Eh bien! vous serez organisés, haut la baguette, par M. le constable.

Ah! vous ne vouliez pas du phalanstère! Eh bien! Napoléon-le-Jeune vous fera loger dans des barraques!

Ah! vous ne vouliez de la communauté pas plus que de la conscription! Eh bien! vous serez tous soldats, soldats à vie, comme Napoléon sera président. Vos femmes seront cantinières; vos garçons, tambours; vos filles, à douze ans, feront l'œil aux tourlourous.

Ah! vous vous plaigniez des 45 centimes de la République! Vous paierez 90 avec l'empereur.

Ah! vous trouviez que c'était trop lourd, un budget de 1840 millions! Vous l'aurez de deux milliards, plus la communauté de gamelle.

Ah! ah! gaillards! on vous apprendra ce que c'est que la liberté, l'égalité et la fraternité!

Ainsi dit Jérôme Paturot.

Honte à la France ! hurle à ces mots un montagnard à barbe rouge et cheveux plats : honte et malédiction ! Nous sommes toujours la même race, vaniteuse, hypocrite et lâche ! Et nous osons nous attribuer l'initiative de la civilisation et du progrès ! Nous qui depuis quatorze siècles avons baisé la semelle de 60 tyrans ; nous qui avons massacré nos frères les Albigeois et les Huguenots, coupables d'avoir revendiqué la liberté de conscience ; nous qui avons proscrit l'industrie de notre pays, parce qu'elle *protestait* contre le pape ; nous que l'avarice seule a faits révolutionnaires en 89, et qui, repus des *biens nationaux*, sommes vite revenus au despotisme ; nous qui avons délaissé les Vauban et les Turgot, pendant que nous caressions les Louvois et les abbés Terray ; nous qui laissons mourir de faim nos inventeurs et nos artistes ; nous qui ne subsistons que de contrefaçons et de plagiats : nous qui n'avons aujourd'hui ni constitution nationale, ni philosophie nationale, ni art national, qui avons laissé périr jusqu'à notre littérature nationale ; nous qui avons adoré et flétri tour à tour la Légitimité, la République, l'Empire, la Restauration, la Quasi-Restauration, aussi incapables de vivre avec nos rois que de nous passer de rois ; nous qui n'avons jamais su que jouer à cache-cache avec la liberté ! — A quoi nous sert-il d'avoir produit Montaigne, Rabelais, Bayle, Descartes, Molière, Montesquieu, Voltaire, Rousseau, Buffon, Diderot, Dalembert, Condillac, Condorcet, Volney, la série la plus riche, la plus éclatante de libres penseurs ? L'agitation philosophique n'a jamais été chez nous qu'une dispute de marguillers, le mouvement politique qu'une querelle de robins et de gentillâtres. Les premiers soldats de la liberté, dans la rue : au coin du feu, valets de cour et rats d'église.

Viens donc, Napoléon, viens prendre possession de cette race de tartufes, de ce peuple de courtisans. Ils disent de toi que tu n'es qu'un crétin, un aventurier, un fou. Tu as fait la police et joué la comédie ; tu as toute l'étoffe, à la férocité près qui n'est plus de notre âge, des Néron et des Caligula. Viens, te dis-je, tu es l'homme qu'il nous faut. Viens mettre à la raison ces bourgeois ; viens prendre leur dernier enfant et leur dernier écu ! Viens venger le socialisme, le communisme, le fouriérisme, le cabétisme ! Viens : les apostats de tous les règnes sont là qui t'attendent, prêts à te faire litière de leurs consciences comme de leurs femmes ! Ton oncle Jérôme disait, dans sa pétition à Louis-Philippe, qu'il ne demandait plus, en rentrant en France, qu'à vivre et mourir en citoyen français. Mais toi, tu l'as compris : ta famille était réservée pour de plus grandes choses ; il manquait une gloire au nom des Bonaparte. Viens terminer nos discordes en prenant nos libertés ! Viens consommer la honte du Peuple français ! Viens, viens, viens !...

A ces invectives, à ces sarcasmes, Napoléon-Louis n'a qu'une chose à dire, mais à laquelle je défie qu'on trouve de réplique : La France est en folie ; il lui faut un HOMME !.. A défaut d'homme, elle ne reculerait pas pour un âne !...

Que parlez-vous de titres, de programmes, de solutions financières, de droit au travail, de respect à la propriété ? Napoléon nous tombe comme Priape dans la *Guerre des Dieux*. Dès qu'il paraît, les autres ne sont auprès de lui que des polissons......

Voulez-vous maintenant que je vous dise la raison de tout ceci, ce qui fait qu'en ce moment nous éprouvons un si grand besoin de nous donner un roi ! Je vais vous satisfaire. Mais, auparavant, laissez-moi vous conter un apologue.

II. *Que le principe de la monarchie, comme de l'anarchie, c'est la politique.*

Sur la fin du moyen-âge, il parut un livre, un livre étrange, écrit en latin, ayant pour titre *De auferibilitate papæ*, c'est-à-dire, de la possibilité pour les chrétiens de se passer de pape.

Dans cet écrit, consciencieux, impartial, savant, fort de logique et d'autorités, l'auteur se plaçant au point de vue de certains sectaires, examinait ce qu'il adviendrait de l'église romaine, du catholicisme tout entier, et, par suite, de la religion elle-même, si, comme le voulaient Jean Hus et les autres, on supprimait le pape.

Et il prouvait, et il arrivait à cette conclusion, qui est le fond de toute la controverse que soutint plus tard le grand Bossuet contre les églises protestantes :

Que si l'autorité du pape était ébranlée, l'Église de Rome, dont le pape est l'évêque particulier, perdrait immédiatement sa primauté entre les églises :

Qu'alors le catholicisme, manquant de centre visible et d'unité, ne serait plus qu'un assemblage d'églises indépendantes, égales en autorité et juridiction ;

Qu'aucune de ces églises ne pouvant être jugée, remontrée ni condamnée par les autres, la foi perdrait son caractère d'universalité, et de chose nécessaire et universelle, deviendrait chose individuelle et locale ;

Que par le mouvement incessant et la curiosité indiscrète de l'esprit humain, la foi chrétienne, n'ayant plus ni gouvernement ni paradigme traditionnel, serait livrée au changement, à l'instabilité, aux innovations, et conséquemment tendrait à une inévitable dissolution ;

Que le lien ecclésiastique venant à se rompre, et les esprits n'ayant plus de guide, le dogme chrétien, parcourant toute la chaîne des hérésies, aboutirait, par une insensible dégradation, au déisme ;

Que le déisme conduisait fatalement au panthéisme ;

Que le panthéisme n'était qu'une étape sur la route de l'athéisme ;

Que l'athéisme se résolvait dans le pyrrhonisme, et finalement le pyrrhonisme dans le nihilisme, dans la négation de Dieu, de l'homme et de l'univers !

En sorte que, suivant le raisonnement de ce théologien, de la reconnaissance du pape et de ses sandales, dépendait l'existence, non seulement du catholicisme, non seulement encore de la foi chrétienne, mais de la religion naturelle, mais de la raison et de la philosophie.

Si bien enfin, qu'entre la croyance à l'infaillibilité du pape et le pyrrhonisme le plus absolu, le plus absurde, il n'y avait pas de moyen terme où la raison pût s'établir ; qu'il fallait choisir entre l'un ou l'autre, à peine de rester dans le *libertinage*, c'est-à-dire de n'être qu'un mauvais plaisant et un raisonneur de mauvaise foi.

Et chose singulière, l'événement a justifié la prévision de ce théologien. Partout où l'esprit s'est insurgé contre le pape, soit au nom de l'autorité spirituelle locale, comme ont fait, en France, les Gallicans ; soit au nom du libre examen, comme il est arrivé pour les protestants ; soit par une distinction entre le fait et le droit, comme le voulaient les jansénistes ; on a vu la foi catholique et chrétienne se résoudre peu à peu en un pur déisme ; et comme le déisme n'est, comme toutes les opinions de juste-milieu, qu'une hypocrisie, l'immense majorité des nations a été plongée tout à coup dans l'indifférence et le libertinage. Il n'y a pas un ministre de la confession d'Augsbourg qui reconnaisse la divinité du Christ : demandez à M. Athanase Coquerel ! — il n'y en a pas un qui ait le courage de se déclarer pyrrhonien. C'est la même chose pour les catholiques. On parle de religion, on invoque le Christ, on prie Dieu, on se recommande à l'Éternel, on espère en l'Être suprême. Hypocrisie ! hypocrisie ! nous ne croyons plus à rien ; nous n'adorons que notre fantaisie et notre bon plaisir ; il n'y a pas plus de foi que de bonne foi, ni en deçà du Rhin, ni au-delà.

Et ce qui est vrai en Europe du pape, est vrai en Asie du grand lama, vrai du muphti, vrai de tout sacerdoce et de toute religion. Partout où vous supprimez l'autorité visible, vous anéantissez la foi ; et, la foi anéantie, ou vous arrivez au néant, ou vous créez l'arbitraire, le libertinage.

Cependant, comme il répugne également à la raison de se précipiter dans le doute absolu, ou d'admettre l'infaillibilité du pape, et que d'autre part l'expérience et la logique ont démontré des millions de fois qu'entre ces extrêmes il n'est point de parti honorable, de station possible, que c'est là une vérité passée en force de chose jugée, le premier dogme de toute philosophie, force a été de chercher, HORS de cette ligne fatale, un point solide où pût s'accrocher la raison.

Et voici ce qu'on a découvert.

On s'est aperçu que cette fatalité logique, qui conduit invinciblement la raison à l'esclavage par la superstition, ou au suicide par le doute, avait sa cause dans une certaine maladie ou hallucination de la pensée, connue dans l'école sous le nom d'ONTOLOGIE. L'ontologie, voilà ce qui faisait le désespoir des pauvres chrétiens autant que des libres penseurs : c'était le cauchemar de la raison et des sociétés. Qu'est-ce, me direz-vous, que l'ontologie ?

L'ontologie est cette hypothèse que personne ne s'était avisé de contester jusque-là, tant elle semble naturelle ! et qui consiste à affirmer la distinction substantielle de la matière et de l'esprit !... Je n'ai nulle envie, croyez-le bien, de vous embourber dans cette ornière métaphysique ; j'en ai déjà trop dit pour un pamphlet. Je répète seulement, et j'en atteste l'expérience des quatre derniers siècles, et le libertinage du nôtre, que pour quiconque croit à l'ontologie, pour quiconque admet la réalité, soit de la matière, soit de l'esprit, soit de ces deux natures ensemble, mais séparées, pour celui-là, point de milieu : ou bien il est le serviteur du pape, ou il est le disciple de Pyrrhon.

Pour ceux, au contraire, qui ne reconnaissent point l'autorité de l'ontologie, qui considèrent la matière et l'esprit, non plus comme des substances réelles, mais comme les deux faces générales de l'ÊTRE ; pour ceux-là, dis-je, l'affranchissement est complet. Ils n'ont plus rien à redouter ni des indulgences du pape, ni des séductions de Méphistophèles. Leur dialectique, établie sur un terrain solide, marche sans broncher à la construction de la science humaine, à l'intelligence de la religion et du progrès.

Dans un autre ordre d'idées, celui dont nous nous occupons aujourd'hui, il arrive quelque chose de tout à fait semblable.

Depuis quatorze siècles, la France s'est posée la question, *de auferibilitate regis*, — s'il est possible de se passer de roi ? — sans avoir pu jusqu'à présent la résoudre.

L'inclination secrète du pays, l'indocilité du caractère national pousse sans cesse les esprits vers la démocratie ; l'expérience et la théorie les ramènent continuellement au despotisme, à l'autorité d'un seul. Il est démontré, pour quiconque y a voulu voir, qu'entre le bon plaisir monarchique et l'anarchie universelle, deux extrêmes également inadmissibles, il n'y a pas de position tenable : ceux qui l'ont cru ont été frappés du sobriquet de *doctrinaires*; ils ont perdu une fois déjà la République, et trois ou quatre fois la Monarchie.

Ainsi, d'une part, nous ne cessons de démolir la royauté; de l'autre l'anarchie, dernier terme de la démocratie, nous fait horreur. La monarchie, en France, est impossible ; la république impossible ; tous les termes mitoyens impossibles : nous ne pouvons ni vivre ni mourir, et comme pour attester notre indélébile contradiction, nous prenons pour devise à la fois la *liberté* et l'*ordre!* — Sortez de là !!!

C'est une pauvre philosophie que d'accuser tour à tour des oscillations révolutionnaires de notre malheureux pays, tantôt la sottise, tantôt le machiavélisme des princes, ou la corruption des ministres, comme de s'en prendre à la violence des passions démocratiques et à la division des démagogues. C'est toujours alléguer le fait en explication du fait, prouver la révolution par la révolution. Ce qui amène la tyrannie et la mauvaise foi du monarque, c'est l'impossibilité organique du système ; ce qui produit l'anarchie des démocrates, ce qui fait qu'en ce moment même le Peuple français, républicain de cœur et d'esprit, va nommer, en jurant et maugréant, un président de la République, et recommencer la restauration de la royauté, c'est encore la même impossibilité. Pourrions-nous donc, une fois, sortir de cette alternative fatale, bien autrement intéressante pour le Peuple que la querelle des papistes et des protestants?

Je connais votre impatience, ami lecteur, et je ne veux pas vous faire attendre.

Ce qui produit la situation fâcheuse où nous sommes en ce moment, après y être déjà tombés tant de fois, c'est une certaine maladie de l'opinion, connue dès la haute antiquité, et qu'Aristote, grand philosophe, grand historien, grand naturaliste, a nommée POLITIQUE.

La politique est dans les affaires humaines ce qu'est l'ontologie dans la question du salut : c'est une hypothèse qui, faisant du gouvernement une chose, non de raison, mais d'habileté ; non de science, mais de sentiment (appelez ce sentiment comme vous voudrez, ambition, orgueil, dévouement ou patriotisme), tend continuellement à distinguer dans l'Etat deux personnes, deux volontés, l'une qui *pense*, l'autre qui *exécute*.

Or, s'il est une chose prouvée dans la philosophie et dans l'histoire, c'est que, de quelque manière que se fasse le partage, quelque équilibre que l'on mette entre les attributions ; qu'on fasse la nation tout entière législatrice et souveraine, et le roi simple mandataire de ses volontés ; ou bien que le despote veuille et ordonne seul ce qu'auront à exécuter ensuite tous les citoyens ; ou bien, enfin, que la puissance législative soit confiée à une ou plusieurs assemblées de représentants, et la puissance exécutive à un conseil de directeurs ou de ministres ; toujours, par cela même qu'il y aura distinction, il y aura opposition, antagonisme, impossibilité, toujours il y aura révolution et catastrophe.

La pensée et l'action doivent être dans le gouvernement, comme dans l'homme, indivisiblement unies : voilà le point de départ de la nouvelle critique. En conséquence de ce principe, l'Assemblée nationale, représentant la nation, exerce tous les pouvoirs, le pouvoir exécutif comme le pouvoir législatif, non point par délégation à des ministres, comme le supposaient et l'amendement Grévy et l'amendement Flocon, comme le supposent encore la plupart des démocrates, mais par elle-même, en divisant le travail entre ses comités, lesquels nomment chacun leur ministre et leurs agents, sauf ratification et contrôle de l'Assemblée.

De plus, tous les citoyens étant égaux, tous étant censés, par conséquent, participer au gouvernement et à la loi, il résulte que le gouvernement et la loi doivent découler d'une science exacte et mathématique, qui n'ait plus rien de personnel, d'occasionnel, de circonstanciel, mais qui, absolue dans ses principes et ses conclusions, implique le consentement et l'adhésion de tous les citoyens, ce mode de participation au gouvernement et à la loi étant le seul possible dans une démocratie de 36 millions d'hommes !...

Voilà, encore une fois, ce qu'ont dit, sur la politique, les nouveaux réformateurs, plus connus généralement sous le nom de *socialistes*.

Les socialistes sont opposés aux politiques, comme les idéalistes, ceux qui nient l'ontologie, le sont aux matérialistes et aux psycologues. Pour les premiers, la politique est tour à tour et indifféremment anarchie ou arbitraire ; comme l'ontologie est pour les idéalistes, tour à tour et indifféremment, le culte des indulgences ou le doute absolu. Quant aux politiques, l'arbitraire est tout ce qu'ils veulent : sans l'arbitraire, en effet, il est évident qu'ils ne seraient rien.

Le socialisme aspire à gouverner la société par une science positive : la politique n'est que fantaisie.

Le socialisme dit, par exemple : Tant que le salaire du

travailleur ne sera pas égal à son produit, le travailleur sera spolié, et la production, au lieu de donner la richesse, créera la misère. Cela est démontré, cela est aussi sûr que deux et deux font quatre. Il faut donc trouver une formule d'opération industrielle qui, en respectant toutes les libertés, faisant la part de toutes les aptitudes, donne le moyen d'équilibrer le travail et le salaire. — C'est possible, dit la politique, mais ces choses-là ne sont pas bonnes à dire; il faut s'en référer à la tradition révolutionnaire. Occupons-nous de dégommer les ministres et de changer les préfets!

Le socialisme dit : La vraie et réelle fraternité des nations consiste dans la libre communication de leurs idées, dans la circulation de leurs produits et dans le juste équilibre de leurs échanges. Tant que vous n'aurez pas, d'un seul coup et par une même opération d'économie générale, aboli les douanes et garanti le travail national, les peuples, quoi que vous fassiez, seront divisés d'intérêts, séparés par des barrières : ils seront ennemis. — C'est encore possible, répond la politique ; mais je ne connais rien à votre balance du commerce, et je m'en soucie comme de cela. Commençons par déchirer les traités de 1815 ; marchons au secours de l'Italie et de la Pologne ; envoyons une garnison à Ancône !...

Le socialisme dit encore : Il faut centraliser le crédit, réduire le taux de l'intérêt, organiser l'échange direct et mutuel.

Car le droit au travail n'est autre chose que le droit au capital ;

Le droit au capital, aujourd'hui que tout est approprié, ne peut s'exercer, pour ceux qui ne possèdent rien, que par le crédit ;

Et le crédit, là où manque l'hypothèque, c'est l'échange.

Tant que vous n'aurez pas trouvé moyen de créer la richesse pour tous par la facilité de la circulation, l'extension du débouché, la gratuité de l'échange, le peuple sera misérable, mal nourri, mal logé, mal vêtu, vicieux, crapuleux, ignorant, sujet à toutes les infirmités du corps et de l'âme. Cela est prouvé par A plus B, c'est certain comme une proposition d'algèbre.

— Et qu'y a-t-il de commun entre l'algèbre et moi, s'écrie sur ce coup la politique? Je ne connais rien à vos x. Je m'en vais décréter 400 millions d'assignats, tant pis pour les derniers porteurs! prendre un milliard aux riches, tant pis pour les citoyens qui ne seront pas pauvres! abolir l'hérédité, tant pis pour les pauvres qui ont des parents riches! imposer les objets de luxe, tant pis pour les ouvriers de luxe! faire des ateliers nationaux, tant pis pour l'industrie libre! la liberté n'est pas nationale. Je m'y connais, allez, en économie *politique!* Ne porte-t-elle pas mon nom? ne suis-je pas sa marraine?...

Le socialisme reprend : Les affaires d'une nation doivent être administrées comme celles d'une société anonyme, suivant les règles de la science économique et de la comptabilité, par des agents dont les attributions soient rigoureusement définies, relevant directement de l'assemblée des actionnaires, et contrôlés à toute heure par un conseil de surveillance. L'autorité doit rester une, impersonnelle ; les fonctions être séparées, le travail divisé, les emplois coordonnés...

— Je vous dis que l'économie politique est la servante de la politique, répond celle-ci, et vous, vous êtes un endormeur du peuple, vous n'êtes point révolutionnaire. Je vous parle constitution, constitution, entendez-vous? c'est-à-dire séparation des *pouvoirs*, et vous me répondez par la séparation des *emplois!*... Il s'agit de gouvernement, et vous vous occupez d'équilibre! Nous sommes dans la hiérarchie, et vous faites de l'économie!... Laissez donc, socialisme rêveur, le monde aller comme il va, et mêlez-vous de vos affaires!

— Ah! s'écrie alors le socialisme, politique menteuse, politique hypocrite, je te connais, je sais ce que tu demandes!

Tu es aujourd'hui ce que tu étais il y a soixante ans; tu veux toujours recommencer l'histoire; sous le nom de démocratie, c'est la royauté que tu appelles. Tiens, te reconnais-tu dans ce tableau prophétique? Regarde :

Epoques parallèles de l'histoire de France.

1789-1800	1848.
Louis XVI, roi.	Louis-Philippe, roi.
Mirabeau.	Lamartine.
Lafayette.	Cavaignac.
Robespierre	Ledru-Rollin.
Barras.	Thiers.
Bonaparte, empereur.	Bonaparte, empereur.

Est-il clair, à présent, qu'en votant pour la présidence tu votes pour la monarchie? Est-il clair que Lamartine, Cavaignac et Ledru-Rollin, qui ne s'en doutent guère, te mènent droit à Bonaparte? Veux-tu, oui ou non, politique maudite, être du Peuple? veux-tu être socialiste?...

Il est deux choses que les moins éclairés du Peuple on comprises : c'est, d'un côté, que la présidence est la pierre d'attente de la monarchie, tous les démocrates l'avouent; d'autre part, que, pour opérer une révolution, il faut des principes. En 89, la révolution était plus spécialement politique; elle a eu ses principes politiques qui nous régissent encore. En 1848, la révolution est plus particulièrement économique et sociale; l'idée politique étant épuisée, il faut donc découvrir de nouveaux principes, absolus en théorie, mais que la société appliquera selon la mesure de ses forces et de ses besoins.

Les démocrates, conduits par leur lanterne politique, n'en sont pas là.

Ainsi, après des votes réitérés contre la présidence, ils votent la Constitution, c'est-à-dire la présidence, puisque sans distinction des pouvoirs, en un mot sans présidence, il n'y a pas de Constitution; — c'est-à-dire qu'ils votent la monarchie.

Ceux qui ne votent pas s'abstiennent : c'est-à-dire que sur la question monarchique, nettement posée par la Constitution, ils n'ont pas le mot à dire, ils sont indifférents.

Et ceux, en très petit nombre — dix ou douze ! — qui ont voté contre la Constitution, n'en trouvent pas moins très bon, très légitime, très démocratique, de poser ensuite une candidature à la présidence, c'est-à-dire d'adhérer à la Constitution ! Le principe est sacrifié à l'homme, la politique immolée à la politique !

Quant aux principes qui doivent régir la société nouvelle, les démocrates s'en inquiètent peu, ou plutôt ils les nient. Ils déclarent qu'ils sont avant tout hommes politiques, qu'ils veulent vivre de la vie politique. Seulement, comme le Peuple n'est pas tout à fait du même sentiment, ils se disent, en murmurant, qu'il serait IMPOLITIQUE de repousser ouvertement le socialisme, et vite ils publient un *manifeste*, le plus socialiste, à les en croire, de tous les manifestes.

Lisez plutôt :

> Organisation du travail par l'État ;
> Item des banques par l'État ;
> Exploitation des chemins de fer par l'État ;
> Item des canaux par l'État ;
> Item des mines par l'État ;
> Item des assurances par l'État ;
> Colonisation par l'État ;
> Apprentissage par l'État ;
> Etc., etc., etc.. par l'État.
> Rien par les citoyens, tout par l'État !

En vain le socialisme leur crie que ce qu'ils veulent est monarchie pure, pur despotisme : ils n'entendent pas. L'État, par lui-même, est improductif ; il ne travaille point : n'importe, on le fera organisateur. L'État est obéré : c'est lui qui donnera crédit. Les travaux confiés à l'État coûtent 50 pour cent plus qu'ils ne valent : on chargera l'État des exploitations les plus difficiles.

Ajoutez à ce système des inventions comme celles-ci :

Abolition des octrois, — qu'on remplacera par une autre taxe :

Abolition de l'impôt indirect, — précisément le seul normal, le seul conforme aux principes, le seul démocratique et égalitaire, quand on l'aura établi sur sa véritable base.

Substitution de l'impôt direct et progressif à tous les autres : — ce qui est précisément encore reconnaître la suzeraineté du capital et consacrer le privilége.

Le socialisme dit qu'il faut faire PRODUIRE au Peuple, par la réforme économique, la liberté, l'égalité et la fraternité, comme il produit, par le travail, la richesse. La politique confisque la liberté, prend d'une main à la propriété ce qu'elle donne de l'autre au prolétariat ; et elle appelle cela du socialisme.

Comment est-il possible que le Peuple, étourdi, démoralisé, tiraillé en tous sens, ne prenne à la fin une résolution funeste ?

Comment, pour ne parler ici que de politique, alors que la prudence et les principes commanderaient de s'abstenir en masse, et de renvoyer à l'Assemblée nationale la nomination du président de la République, comment la nation ne tomberait-elle pas dans le piége tendu à sa bonne foi ? Comment, échapperait-elle à la contradiction ? Comment, après avoir voté la République en avril, ne voterait-elle pas la Monarchie en décembre ? Comment, à une question mal posée, ferait-elle une réponse raisonnable ?...

C'est en vain que le socialisme, qui, lui, cherche la paix avant tout, qui ne veut triompher que par la discussion, qui ne s'adresse qu'à la raison, montre les conséquences funestes du vote politique sur la présidence, l'essor donné aux espérances royalistes, les coups d'État, la guerre civile !

La politique ne veut rien entendre. Suivant elle, *l'agitation* est nécessaire à la vie politique ; il lui faut de l'éclat, des manifestations, du mouvement. Quand elle n'y trouve pas matière à portefeuilles, elle y trouve matière à discourir : elle a son compte, elle est satisfaite.

Ce que cherche la politique, hélas! à moins que le bon sens populaire ne vienne déjouer ses intrigues, elle l'obtiendra. La Constitution y passera. Examinons, s'il vous plaît, ce chef-d'œuvre de la politique.

III. — *Que la Constitution, en organisant les pouvoirs, a organisé la discorde.*

En faisant la Constitution, l'Assemblée nationale, il faut lui rendre cette justice, a montré plus de bonne volonté que de jugement. Elle a pris toutes les précautions imaginables pour empêcher l'usurpation du président. Elle a enlacé, emmaillotté, garrotté le chef du pouvoir exécutif, de manière à faire de lui un instrument passif, docile et obéissant. Par malheur, l'Assemblée nationale ne s'est pas aperçue que ses précautions tournaient contre elle-même, et qu'en vertu des principes qu'elle a elle-même posés, si le président de la République, le jour de son arrivée au pouvoir, s'emparait de l'autorité et jetait les représentants par la fenêtre, il ne ferait, après tout, que se conformer à la Constitution, violée dans ses propres articles et par ses propres auteurs.

Si j'étais président de la République, voici la harangue que je ferais pour ma bien-venue à l'Assemblée nationale :

« Citoyens représentants,

« La Constitution est renfermée tout entière dans les articles 20 et 43, que je vais vous rappeler :

« Art. 20. *Le Peuple français délègue le* POUVOIR LÉGISLATIF *à une assemblée unique.*

« Art. 43. *Le Peuple français délègue le* POUVOIR EXÉCUTIF *à un citoyen qui reçoit le titre de président de la République.*

« Ces deux articles préexistaient à votre mandat. Ils résultaient, *en fait*, de la volonté du Peuple qui demandait une Constitution et qui vous a envoyés pour en faire une; *en droit*, du principe reconnu par vous, article 19, et hors duquel il n'y a pas de Constitution, savoir, que *la séparation des pouvoirs est la première condition d'un gouvernement libre*.

« Or, la Constitution que vous avez faite, citoyens représentants, est d'un bout à l'autre la violation de ce principe, de ce droit et de ce fait. Et le premier acte de mon autorité sera de revendiquer vis-à-vis de vous les droits que je tenais du Peuple avant que je fusse désigné par ses suffrages, avant même que vous eussiez proclamé la Constitution, droits que vous avez arbitrairement, abusivement, frauduleusement sacrifiés et méconnus.

« Par votre article 49, vous obligez le président de la République *à prêter serment à la Constitution, en présence de l'Assemblée nationale.*

« Je suis prêt à jurer devant Dieu et les hommes, mais à condition que vous prêterez à votre tour serment entre mes mains. Car les pouvoirs de l'État sont égaux, émanés tous deux du suffrage universel, également soumis à la Constitution, et réciproquement responsables, comme double manifestation de la souveraineté du Peuple. Pourquoi, je vous le demande, le président de la République serait-il tenu de jurer quand les représentants ne jurent pas?

« Par votre article 48, vous limitez la durée de la présidence à quatre ans, de même que, par l'article 31, vous avez borné à trois années la durée de votre propre mandat. A cela je n'ai rien à dire. Mais vous ajoutez que le président de la République ne pourra être *réélu* qu'au bout de quatre autres années, pendant que les représentants demeurent, eux, toujours et indéfiniment rééligibles.

« Je serais indigne des suffrages du Peuple si je ne m'opposais à cette inégalité de conditions entre les pouvoirs, à cette insultante contradiction. Ou je suis votre égal, citoyens représentants, ou je ne suis rien : je m'en réfère à l'article 19.

« Vous dites, article 50 : *Le président dispose de la force armée sans pouvoir jamais la commander en personne.*

« Je vous demanderai, citoyens, comment vous accordez ensemble la libre *disposition* et la privation de l'autorité; l'interdiction du *commandement* et la qualité de chef du pouvoir exécutif, et, qui plus est, de chef responsable? Qui donc commandera, si je ne commande? Sera-ce vous, citoyens? sera-ce le pouvoir *législatif?* Entre vous et moi, il n'existe pas, il ne peut exister d'autorité mitoyenne : je demande la réforme de cet article.

« L'article 53 porte :

« *Le président de la République négocie et* RATIFIE *les traités.* — MAIS, ajoute-t-il aussitôt, *aucun traité n'est définitif qu'après avoir été approuvé par l'Assemblée nationale.*

« Quelle différence, je vous prie, mettez-vous entre l'*approbation* et la *ratification?*... Évidemment, ce n'est plus ici le pouvoir exécutif qui exécute, c'est l'Assemblée. Car l'approbation, c'est tout. Que diriez-vous d'un conseil de surveillance qui, dans une société en commandite, ferait acte d'administration? Vous diriez que dans cette société les pouvoirs ne sont pas divisés, mais confondus; que surveillance et gérance étant même chose, ne sont plus rien... Je demande, sur l'article 53, que le second paragraphe soit supprimé.

« Art. 54. *Il veille à la défense de l'État,* MAIS *il ne peut entreprendre aucune guerre sans le consentement de l'Assemblée nationale.*

« Donc encore, c'est l'Assemblée nationale qui veille à la défense de l'État; ce n'est pas le président de la République, qui n'est plus qu'une sentinelle en faction devant l'ennemi.

« Ou conservez par devers vous tous les pouvoirs, citoyens Représentants; ou bien, si la charge vous semble trop lourde, et que vous teniez à la Constitution, vous supprimerez le second membre de cet article, qui, sans cela, serait une violation flagrante du principe constitutionnel.

« Art. 55. *Il a le droit de faire grâce,* MAIS *il ne peut exercer ce droit qu'après avoir pris l'avis du conseil d'État. — Les amnisties ne peuvent être accordées que par une loi.*

« Toujours des *mais !* — Mais le conseil d'État est votre créature, citoyens Représentants ; mais le conseil d'État est un bureau établi par vous, afin de vous assister dans vos travaux ; mais si le président de la République doit, pour l'exercice de son autorité, prendre l'avis du conseil d'État, le président de la République n'est plus que le procureur de l'Assemblée nationale ! Croyez-moi, rayez ce *mais* et ce qui s'ensuit.

« Par les articles 57 et 58, sous prétexte que vous seuls avez le droit de légiférer, vous ôtez au président de la République le droit de faire opposition à vos décrets, alors même qu'il les trouverait inexécutables, et ne lui accordez qu'un mois pour la promulgation.

« Ceci est de la tyrannie, citoyens Représentants. Si vous pensiez que le chef du pouvoir exécutif dût répondre de l'exécution de lois qu'il n'aurait point faites, tandis que les auteurs mêmes de la loi demeuraient irresponsables, il fallait retenir par devers vous l'exécutif aussi bien que le législatif, et supprimer la Constitution. Citoyens, vous allez faire de deux choses l'une : ou vous accorderez le *veto* au président de la République ; ou bien, à défaut du *veto*, vous vous donnerez à vous-mêmes une seconde Chambre pour contrôle et contrepoids ; sans cela, nous ne pouvons marcher d'accord et je déclare dès aujourd'hui que je m'oppose à la promulgation de vos lois, je ne les exécuterai pas.

« Art. 59. — *A défaut de promulgation par le président de la République, dans le délai déterminé par l'article précédent, il y sera pourvu par le président de l'Assemblée nationale.*

« Usurpation de pouvoirs, conflit d'autorités. Je vous défends, citoyens Représentants, de promulguer quoi que ce soit; sinon, je m'oppose à vos délibérations.

« Art. 65. *Il a le droit de suspendre, pour un délai qui ne pourra excéder trois mois, les agents du pouvoir exécutif élus par les citoyens.*

« Suis-je donc le *chef* du pouvoir exécutif, ou n'en suis-je que l'*instrument?* Suis-je responsable ou non?... Je demande formellement la suppression de cette incidente, *pour un délai qui ne pourra excéder trois mois.*

« *Il ne peut les révoquer que de l'avis du conseil d'État.*

« Je vous défends, une fois pour toutes, à vous et à votre conseil d'État de vous ingérer dans mes attributions.

«Art. 68. *Le président de la République, les ministres, etc., sont responsables.*

« Je vous rappelle, citoyens Représentants, au principe de la séparation et de l'égalité des pouvoirs. — Ou le président de la République ne répondra de l'exécution que comme l'Assemblée nationale répond de la législation ; c'est-à-dire que sa personne sera déclarée constitutionnellement inviolable, et élevée au-dessus de toute responsabilité effective ; ou bien il participera à la confection de la loi, et la loi résultera du concours des deux pouvoirs, comme disait notre ancien droit public : *Lex fit consensu populi et constitutione regis.* Vous ne pouvez sans injustice, sans péril pour l'autorité présidentielle et pour l'ordre public, le vouloir autrement.

« *Toute mesure par laquelle le président de la République dissout l'Assemblée nationale, la proroge, ou empéche l'exercice de son mandat est un crime de haute trahison.*

« Ajoutez donc, citoyens Représentants :

« Tout empiétement de la part de l'Assemblée nationale
« dans les attributions du président de la République ;
« toute usurpation de ses pouvoirs, tout empêchement
« à l'exercice de son autorité, est un crime de haute
« trahison. »

« *Par ce seul fait, le Président est déchu,... le pouvoir exécutif revient de plein droit à l'Assemblée nationale.*

« Je demande la radiation de ces mots : *Le pouvoir exécutif revient de plein droit à l'Assemblée nationale*, comme inconstitutionnels, et impliquant cette idée anarchique que le pouvoir exécutif est une délégation du législatif.

Art. 75. *Le conseil d'État est consulté sur les projets de loi du gouvernement.*

« Oui, si tel est le bon plaisir du président de la République. »

« *Il* (le conseil d'État) *propose les règlements d'administration publique.*

« Oui, encore, lorsqu'il en sera requis par le Président. »

« *Il fait seul ceux de ces règlements à l'égard desquels l'Assemblée nationale lui a donné une délégation spéciale.*

« Je renouvelle à votre conseil d'État, toutes inhibitions et défenses d'intervenir en rien dans l'administration, dont je suis seul chef plénipotentiaire et responsable.

« Tels sont les principaux articles de la Constitution pour lesquels je requiers une révision immédiate, avec les modifications indiquées par moi.

« Mais ce n'est pas tout, Citoyens.

« Le décret du 28 octobre, par lequel vous avez fixé le jour de mon élection, et auquel je dois l'insigne honneur de représenter devant vous le peuple français, ce décret renferme une série de nullités sur lesquelles j'appelle votre attention patriotique.

« Le jour où vous avez voté la Constitution, citoyens Représentants, ce jour-là, bien que non encore appelé, bien que non élu, j'existais. J'existais, dis-je, avec la plénitude de mes droits, comme l'enfant au sein de sa mère existe avec la plénitude des droits du fils de famille. Vous n'étiez plus alors, en attendant ma venue, que les dépositaires de mon autorité, que vous deviez conserver intacte, et me remettre dans son intégrité. Comment donc avez-vous pu, en votant le décret pour la nomination du président de la République et la mise à exécution du pacte national, vous réserver pour un temps indéfini, l'exercice d'une partie de mes pouvoirs? Comment avez-vous pu donner et retenir? faire à la fois du provisoire et du définitif; d'un côté amoindrir mon autorité, et puis confisquer le reste?

« Vous dites dans votre décret :

« Art. 6. *Aussitôt après qu'il aura été proclamé par l'Assemblée nationale, le président de la République exercera les pouvoirs qui lui sont conférés par la Constitution, à l'exception toutefois des droits qui lui sont attribués par les articles 55, 56, 57 et 58, le droit de promulgation étant réservé au président de l'Assemblée nationale.*

« Usurpation!

« *L'Assemblée nationale constituante conservera, jusqu'à l'installation de la prochaine assemblée législative, tous les pouvoirs dont elle est saisie aujourd'hui, sauf le pouvoir exécutif, confié au président.*

« Usurpation!

« Art. 7. *Jusqu'à la constitution définitive du conseil d'État, une commission de trente membres, élus par l'Assemblée, dans les bureaux, au scrutin secret et à la majorité relative, exercera les pouvoirs attribués au conseil d'État par les articles 54, 64 et 79 de la Constitution.*

« Usurpation!

« En vain prétendez-vous que les lois organiques font partie intégrante de la Constitution, que jusqu'à ce que ces lois soient votées, votre mission n'est pas remplie, et que vous gardez la plénitude de vos pouvoirs.

« Les lois *organiques* sont des lois comme toutes les autres, ainsi que vous l'a dit un homme qui s'y entend, l'honorable M. Barrot. Toutes les lois sont de nature organique, vous dis-je, regardez-y de plus près, et vous en resterez convaincus.

« Elles sont si bien organiques, qu'il ne vous est pas possible de déterminer rationnellement le nombre, l'objet ni l'importance de celles auxquelles vous prétendez réserver cette qualification, et que le provisoire que vous avez arbitrairement créé pourrait ne jamais finir !

« Ou plutôt, la seule chose qui soit véritablement organique, c'est la séparation de nos pouvoirs respectifs. Hors de là, toute loi est loi, indistinctement, et comme telle doit être délibérée en commun entre l'Assemblée nationale qui la vote, et le président de la République, seul responsable de l'exécution.

« En saisissant le pouvoir qui m'est confié par la Constitution, je déclare donc solennellement, à l'Assemblée nationale et au Peuple, qu'à dater de ce jour la Constitution est en vigueur, et que vos pouvoirs sont expirés. Je vous invite, en conséquence, Citoyens, à vous dissoudre, et à faire place à l'Assemblée législative qui doit vous succéder immédiatement. Des ordres sont donnés pour faire fermer le lieu de vos séances !.. »

Croit-on que l'Assemblée nationale constituante eût quelque chose à répliquer à cela? Et si la politique, qui n'est autre chose que la tactique de l'arbitraire, qui ne vit que de division de pouvoirs et de conflits d'autorités ; si cette politique qui, après six mois de bavardage, est enfin accouchée de la Charte-Marrast, digne sœur de la Charte-Bérard, devait prévaloir dans les conseils du pays, croit-on que le Peuple dût protester contre les prétentions du président et remuer un pavé pour la défense de ce chef-d'œuvre ?

A Dieu ne plaise que j'excite le Peuple au mépris, pas plus qu'à l'émeute, pour ce chiffon de papier qu'il appelle aujourd'hui sa CONSTITUTION ! Et puisque nous sommes condamnés, de par la politique, à prendre parti sur cette ridicule question de la présidence, puisque nous avons la main forcée, à Dieu ne plaise que je conseille aux citoyens de rester dans l'inaction.

La politique l'a voulu : il faut voter ! Votons donc, non

pour choisir, mais pour protester. Votons, puisque la monarchie est à nos portes, et que chaque vote qui se dérobe donne une chance de plus au candidat monarchique. Votons, par égard pour nos législateurs, par respect pour l'ordre et la paix publique ! Votons : mais n'oublions pas que si, aux termes de la Constitution, la présidence, la royauté, aurait tout droit contre l'Assemblée nationale, ce droit tombe devant la souveraineté du Peuple, qui seul peut dire en quelle mesure il entend donner son pouvoir et conférer son autorité.

Manifeste électoral du PEUPLE.

15 Novembre.

Le comité électoral central, composé des délégués des quatorze arrondissements de la Seine, à l'effet de préparer l'élection du président de la République, vient de terminer ses opérations.

Le citoyen Raspail, représentant du Peuple, a été désigné à l'unanimité pour le candidat à la présidence du parti républicain, démocratique et social.

Le comité central publiera incessamment sa circulaire aux électeurs.

Pour nous, qui avons adhéré d'esprit et de cœur à cette candidature ; qui, dans cette circonstance, avons jugé nécessaire, pour la dignité de nos opinions, de nous séparer des autres fractions moins avancées de la démocratie, nous croyons devoir rappeler ici quels sont nos principes : ce sera la meilleure manière de justifier notre conduite.

Nos *principes !*

De tout temps les hommes qui, pour arriver au pouvoir, ont recherché le suffrage populaire, ont abusé les masses par de prétendues déclarations de principes qui, dans le fond, n'ont jamais été que des déclarations de PROMESSES !

De tout temps les ambitieux et les intrigants ont promis au Peuple, en phrases plus ou moins sonores :

La *liberté*, l'*égalité*, la *fraternité ;*

Le travail, la famille, la propriété, le progrès ;

Le crédit, l'instruction, l'association, l'ordre et la paix ;

La participation au gouvernement, l'équitable répartition de l'impôt, l'administration honnête et à bon marché, la justice juste, l'égalité progressive des fortunes, l'affranchissement du prolétariat, l'extinction de la misère !

Il ont tant promis, qu'après eux, il faut l'avouer, il ne reste rien à promettre.

Mais aussi qu'ont-ils tenu ? C'est au Peuple de répondre : Rien !..

Les vrais amis du Peuple doivent changer d'allure désormais. Ce que le Peuple attend de ses candidats, ce qu'il leur demande, ce ne sont plus des promesses, ce sont des MOYENS.

C'est sur les moyens qu'ils proposent qu'il faut juger les hommes : c'est ainsi que nous demandons qu'on nous juge.

Démocrates-socialistes, nous ne sommes, à vrai dire, d'aucune secte, d'aucune école ! Ou plutôt, s'il fallait à toute force nous classer nous-mêmes, nous dirions que nous sommes de l'école *critique*. Le socialisme n'est point pour nous un système ; c'est tout simplement une protestation. Toutefois, nous croyons que des travaux socialistes il s'est dégagé un ensemble de principes et d'idées en opposition avec la routine économique, et qui ont passé dans la foi populaire : et c'est pour cela que nous nous disons socialistes. Faire profession de socialisme, et ne rien accepter du socialisme, comme le font de plus habiles, ce serait nous moquer du peuple et abuser de sa crédulité.... Ce n'est pas tout d'être républicain ; ce n'est pas tout de reconnaître que la République doit s'entourer d'institutions sociales ; ce n'est pas tout d'écrire sur son drapeau : *République démocratique et sociale*, il faut marquer nettement la différence de l'ancienne société d'avec la nouvelle ; il faut dire ce qu'a produit de positif le socialisme ; en quoi et pourquoi la révolution de Février, qui en est l'expression, est une révolution sociale.

Rappelons d'abord le dogme fondamental, le dogme pur du socialisme.

Le socialisme a pour but l'affranchissement du prolétariat et l'extinction de la misère, c'est-à-dire l'égalité effective des conditions parmi les hommes. Sans égalité, il y aura toujours misère, toujours prolétariat.

Le socialisme, égalitaire avant tout, est donc la formule démocratique par excellence. Si des politiques moins sincères éprouvent quelque répugnance à l'avouer, nous respectons leur réserve ; mais il faut qu'ils le sachent, à nos yeux ils ne sont point démocrates.

Or, quelle est la cause de l'inégalité ?

Cette cause, selon nous, a été mise en lumière par toutes les critiques socialistes qui se sont succédé, notamment depuis Jean-Jacques ; cette cause est la réalisation dans la société de cette triple abstraction : *Capital*, — *travail*, — *talent*.

C'est parce que la société s'est divisée en trois catégories de citoyens correspondantes aux trois termes de cette formule ; c'est-à-dire parce que l'on a fait une classe des capitalistes ou propriétaires, une autre classe des travailleurs, et une troisième classe des capacités, que l'on est arrivé constamment à la distinction des castes, et que la moitié du genre humain a été l'esclave de l'autre.

Partout où l'on a prétendu séparer de fait, organiquement, ces trois choses, le capital, le travail et le talent, le travailleur a été asservi : il s'est appelé tour à tour esclave, serf, paria, plébéien, prolétaire ; — le capitaliste a été exploiteur : il se nommait tantôt patricien ou noble, tantôt propriétaire ou bourgeois ; — l'homme de talent a été un parasite, un agent de corruption et de servitude ; ç'a été d'abord le prêtre, plus tard le clerc, aujourd'hui le fonctionnaire public, toute espèce de capacité et de monopole.

Le dogme fondamental du socialisme consiste donc à résoudre la formule aristocratique : *Capital-Travail-Talent* en celle-ci plus simple : TRAVAIL ! — à faire, par conséquent, que tout citoyen soit en même temps, au même titre et dans un même degré, capitaliste, travailleur, et savant ou artiste.

Le *producteur* et le *consommateur*, dans la réalité des

choses comme dans la science économique, c'est toujours le même personnage, considéré seulement de deux points de vue différents. Pourquoi n'en serait-il pas de même du capitaliste et du travailleur? du travailleur et de l'artiste? Séparez ces qualités dans l'organisation sociale, vous créez fatalement les castes, l'inégalité, la misère; unissez-les, au contraire, dans chaque individu : vous avez l'égalité, vous avez la République.

C'est encore ainsi que dans l'ordre politique doivent s'effacer un jour toutes ces distinctions de gouvernants et gouvernés, administrateurs et administrés, fonctionnaires publics et contribuables, etc. Il faut, par le développement de l'idée sociale, que chaque citoyen soit tout : car, s'il n'est pas tout, il n'est pas libre; il souffre oppression et exploitation en quelque endroit.

Quel est donc le MOYEN d'opérer cette grande fusion?

Le moyen, il est indiqué par le mal même.

Et d'abord, tâchons de mieux définir encore, s'il est possible, le mal.

Puisque le prolétariat et la misère ont pour *cause* organique la division de la société en deux classes : l'une qui travaille et ne possède pas; l'autre qui possède et ne travaille pas, qui, par conséquent, consomme sans produire; il s'ensuit que le mal dont souffre la société consiste dans cette fiction singulière, que le capital est, par lui-même, productif; tandis que le travail, par lui-même, ne l'est pas. En effet, pour que les conditions fussent égales, dans cette hypothèse de la séparation du travail et du capital, il faudrait que, comme le capitaliste recueille par son capital, sans travailler; de même le travailleur pût recueillir par son travail, sans capital. Or, c'est ce qui n'arrive pas. Donc l'égalité, la liberté, la fraternité sont impossibles dans le régime actuel; donc la misère et le prolétariat sont la conséquence fatale de la constitution présente de la propriété.

Quiconque le sait et ne l'avoue pas, ment également à la bourgeoisie et au prolétariat ;

Quiconque sollicite les suffrages du Peuple et dissimule avec lui, n'est ni socialiste ni démocrate.

Nous le répétons :

La productivité du capital, ce que le christianisme a condamné sous le nom d'USURE, telle est la vraie cause de la misère, le vrai principe du prolétariat, l'éternel obstacle à l'établissement de la République. Point d'équivoque, point d'imbroglio, point d'escobarderie ! Que ceux qui se disent démocrates-socialistes signent avec nous cette profession de foi ; qu'ils adhèrent à notre communion : à ce signe, mais à ce signe seulement, nous reconnaîtrons en eux des frères, de véritables amis du Peuple ; nous souscrirons à tous leurs actes.

Et maintenant, le moyen d'extirper le mal, de faire cesser l'usure, quel est-il? Sera-ce d'attaquer le produit *net*, de nous emparer du revenu? sera-ce, en professant le plus grand respect pour la propriété, de ravir par l'impôt, à mesure qu'elle s'acquiert par le travail et se consacre par la loi, la propriété?

C'est ici surtout que les vrais amis du Peuple se distinguent de ceux qui ne veulent que commander au Peuple ; c'est ici que les vrais socialistes se séparent de leurs perfides imitateurs.

Le moyen de détruire l'usure, ce n'est pas, encore une fois, de confisquer l'usure ; c'est d'opposer principe à principe, c'est, en un mot, *d'organiser le crédit*.

Organiser le crédit, pour le socialisme, ce n'est point emprunter à intérêt, puisque ce serait toujours reconnaître la suzeraineté du capital ; c'est organiser la solidarité des travailleurs entre eux, c'est créer leur garantie mutuelle, d'après ce principe d'économie vulgaire, que *tout ce qui a une valeur d'échange peut être un objet d'échange*, peut, par conséquent, donner matière à crédit.

De même que le banquier fait crédit de ses écus au négociant qui lui en paie intérêt;

Le propriétaire foncier crédit de sa terre au paysan qui lui paie un fermage;

Le propriétaire de maison crédit d'un logement au locataire qui en paie loyer;

Le marchand crédit de sa marchandise à la pratique qui achète à terme;

De même le travailleur fait crédit de son travail au patron qui le paie à la fin du mois ou à la fin de la semaine. Tous tant que nous sommes, nous nous faisons réciproquement crédit de quelque chose : ne dit-on pas, *vendre à crédit, travailler à crédit, boire, manger à crédit ?*

Donc, le travail peut donner crédit de lui-même, il peut être créancier comme le capital.

Donc encore deux ou plusieurs travailleurs peuvent se faire crédit de leurs produits respectifs, et s'ils s'entendaient pour des opérations suivies de ce genre, ils auraient organisé entre eux le crédit.

C'est ce qu'ont admirablement compris les associations ouvrières, qui spontanément, sans commandite, sans capitaux, se forment à Paris et à Lyon, et par cela seul qu'elles se mettent en rapport les unes avec les autres, qu'elles se font crédit, organisent, comme l'on dit, le travail. En sorte que, organisation du crédit, organisation du travail, association, c'est une seule et même chose. Ce n'est pas une école, ce n'est pas un théoricien qui dit cela : c'est le fait actuel, le fait révolutionnaire qui le prouve. Ainsi l'application d'un principe conduit le Peuple à la découverte d'un autre, une solution obtenue amène toujours une autre solution.

Si donc il arrivait que les travailleurs s'entendissent sur tous les points de la République, s'organisassent de la même manière, il est évident que, maîtres du travail, et produisant incessamment, par le travail, de nouveaux capitaux, ils auraient bientôt reconquis, par leur organisation et leur concurrence, le capital aliéné ; ils attireraient à eux, d'abord la petite propriété, le petit commerce et la petite industrie ; puis la grande propriété et les grandes entreprises ; puis les exploitations les plus vastes, les mines, les canaux, les chemins de fer : ils deviendraient les maîtres de tout par l'adhésion successive des producteurs et la liquidation des propriétés, sans spoliation ni rançonnement des propriétaires.

Par cette organisation du travail et du crédit s'opérerait l'alliance de l'agriculture et de l'industrie, maintenant en perpétuel antagonisme. Car, qui peut faire crédit au laboureur, si ce n'est l'industriel? Et quel sera le débouché de l'agriculture, si ce n'est l'industrie?

Telle est l'œuvre commencée spontanément sous nos yeux par le Peuple, œuvre qu'il poursuit avec une admirable énergie, à travers toutes les difficultés de la chicane et les plus affreuses privations. Et il ne faut pas se lasser de le dire, ce ne sont pas les chefs d'école qui ont commencé ce mouvement, ce n'est pas l'État qui a donné la première impulsion, c'est le Peuple. Nous ne sommes ici que ses interprètes. Notre foi, la foi démocratique et sociale, n'est déjà plus une utopie, c'est une réalité. Ce n'est point notre doctrine que nous prêchons ; ce sont les idées populaires que nous prenons pour thèmes de nos développements. Ceux-là ne sont pas des nôtres, qui le méconnaissent, qui nous parlent d'association et de République, et qui n'osent avouer pour leurs frères les vrais socialistes, les vrais républicains.

Dévoués depuis dix ans à cette idée, nous n'avons pas attendu le triomphe du Peuple pour nous ranger avec lui ; nous n'avons pas attendu la résurrection du Christ, pour croire à la divinité de sa mission.

Que le gouvernement, que l'Assemblée nationale, que la bourgeoisie elle-même nous protége et nous assiste dans l'accomplissement de notre œuvre, nous en serons reconnaissants, mais qu'on ne cherche plus à nous distraire de ce que nous regardons comme les vrais intérêts du Peuple ; qu'on n'essaie pas de nous leurrer par de vains semblants de réforme. Nous sommes trop éclairés pour être encore dupes, nous savons mieux comment va le monde que les hommes politiques qui nous honorent de leurs remontrances.

Nous serions heureux que l'État, par des allocations prises sur le budget, contribuât à l'émancipation des travailleurs : nous ne verrions qu'avec méfiance ce que l'on appelle organisation du crédit par l'État, et qui n'est, selon nous, que la dernière forme de l'exploitation de l'homme par l'homme. Nous repoussons le crédit de l'État, parce que l'État, endetté de huit milliards, ne possède pas un centime dont il puisse donner crédit; parce que sa commandite ne repose que sur un papier à cours forcé ; parce que le cours forcé entraîne fatalement la dépréciation, et que la dépréciation atteint toujours le travailleur de préférence au propriétaire ; — parce que nous, producteurs associés ou en voie d'association, nous n'avons besoin ni de l'État, ni de cours forcé pour organiser nos échanges ; parce qu'enfin le crédit par l'État est toujours le crédit par le capital, non le crédit par le travail, toujours la monarchie, non la démocratie.

Dans le système qu'on nous propose, et que nous repoussons de toute l'énergie de nos convictions, l'État, pour donner crédit, doit au préalable se procurer des capitaux. Ces capitaux, il faut qu'il les demande à la propriété, par la voie de l'impôt. C'est donc toujours revenir au principe, alors qu'il s'agit de le détruire ; c'est déplacer la richesse tandis qu'il faudrait la créer ; c'est retirer la propriété, après l'avoir déclarée par la Constitution inviolable. Que d'autres, aux idées moins avancées et moins suspectes, à la morale moins méticuleuse, appuient de telles idées, nous n'accuserons point leur tactique. Quant à nous, qui ne faisons point la guerre aux riches, mais aux principes ; nous que la contre-révolution ne cesse de calomnier, nous devons être plus rigoristes. Nous sommes des socialistes, nous ne sommes pas des spoliateurs.

Nous ne voulons pas de l'impôt progressif, parce que l'impôt progressif est la consécration du produit *net*, et que nous voulons abolir, par l'association, le produit *net ;* — parce que si l'impôt progressif n'enlève pas au riche la totalité de son revenu, il n'est qu'une concession faite au prolétariat, une sorte de rachat du droit d'usure, en un mot une déception ; et que s'il prend tout le revenu, il est la confiscation de la propriété, l'expropriation sans indemnité préalable et sans utilité publique.

Que ceux-là donc qui se disent, avant tout, hommes politiques, invoquent l'impôt progressif comme une représaille vis-à-vis de la propriété, comme un châtiment à l'égoïsme bourgeois : nous respectons leurs intentions, et si jamais il leur est donné d'appliquer leurs principes, nous laisserons passer la justice de Dieu. Pour nous, représentants de ceux qui ont tout perdu au régime du capital, l'impôt progressif, précisément parce qu'il est une restitution forcée, nous est interdit ; nous n'en ferons jamais la proposition au Peuple. Nous sommes des socialistes, des hommes de réconciliation et de progrès ; nous ne demandons ni réaction, ni loi agraire.

Nous ne voulons pas de l'impôt sur les rentes de l'État, parce que cet impôt n'est, comme l'impôt progressif, vis-à-vis des rentiers, qu'une confiscation, et vis-à-vis du Peuple, qu'une transaction, une duperie. Nous croyons que l'État a le droit de rembourser ses dettes, par conséquent d'emprunter à plus faible intérêt : nous ne pensons pas qu'il lui soit permis, sous prétexte d'impôt, de manquer à ses engagements. Nous sommes des socialistes, nous ne sommes pas des banqueroutiers.

Nous ne voulons pas de l'impôt sur les successions, parce que cet impôt n'est aussi qu'un retrait de la propriété, et que la propriété étant un droit constitutionnel reconnu de tout le monde, il faut respecter en elle le vœu de la majorité ; parce que ce serait une atteinte à la famille ; parce que nous n'avons que faire, pour émanciper le prolétariat, de cette nouvelle hypocrisie. La transmission des biens, sous la loi de l'association, ne s'appliquant point aux instruments du travail, ne peut devenir une cause d'inégalité. Laissez donc aller la fortune du propriétaire défunt à sa parenté la plus éloignée, souvent la plus pauvre. Nous sommes des socialistes, nous ne sommes pas des captateurs de successions.

Nous ne voulons pas de l'impôt sur les objets de luxe, parce que ce serait frapper les industries de luxe ; parce que les produits de luxe sont l'expression même du progrès ; parce que, sous l'empire du travail et avec la subordination du capital, le luxe doit descendre à tous les citoyens sans exception. Pourquoi, après avoir encouragé la propriété, punirions-nous de leur jouissance les propriétaires? Nous sommes des socialistes, nous ne sommes pas des envieux.

L'impôt est la contribution de chaque travailleur aux charges de la communauté : l'impôt a donc pour base naturelle le *produit*. Ce sont quelques centimes pour cent à ajouter au prix de revient de tout ce qui circule et qui se consomme. Quant à la terre et aux capitaux, ils ne peuvent être imposés qu'autant qu'ils sont appropriés : la contribution directe n'est autre chose que le prix de la tolérance accordée au propriétaire. Puis donc que dans l'association universelle la propriété de la terre et des instruments de travail est une propriété *sociale*, il s'ensuit que l'impôt direct doit être à peu près aboli, comme consécration du privilége, signe de féodalité et d'usure. C'est tout le contraire de ce que nous proposent les néophytes de la démocratie sociale.

Les frais de perception de l'impôt coûtent en ce moment à l'État plus de 50 millions. — Avec l'association, telle que le Peuple l'a conçue et telle qu'il l'exécute, ces frais peuvent et doivent se réduire à rien. Qu'en disent les nouveaux socialistes, défenseurs officieux, mais peu intelligents, de la propriété?

La douane, c'est-à-dire la protection du travail national, coûte au pays vingt-six millions. Avec l'organisation du crédit, telle que la suppose le principe socialiste, les Peuples auraient tout à la fois le libre échange et l'égal échange. Le travail serait protégé par cela seul qu'il ne pourrait se donner que contre du travail : la protection coûterait zéro. Ce n'est pas une simple *révision* des tarifs de douane que demande le socialisme, à l'exemple de ses jeunes amis : c'est leur complète abolition.

Nous ne voulons pas de l'exploitation par l'État des mines, des canaux et des chemins de fer : c'est toujours de la monarchie, toujours du salariat. Nous voulons que les mines, les canaux, les chemins de fer, soient remis à des associations ouvrières, organisées démocratiquement, travaillant sous la surveillance de l'État, aux conditions établies par l'État, et sous leur propre responsabilité. Nous voulons que ces associations soient des modèles proposés à l'agriculture, à l'industrie et au commerce, le premier noyau de cette vaste fédération de compagnies et de sociétés, réunies dans le commun lien de la République démocratique et sociale.

Nous ne voulons pas plus du gouvernement de l'homme par l'homme que de l'exploitation de l'homme par l'homme : ceux qui prennent si vite la formule socialiste y ont-ils réfléchi?

Nous voulons l'économie dans les dépenses de l'État, de même que nous voulons la fusion complète, dans le travailleur, des droits de l'homme et du citoyen, des attributs du capital et du talent. C'est pour cela que nous demandons certaines choses que le socialisme indique, et que les hommes qui se prétendent plus spécialement politiques ne comprennent pas.

La politique tend à spécialiser et multiplier indéfiniment les emplois ; le socialisme tend à les fondre les uns dans les autres.

Ainsi, nous croyons que la presque totalité des travaux publics peut et doit être exécutée par l'armée ; que cette participation aux travaux publics est le premier tribut que doit payer à la patrie la jeunesse républicaine ; qu'en conséquence le budget de la guerre et celui des travaux publics font double emploi. C'est une économie de plus de 100 millions ; la politique ne s'en soucie pas.

On parle d'enseignement professionnel. — Nous croyons que l'école d'agriculture, c'est l'agriculture ; l'école des arts, métiers et manufactures, c'est l'atelier ; l'école du commerce, c'est le comptoir ; l'école des mines, c'est la mine ; l'école de navigation, c'est le navire ; l'école d'administration, c'est l'administration, etc.

L'apprenti est aussi nécessaire au travail que le compagnon : pourquoi le mettre à part dans une école ? Nous voulons la même éducation pour tous : à quoi bon ces écoles, qui, pour le Peuple, ne sont que des écoles d'aristocrates, et pour nos finances un double emploi ? Organisez l'association, et du même coup, tout atelier devenant école, tout travailleur est maître, tout étudiant apprenti. Les hommes d'élite se produisent aussi bien et mieux au chantier qu'à la salle d'étude.

Même chose dans le gouvernement.

Il ne suffit pas de dire que l'on est opposé à la présidence, si l'on n'abolit les ministères, éternel objet de l'ambition politique. C'est à l'Assemblée nationale d'exercer, par l'organisation de ses comités, le pouvoir exécutif, comme elle exerce, par ses délibérations en commun et ses votes, le pouvoir législatif. Les ministres, sous-secrétaires d'Etat, chefs de division, etc., font double emploi avec les représentants, dont la vie désœuvrée, dissipée, livrée à l'intrigue et à l'ambition, est une cause incessante d'embarras pour l'administration, de mauvaises lois pour la société, de stériles dépenses pour l'Etat.

Que nos jeunes recrues se le mettent dans l'esprit : le socialisme est le contraire du gouvernementalisme. Cela est aussi vieux pour nous que le précepte : *Entre maître et serviteur, point de société.*

Nous voulons, à côté du suffrage universel, et comme conséquence de ce suffrage, l'application du mandat impératif. Les hommes politiques y répugnent! Ce qui veut dire qu'à leurs yeux le Peuple, en élisant des représentants, ne se donne point des mandataires, il aliène sa souveraineté!... A coup sûr, ce n'est pas là du socialisme, ce n'est pas même de la démocratie.

Nous voulons la liberté illimitée de l'homme et du citoyen, sauf le respect de la liberté d'autrui :

Liberté d'association,

Liberté de réunion,

Liberté des cultes,

Liberté de la presse,

Liberté de la pensée et de la parole,

Liberté du travail, du commerce et de l'industrie,

Liberté de l'enseignement,

En un mot, liberté absolue.

Or, parmi ces libertés il en est toujours quelqu'une que la vieille politique n'admet pas, ce qui entraîne la ruine de toutes! Nous dira-t-on, une fois, si l'on veut la liberté avec exception ou sans exception?

Nous voulons la famille : où sont ceux qui la respectent plus que nous?... Mais nous ne prenons pas la famille pour type de la société. Les défenseurs de la monarchie nous ont appris que c'était à l'image de la famille que les monarchies s'étaient constituées. La famille est l'élément *patriarcal* ou dynastique, le rudiment de la royauté : le type de la société civile est la société fraternelle.

Nous voulons la propriété, mais ramenée à ses justes

bornes, c'est-à-dire à la libre disposition des fruits du travail ; la propriété MOINS L'USURE !... Nous n'avons pas besoin d'en dire davantage. Ceux qui nous connaissent nous entendent.

Telle est, en substance, notre profession de foi. La *Déclaration* des députés de la Montagne nous faisait un devoir de la reproduire, afin qu'on jugeât si c'est nous qui, en n'acceptant pas, sur la recommandation de ses amis, la candidature de l'honorable M. Ledru-Rollin, faisons défaut à la cause démocratique et sociale, ou si ce sont les auteurs de la *Déclaration* qui sont en retard sur le socialisme.

Nous rendons justice aux tendances de la jeune Montagne, nous applaudissons à ses efforts, nous prenons acte de ses progrès. La Montagne, aujourd'hui, va au prophète ; la politique se résout dans le socialisme : quelques pas de plus, et toutes les nuances républicaines sont confondues.

Mais la Montagne n'est guère socialiste que d'intention, bien qu'elle dise le contraire, et que sans doute elle le croie. Le Peuple a lu sa *Déclaration*, il lira notre *Manifeste*. Qu'il compare et qu'il juge. Qu'il dise si, devant cette pièce, aussi légère d'idées que compromettante pour nous par sa politique, nous devions nous dissimuler et amener pavillon.

La Montagne, peu ou point socialiste, malgré son envie, est encore peu ou point révolutionnaire, malgré son ardeur. Ses actes politiques, autant que ses idées, le prouvent.

Était-elle révolutionnaire en septembre, aux élections ?

Était-elle révolutionnaire en juin ?

Était-elle révolutionnaire en avril ?

Était-elle révolutionnaire aux séances du Luxembourg ?

Et nous, nous l'avons été autant qu'elle et plus qu'elle en février.

La Montagne se plaint que nous ne soyons pas *politiques !*

Nous répondrons que la Montagne se fait étrangement illusion si elle s'imagine que la politique, sans le socialisme, soit quelque chose. Le socialisme est la politique définie dans son but et dans ses moyens. Jusqu'à lui, la politique n'a été que de l'habileté. En deux mots, le socialisme est la chose, la politique est l'homme. D'où il suit que le socialisme peut très bien se passer de la politique, tandis que la politique ne peut pas se passer du socialisme. Nous en prenons à témoignage la profonde médiocrité des actes politiques qui se sont produits, nous ne dirons pas seulement depuis neuf mois, mais depuis dix-huit ans!...

Et maintenant venons à cette misérable question de la Présidence.

C'était chose grave assurément, que de savoir, d'une part, si le Peuple devait s'abstenir ou voter ; en second lieu, sous quel drapeau se ferait l'élection, sous quelle profession de foi. Quant au candidat, le premier venu eût été le nôtre.

L'opinion démocratique et sociale devait être directement consultée : la Montagne a agi seule.

Elle publie sa *Déclaration*, comme Louis XVIII fit sa charte octroyée, sans consulter personne.

Elle pose une candidature à Paris et dans les départements, sans en prévenir.

Puis, quand le comité électoral se forme, elle vient lui dire : Les choses sont trop avancées, la retraite est impossible ! pas de division ! La Montagne nous impose à la fois le vote, le programme, le candidat. Elle semble nous dire : Vous viendrez jusqu'ici, vous n'irez pas plus loin. Pour nous servir d'une expression qui a passé dans le style parlementaire, elle escamote, à son profit, le socialisme !

Nous n'insisterons pas sur la question personnelle. Nous regrettons qu'un homme politique (et nous employons ici cette épithète sans ironie) tel que l'honorable M. Ledru-Rollin, ait pu servir d'instrument à de maladroits amis. Nos sympathies personnelles, nos préférences lui étaient acquises. L'humeur agressive, les injurieuses méfiances de son entourage nous ont rejetés dans l'opposition...

Au reste, nous croyons que cette division, loin de diminuer la force du parti démocratique et social, ne fera que l'augmenter. Dans l'état actuel des choses, aucun candidat ne pouvait rallier tous les suffrages : des dissentiments trop profonds existent encore entre la démocratie-socialiste de la veille, et celle du lendemain.

Le comité électoral central a décidé, à l'unanimité, de porter candidat à la présidence le citoyen Raspail.

Raspail, l'élu de 66,000 suffrages parisiens, et de 35,000 lyonnais ;

Raspail, le démocrate-socialiste ;

Raspail, l'implacable dénonciateur des mystifications politiques ;

Raspail, que ses travaux dans l'art de guérir ont placé au rang des bienfaiteurs de l'humanité.

En adhérant à cette candidature, nous n'entendons point, comme on l'a écrit quelque part de l'honorable M. Ledru-Rollin, donner éventuellement à la République un chef : loin de là, nous acceptons Raspail comme protestation vivante contre le principe de la Présidence ! nous le présentons au suffrage du Peuple, non parce qu'il est ou se croit possible, mais parce qu'il est impossible ; parce qu'avec lui la présidence, image de la royauté, serait impossible.

Nous n'entendons pas davantage, en appelant les voix sur Raspail, jeter à la bourgeoisie, qui redoute ce grand citoyen, un défi. Ce que nous cherchons avant tout, c'est la réconciliation, la paix. Nous sommes des socialistes, nous ne sommes pas des brouillons.

Nous appuyons la candidature de Raspail, afin d'exprimer plus fortement aux yeux du pays cette idée, que désormais, sous le drapeau de la République, il n'y a plus que deux partis en France, le parti du travail et le parti du capital.

Il ne tiendra pas à nous que le dernier vestige de cette antique division ne soit bientôt effacé.

Argument à la Montagne.

20 Novembre.

Lorsque, le 24 Février, fut formé le gouvernement provisoire, les honorables citoyens qui furent appelés à en faire partie, et dont plusieurs avaient appartenu jusque-là à l'opinion monarchique constitutionnelle, ne marchandèrent point avec la volonté du Peuple. Ils sentirent tous, ils proclamèrent bien haut que l'événement qui venait de s'accomplir traînait à sa suite quelque chose de plus qu'une République, qu'il avait pour conséquence logique et nécessaire une Révolution sociale. Cette idée respirait dans tous leurs décrets.

Lorsque ensuite le gouvernement s'occupa d'envoyer dans les départements des commissaires pour préparer les esprits à cette grande révolution, qu'il dut remplacer préfets, sous-préfets, procureurs-généraux, tout le personnel amovible dont les intentions pouvaient paraître douteuses, ceux qui vinrent offrir leurs services à la République n'hésitèrent point non plus sur le caractère de la Révolution : ils répétèrent tous qu'à leurs yeux elle était sociale.

Lorsque, deux mois après, vinrent les élections, et que tomba sur le Peuple victorieux l'avalanche des professions de foi, les candidats ne manquèrent pas de dire encore, pour la plupart, qu'ils étaient prêts à reconnaître le droit du travailleur. Ils avouaient par là que la Révolution était non seulement politique, mais sociale, qu'elle n'était même politique qu'autant qu'elle était sociale.

La bourgeoisie, à cette époque, s'avouait vaincue. Elle

sentait que le vieux système était brisé, que les pôles de la société étaient intervertis et le centre de gravitation déplacé. Aussi la bourgeoisie en avait pris son parti ; le Peuple pouvait obtenir d'elle alors tout ce qu'il eût voulu : la révolution de février était déclarée, saluée, reconnue sociale ; on acceptait la définition.

Aujourd'hui même, après toutes les défections, les trahisons ; après la défaite sanglante du parti démocratique et social, et la restauration de la féodalité mercantile et financière, tout le monde est encore d'accord que la Révolution de février doit, à peine de nullité, être une Révolution sociale. Car, si elle n'est point une Révolution sociale, elle n'a pas la moindre raison d'existence, elle n'est rien. Toute la question est de savoir si l'on passera outre, je veux dire, si cette Révolution s'accomplira.

Comment donc, si l'opinion est et n'a jamais cessé d'être unanime sur le sens et la portée de la Révolution de février, comment ceux qui, pendant quatre mois, furent chargés de la conduire, ne s'occupèrent-ils que de la faire avorter ?

Comment, s'ils étaient révolutionnaires et socialistes, après avoir exilé dès le 25 février la Révolution sociale au Luxembourg, la laissèrent-ils bafouer, emprisonner, fusiller, le 16 avril, le 15 mai, le 26 juin ?...

Comment les hommes de la Révolution n'ont-ils jamais su que se mettre en travers de la Révolution ?

Comment les républicains, sans reproche tant qu'il ne s'agit que de la forme politique, ne sont-ils plus, dès qu'il s'agit de socialisme, que des obscurants et des réacteurs ?

Le pays est en ce moment comme le pécheur endurci dont parle l'Écriture, qui invoque la paix ! la paix ! et qui ne peut jamais trouver la paix. Nous crions : Révolution ! révolution ! mais, grâce à nos hommes politiques, il n'y a point de révolution !

Qu'il nous soit permis de le dire, sans que nous voulions

faire le procès à personne. Si la Révolution est entravée, si même elle n'a pas encore pris commencement, si nous n'en sommes toujours qu'à l'aurore, cela vient de ce que nous ne connaissons pas, ou, pour parler franchement, de ce que nous méconnaissons la *matière révolutionnaire*, de ce que le but et l'objet de la révolution sociale sont dissimulés, niés. Nous acceptons le nom, nom nouveau, qui amuse la curiosité par son indécision : nous ne voulons pas de la chose, nous détournons les yeux de crainte de l'apercevoir.

Pourtant, il faudrait nous entendre, ou bien nous taire. Que la jeune Montagne, soi-disant démocrate et socialiste, aille dans les clubs et les banquets recruter des voix pour son candidat; qu'elle verse à flots, dans ses toasts, ses manifestes, ses journaux, ses harangues, son éloquence tribunitienne, tout cela peut témoigner d'une excellente intention, mais tout cela, en vérité, est fort innocent! Il faut que les montagnards le sachent : ils ne seront rien, ils ne représenteront rien, ni la politique, ni le socialisme, ni la révolution, tant qu'ils n'auront pas confessé, devant la France et devant l'Europe, le but, le véritable but de la Révolution de février.

Or, c'est ce but que nous allons faire connaître pour la centième fois.

Nous le dirons de façon à ce que la Montagne ne puisse s'y méprendre, et que personne ne s'y trompe, de façon à rendre impossible toute équivoque, tout faux-fuyant. L'idée sera si nette, si catégorique, si palpable, qu'il n'y aura plus qu'à se prononcer par *oui* ou par *non*, à se déclarer POUR ou CONTRE la Révolution.

En 89, lorsque Siéyès voulut déterminer le mouvement, mettre en branle la Révolution, il commença par en définir l'objet et en montrer le but. Pour cela, son œuvre fut simple. Il n'eut qu'à présenter au Peuple le tableau des priviléges ou prétendus droits féodaux, des iniquités féodales, des turpitudes cléricales, des corruptions royales, des humiliations sans fin du Tiers-État. Et voilà, s'écria-t-il, ce qu'il s'agit maintenant d'abolir ou de consacrer pour l'éternité.

La réponse fut alors comme la question : elle fut nette et catégorique, et ne se fit pas attendre.

Nous ferons comme Siéyès. Nous présenterons en quelques lignes, claires et précises, le bilan de l'exploitation capitaliste, le bilan de la misère du prolétariat. Et nous dirons comme Siéyès : Voilà, ô sublime Montagne, voilà la Révolution ! En voulez-vous ou n'en voulez-vous pas ?...

Le Peuple français produit chaque année, pour les besoins de sa subsistance, de son gouvernement et de son luxe, une somme de valeurs d'environ NEUF MILLIARDS.

Neuf milliards, voilà, au maximum, d'après les approximations les plus dignes de foi, le montant de la production nationale.

C'est avec ces neuf milliards que le Peuple doit subvenir à toutes les nécessités de sa consommation, à toutes les dépenses de son gouvernement, à toutes les fantaisies de ses citoyens.

Ces neuf milliards, s'ils étaient également répartis entre les citoyens, au nombre d'à peu près 36 millions, donneraient pour chacun 250 francs par an, 69 centimes par jour et par tête. — Ainsi chaque famille, composée de quatre personnes, aurait pour vivre, d'après cette MOYENNE, un revenu de 2 fr. 75 cent., 55 sous par jour.

Mais il s'en faut que la moyenne du revenu ou salaire des travailleurs soit de 55 sous par jour et par famille de quatre personnes.

Sur les neuf milliards de produit annuel, le travail, avant de se payer lui-même, doit rembourser au capital, pour prix de sa prestation bénévole :

1° Intérêts et frais d'hypothèques, à 8 pour cent en minimum, sur un capital d'au moins 8 milliards,   960 millions

2° Intérêts et frais d'obligations fiduciaires,

A reporter   960 millions

	Report	960 millions

à 6 pour cent, sur un capital d'au moins 4 milliards, 240

3° Escomptes du commerce (commissions, frais de protêts, etc., etc., compris), à 8 p. cent, sur une circulation de 20 milliards, échéance à trois mois, 400

4° Dette publique, flottante et consolidée, 400

5° Monts-de-Piété, 42

6° Douane, c'est-à-dire frais de protection du capital national contre la concurrence des capitaux étrangers, primes, différentiels, contrebande, etc., 200

7° Intérêts d'actions de commandite, évalués à 60

8° Loyers et fermages, déduction faite des intérêts de la dette hypothécaire, évalués à 5 pour cent, sur un capital de 8 millards, 2,600

9° Budget de l'État et des communes, déduction faite de la dette publique, 1,400

Total 6,302 millions

Nous disons 6 *milliards* 302 *millions*, que le travail doit prélever sur son produit avant d'acheter le premier morceau de pain, pour acquitter les redevances du capital, les frais de prestation du capital, et les charges de l'État.

Sur cette somme de 6 milliards 302 millions, il convient de détruire 1,302 millions pour le service indispensable de la communauté nationale, et l'amortissement des capitaux *engagés* chaque année dans la production.

Restent donc CINQ MILLIARDS, net, que coûte chaque année, au peuple travailleur, le parasitisme du capital.

Il suit de là,

Que sur les neuf milliards de produit annuel, cinq milliards, environ 55 pour cent, plus de la moitié, sont régulièrement enlevés au travail pour rémunération du service, vrai ou supposé, qu'il tire du capital ;

Qu'ainsi la moyenne de 69 centimes par jour et par tête, qu'aurait donnée la répartition égale des neuf milliards, se réduit à 29 centimes, soit 1 franc 16 centimes ou 23 sous par jour, avec lesquels chaque famille composée de quatre personnes doit subsister.

C'est-à-dire qu'un ouvrier qui gagne 19 francs 25 centimes par semaine, pour vivre, lui, sa femme et deux enfants, ne profite en réalité que de 8 francs 12 centimes ; le surplus, soit 11 francs 13 centimes, étant remboursé par lui au maître de maison, au boulanger, au boucher, au marchand de vin, au percepteur, etc., etc., pour la rétribution du capital.

Et comme les salaires des travailleurs, ainsi que les revenus des capitalistes, sont inégaux, il résulte, en dernière analyse, que pour une partie notable du peuple français, le montant du salaire ou revenu est fort au-dessous de 29 centimes par jour et par tête : il descend aujourd'hui à 5 centimes 5 millièmes, — CINQ LIARDS PAR JOUR, en nombre rond, ainsi qu'il résulte des comptes de l'administration, dont les secours aux citoyens dans le besoin sont fixés à 12 centimes et demi, le droit à l'assistance, reconnu par la Constitution, combiné avec le droit de propriété, reconnu également par la Constitution, ne permettant de faire ni moins ni plus.

Cinq liards par jour, voilà le minimum que la société garantit à l'ouvrier sans travail ; voilà le droit que, s'il faut en croire certains républicains, le Peuple aurait conquis en février !...

Suivant que les temps sont calmes, que la situation politique semble plus ou moins chanceuse, qu'il plaît au capital de se prêter ou de se refuser, comme dit spirituellement M. Thiers, un nombre plus ou moins considérable de travailleurs se trouve déchu de la moyenne de 29 centimes, et condamné à la portion congrue de *cinq liards !*

Or, cette condition du travailleur, dans le régime économique actuel, est IRRÉMÉDIABLE. Que la population augmente ou qu'elle diminue ; que le travail abonde ou qu'il devienne plus rare, peu importe. La classe qui travaille n'en aura pas moins à payer à celle qui possède :

Tant pour le loyer de la terre,

Tant pour le loyer des maisons et instruments de travail, amortissement non compris,

Tant pour la prestation fiduciaire et hypothécaire des capitaux,

Tant pour l'escompte des marchandises et effets de commerce,

Tant pour les rentiers de l'Etat,

Tant pour la protection des capitalistes du pays, contre la concurrence des capitalistes étrangers, autrement la douane,

Tant pour la police, pour les juges, les gendarmes, en un mot pour l'État.

Quoi qu'il fasse, et de quelque manière qu'il s'y prenne, le travailleur, tant qu'il est placé sous la commandite du capital, est comme l'abeille que le paysan héberge, comme la brebis à qui il donne une étable. Il faut qu'il paie au capitaliste, pour le loyer du capital, 55 pour cent de son miel, de sa laine et de son lait ; et s'il fait la mauvaise tête, s'il s'avise de chagriner son doux seigneur, qu'il se contente pour vivre de *cinq liards* par jour. Cinq liards ! voilà ce que gagne le travailleur à vivre en domesticité, comme les moutons et les mouches, au lieu de vivre en homme libre !

La Montagne, qui répand partout, à l'intérieur et à l'étranger, que nous sommes un Hébert, un Chaumette, un faux frère, vendu à Cavaignac, — que veut-elle donc qu'il fasse de nous, Cavaignac ? — la Montagne, qui nous appelle orgueilleux, impolitique, rêveur, endormeur, entraveur, apôtre de l'individualisme, de l'égoïsme ; homme à idées fixes, mauvais citoyen, semeur de zizanie, auteur et fauteur de la scission arrivée entre elle et le socialisme, contre-révolutionnaire, que sais-je? défenseur de la propriété, c'est tout dire!... la Montagne a-t-elle jamais, dans sa sagesse, réfléchi sur tout cela? Sait-elle ce que c'est que le travail et ce que c'est que le capital?...

Supposez, par contre, que la fonction, parfaitement inutile, suivant nous, de capitaliste, soit abolie, comme furent abolies en 89 celles de moine et de noble; — que tout travailleur devienne à lui-même son propre capitaliste, comme en 89 tout citoyen devint son propre suzerain, que résulterait-il de là?

D'abord, les cinq milliards prélevés aujourd'hui sur les travailleurs par les capitalistes, resteraient à ceux qui les produisent.

En second lieu, les citoyens vivant actuellement du capital seraient amenés à prendre part au travail, par conséquent à produire eux-mêmes cinq milliards qu'ils dévorent, ce qui porterait immédiatement la production de *neuf* milliards à *quatorze*.

Enfin, par la suppression de toutes les entraves capitalistes, de tous les droits sur la production, la circulation et la consommation, droits perçus tant par les détenteurs de capitaux que par l'État, le travail serait augmenté de moitié, et, par conséquent, la richesse annuelle doublée.

En sorte que le revenu moyen du travailleur, qui, par les déductions à faire au profit du capital, n'est aujourd'hui, quand les affaires vont bien et que le travail ne manque pas, que de 1 fr. 16 centimes par jour et par famille de quatre personnes, et seulement de 22 centimes quand il y a chômage; — ce revenu, désormais assuré, continu, équitablement réparti, serait de 5 fr. 52 centimes, soit, par année, 2,014 fr. 80 centimes, au lieu de 423 fr. 40.

Par le doublement de la production et l'égale répartition, le bien-être ou revenu moyen du travailleur serait presque *quintuplé!*

Voilà, quant à nous, ce qu'est la *matière révolutionnaire*, le *but* et l'*objet* de la Révolution de février. Pas n'est besoin, pour comprendre cela, d'être d'aucune école. Le communisme, le fouriérisme, n'ont rien à voir ici : il n'y a là dedans ni utopie ni système. C'est de la plus palpable réalité. Ou cela, ou rien. La Révolution, en 89, a détruit la féodalité cléricale et nobiliaire ; la Révolution, en 48, abolira-t-elle la féodalité capitaliste ? Telle est la question.

Oui, oui, montagnards, mettez-le-vous bien dans la cervelle ; la Révolution de février n'a pas autre chose à faire que d'abolir la rente, ou pour mieux dire, le SYSTÈME des droits seigneuriaux du capital, et par ce seul fait, de quintupler la fortune du travailleur. Plus tard, quand il sera complètement affranchi, le travail fera sa constitution, comme le Tiers-État fit la sienne, après avoir aboli la féodalité. C'est alors que le Peuple choisira entre les systèmes d'association qui lui seront proposés et qui servent de matière au progrès. Jusque-là, l'œuvre du Peuple n'est pas d'organiser, elle est de révolutionner, de démolir.

Oui, il faut que le Peuple le sache, que le gouvernement le sache, que le monde entier le sache : la Révolution de février doit, en centralisant le crédit, abolir peu à peu l'intérêt des capitaux, et donner à tous le crédit et l'escompte pour rien ; — abolir le loyer des maisons et des instruments de travail, et, sauf l'amortissement du capital engagé, donner à tous le logement et les outils pour rien ; — abolir le fermage, et donner au laboureur, par l'association, la terre pour rien ; — changer l'impôt en prestation, par conséquent diminuer le budget de tous les frais que coûte aujourd'hui la perception de l'impôt ; rembourser la dette de l'État, et par suite supprimer l'institution inutile et absurde de l'amortissement ; organiser l'échange de nation à nation, et partant abolir encore la protection coûteuse de la douane.

Encore une fois, ou cela, ou rien. Nous défions qui que ce soit de découvrir autre chose dans la Révolution.

Eh bien! nous en prenons à témoin le Peuple tout entier. Qu'a-t-on fait jusqu'ici pour la Révolution? ou plutôt que n'a-t-on pas fait pour la déguiser et la pervertir? La Révolution a-t-elle été seulement comprise, nous ne dirons pas par le gouvernement, qui nous a donné le droit à l'assistance, *cinq liards* par jour aux travailleurs qui sont dans le besoin; — nous ne dirons pas par la presse : nous ne pouvons le dire, nous qui sommes journalistes : la presse, en majorité, ne cesse de calomnier la Révolution; chaque fois que le travail parle de s'émanciper du capital, elle crie : — Haro! vous détruisez la famille, vous attaquez la propriété! — mais par la Montagne?

Nous ne faisons point ici de personnalités. Nous connaissons individuellement tous les montagnards, peut-être mieux qu'ils ne se connaissent eux-mêmes. Nous serons plus juste à leur égard qu'ils ne le sont envers nous. Nous savons ce qu'il y a, dans chacun d'eux, de patriotisme, de dévouement, d'intelligence ou d'instinct révolutionnaire. Mais, qu'ils nous permettent de le leur dire : ils nous ont prouvé une fois de plus, par leur coalition, ce que les académies, ce que toutes les assemblées savantes, politiques ou littéraires nous avaient depuis longtemps appris, c'est qu'une réunion de cinquante hommes de tête et de cœur peut n'avoir pas le sens commun.

La veille de la Révolution, la Montagne repoussait le socialisme. Ce n'était pas, croyez-le bien, par esprit d'opposition : c'était par politique. Le lendemain de la Révolution, la Montagne se sépara du socialisme : c'était encore par politique. Depuis, la Montagne a fini par se déclarer socialiste; mais en professant le socialisme, elle n'en a pris que la formule; elle n'a pas eu le courage d'avouer le fond, el. s'est rejetée dans la philanthropie et les palliatifs : c'est toujours par politique.

Il s'agit 1° de rendre au travail les *cinq milliards* sur neuf que lui enlève chaque année le capital; — 2° de doubler la production du pays; — 3° de porter de 423 fr. à

2,014 la moyenne de revenu net pour chaque famille ouvrière.

Au lieu de cela, la Montagne offre au Peuple quelques mesquines rognures de budget, six à huit millions, d'après le comité des finances! elle parle d'impôts sur le revenu mobilier, le revenu net, les successions collatérales, les domestiques, les chiens et autres misères. C'est une centaine de millions, dont, à grand renfort de répartiteurs, de percepteurs, de contrôleurs, d'agents fiscaux et de vexations fiscales, on trouverait PEUT-ÊTRE le moyen de dégrever la contribution de l'ouvrier, en augmentant d'autant celle du capitaliste-propriétaire.

Cent millions sur cinq milliards!

Quelque chose comme UN CENTIME par jour et par tête, voilà quelle satisfaction révolutionnaire, voilà quel supplément de solde, la Montagne, soi-disant socialiste, parle de donner au Peuple.

Au lieu des *cinq liards* du gouvernement, la Montagne en donnera *six!*

Pour nous, nous le déclarons résolument. Si la révolution de 1848 n'a pas pour but de supprimer le privilége capitaliste, comme la révolution de 89 a supprimé le privilége féodal, la révolution de 1848 est un crime inexpiable, une vengeance du ciel, qu'il faut, non seulement réparer, en rentrant au plus vite dans la vieille ornière, mais pleurer avec des larmes de sang.

Si, au contraire, le Peuple, tout en obéissant à d'aveugles instigateurs, ne s'est pas trompé en février, si depuis neuf mois sa pensée s'est hautement et clairement exprimée sur le sens et le but de la Révolution, il faut croire aussi que le Peuple, qui a conçu le but, a conçu en même temps le moyen.

Ce moyen existe-t-il? Ce moyen est-il praticable? Le travail peut-il s'affranchir de l'usure du capital, comme le Tiers-État s'est affranchi de l'oppression de la noblesse et du clergé? Le prolétariat, en un mot, peut-il se dispenser de payer cinq milliards au capital, et de vivre avec cinq liards par jour?

Nous l'affirmons pour notre compte ; et cette affirmation forme la seconde partie de l'argument que nous adressons à la Montagne.

Oui, la classe travailleuse possède en soi-même le moyen d'opérer son émancipation et de fonder pour toujours son bien-être ; mais c'est ici que la Révolution de 1848 se distingue de la Révolution de 89.

En 89, le Tiers-État n'eut besoin, pour conquérir la liberté et se débarrasser de l'oppression, que de ces deux choses : REFUSER et PRENDRE : *refuser* l'obéissance aux ordres supérieurs, *prendre* leurs propriétés, ou, comme l'on disait alors, les biens nationaux.

En 1848, le prolétariat, s'il veut s'affranchir de l'exploitation capitaliste, doit s'y prendre d'une toute autre manière : sa loi révolutionnaire est de s'ABSTENIR. Il faut, disons-nous, que le prolétariat *s'abstienne* scrupuleusement de toute atteinte, directe ou indirecte, politique, fiscale ou autre, au capital et à la propriété, parce qu'une telle atteinte, sous quelque nom qu'on la déguise, ne serait qu'une manière de reconnaître la prépondérance du capital, une contradiction. C'est en opérant en lui-même et sur lui-même, par l'association, la garantie mutuelle, l'organisation spontanée, que le travail peut triompher du capital.

En 89, le but de la Révolution était le déplacement du pouvoir et de la propriété : c'est pour cela que cette Révolution fut une bataille. En 1848, le but de la Révolution est la démocratisation du pouvoir et la réorganisation de la propriété ; c'est pourquoi cette Révolution est une fusion. Or, on n'organise, on ne fusionne qu'avec des principes ; la force et la fraude sont impuissantes à concilier et organiser.

Tel est donc l'argument que nous adressons à la Montagne.

Le but de la Révolution de 1848 est connu : c'est l'abolition complète du privilége propriétaire.

Le moyen d'arriver à cette abolition est également connu: c'est l'association ouvrière, c'est la substitution de la solidarité industrielle à la commandite capitaliste ; c'est la centralisation, par le crédit mutuel, de toutes les forces travailleuses ; c'est, en un mot, l'excommunication de la propriété.

Or, vous n'osez pas, vous, Montagnards, avouer le but de la Révolution : la preuve, c'est que vous vous déclarez partisans, quand même, de la propriété ; c'est que vous parlez du crédit comme de vrais propriétaires.

Vous ne reconnaissez pas l'instrument, le moyen de cette Révolution ; vos projets de réforme économique, tous empruntés à l'école anglaise, sont là qui l'attestent.

Que pensez-vous donc de la Révolution ? Expliquez-vous, car le temps brûle.

Ou plutôt, que ne devons-nous pas penser de vous, quand, après avoir lu vos déclarations, nous vous voyons faire les plus grands efforts contre le socialisme, refouler ses manifestations, calomnier ceux qui le défendent ?...

Vous soufflez, par toutes vos paroles et à tout propos, à propos de la politique du dehors comme de la politique du dedans, l'insurrection au peuple. Soit : que le Peuple s'insurge ! Nous n'avons pas la prétention de pouvoir l'empêcher. Mais, de grâce, nous direz-vous pourquoi il faut que le Peuple s'insurge ? Est-ce pour ajouter un centime aux cinq dont l'a doté la Constitution ?

Plus de réticence : vous êtes POUR ou vous êtes CONTRE la Révolution, c'est-à-dire, vous êtes pour ou vous êtes contre la restitution à la classe travailleuse de *cinq milliards de rentes ;* pour ou contre le doublement du produit national, pour ou contre la moyenne de 2,000 fr. de salaire, à la place des 5 centimes 5 millièmes de l'assistance.

Si vous êtes CONTRE, nous n'avons rien à objecter : toutes les opinions sont à nos yeux également respectables. Nous vous prierons seulement de rayer de votre programme la formule *démocratique et sociale*.

Si vous êtes POUR, il faut le dire, mais nettement, carrément, comme le négociant qui répond aux offres d'un autre négociant, en répétant les mêmes choses et dans les mêmes termes. Il faut, en le disant, donner votre parole, vos signatures; il faut donner des gages, car le Peuple est devenu méfiant, et nous, nous sommes Peuple.

Quand vous aurez fait cela, tout dissentiment entre nous aura disparu ; toute polémique cessera. Et puisque vous aimez le pouvoir, vous nous trouverez à votre dévotion. Comptez sur nous alors : l'affaire ira bien !...

Cavaignac.

5 Décembre.

Il y a quelques jours, nous écrivions les paroles suivantes :
« C'est le socialisme qui nous sépare de Cavaignac : rien
« que cela ! Sans le socialisme, peut-être voterions-nous
« pour lui, au lieu de voter pour Raspail. Car, sans le so-
« cialisme, nous n'eussions jamais eu l'idée d'une Répu-
« blique démocratique et sociale ; sans le socialisme, nous
« n'eussions pas eu les journées de juin, de mai, d'avril ;
« nous n'eussions pas eu les délibérations du Luxembourg,
« où fut définie la Révolution de février. Sans le socialisme,
« en un mot, nous ne serions rien, nous n'existerions pas. »

Ces paroles, mal interprétées, commentées par la mal-
veillance, ont paru chagriner quelques-uns de nos amis ;
elles ont fait crier au scandale nos adversaires.

Nous disions de plus, dans le même article, que l'élection de Cavaignac, chose horrible ! ne nous paraissait pas
douteuse : et nous faisions en même temps le calcul ap-
proximatif des voix que la démocratie-socialiste, à peine
née, se trouve déjà en mesure de donner, tant à Raspail
qu'à Ledru-Rollin. C'est ce que l'on a considéré de notre
part comme une réclame en faveur de Cavaignac.

Eh bien ! nous allons faire entendre, pour l'instruction
de nos lecteurs et la malignité de nos ennemis, un bien
autre blasphème : nous déclarons aujourd'hui, de la manière la plus formelle, sans détour ni réticence, qu'à l'exception de Raspail, — dont la candidature n'est, on le sait,

de notre part, qu'une protestation contre le principe présidentiel, — de tous les candidats, avoués ou tacites, qui peuvent s'offrir au choix du pays, celui que nous souhaitons le plus de voir arriver est le général Cavaignac.

Nous faudra-t-il vingt ans de polémique pour expliquer à ceux qui nous lisent ce que signifie cette grande protestation qui a surgi en France depuis 1830, et qu'on appelle le *socialisme?* Comprendra-t-on, une fois, qu'engagés irrévocablement dans la question sociale, nous avons dû accommoder notre politique à notre socialisme, et non pas notre socialisme à notre politique? Écoutez donc, et pesez bien ce que nous allons vous dire, vous tous que nos idées intéressent, amis ou émules, prolétaires et propriétaires :

Si nous n'étions pas pour la raison, nous serions pour la foi ;

Si nous n'étions avec Voltaire, nous serions avec le pape ;

Si nous ne défendions la liberté, nous subirions l'autorité ;

Si nous ne poursuivions l'égalité devant la fortune, nous serions partisans du privilége ;

Si nous ne voulions la démocratie, nous accepterions la présidence ;

Si nous n'étions pour le travail, nous serions pour le capital ;

Si nous ne votions pour Raspail, nous voterions pour Cavaignac.

Voilà sept propositions qui, pour nous, sont toutes entre elles identiques et adéquates ; la dernière est semblable aux autres : elle ne fait que traduire en noms propres ce que nous considérons comme les formules abstraites de notre symbole politique et social. Il y a nécessité absolue dans notre esprit de se prononcer pour l'une ou pour l'autre de ces diverses alternatives : le dilemme est inexorable.

Cavaignac représente en ce moment, pour nous, le capital, et, par voie de conséquence, d'analogie ou de similitude, la foi, le pape, l'autorité, le privilége, l'antagonisme politique, autrement dit la présidence : comme Raspail symbolise à nos yeux le travail, et synonymiquement la raison, la liberté, l'égalité, la démocratie, l'unité.

— Mais, objecte-t-on, Cavaignac n'est pas le seul homme qui représente ces choses : il y en a bien d'autres que lui, dont les noms seraient encore plus significatifs. Pourquoi donc, entre tant de personnages illustres, Bonaparte, Lamartine, Thiers, Molé, Ledru-Rollin, Larochejacquelein, Montalembert, ces deux derniers, parrains, l'un du duc de Chambord, l'autre de la congrégation des jésuites, aller choisir pour objet de votre opposition le mitrailleur de juin, Cavaignac ? entre tant de héros, Childebrand !

Ah ! c'est que chaque siècle a son style propre et son expression particulière : c'est qu'au point où nous sommes arrivés de notre développement, ou plutôt de notre décadence civilisée, il n'y a plus qu'une idée qui tienne encore, le CAPITAL ; et que Cavaignac est le seul homme qui représente purement, et à l'exclusion de toute autre, cette idée.

Remarquez d'abord que, depuis février, Cavaignac est le seul homme politique qui ait représenté quelque chose. Le gouvernement provisoire représentait le chaos ; la commission exécutive représentait moins encore, elle représentait le néant. Enfin parut Cavaignac, qui dit, en face de l'insurrection : Moi, je suis le capital !

Cavaignac, vous dis-je, représente le capital, mais purement et brutalement, sans mélange de théocratie, monarchie, philanthropie ou autres bagatelles ; le capital dépouillé de ses vieilles formules, réduit à son expression économique ; le capital enfin, ni moins, ni plus. Si le principe du capital est le même au fond que celui de la monarchie, de la papauté ou de leurs diminutifs, l'aristocratie et les jésuites, Cavaignac ne s'en soucie point : il est le capital, voilà tout.

Entre MM. Bonaparte, Thiers ou Molé, Larochejacquelein ou Montalembert, Lamartine, Ledru-Rollin et Cavaignac, — Raspail toujours mis à part, — nous préférons donc le dernier. La raison, ce nous semble, est désormais facile à concevoir.

Avec Bonaparte, nous aurions devant nous le capital, plus l'empire, la gloire, les aventures, l'expédition d'Espagne ou de Russie, le silence de la liberté, *Siluit terra in conspectu ejus !* —Candidat rétrospectif, question complexe.

Avec MM. Thiers, Molé, O. Barrot lui-même, nous aurions le capital, plus le système constitutionnel, deux pouvoirs égaux, deux chambres, etc. — Candidats à bascule, question complexe.

Avec M. de Montalembert, nous aurions le capital, plus les billets de confession, la soumission du temporel au spirituel, les pèlerinages en Terre-Sainte. — Candidat croisé, question complexe.

Avec M. de Larochejaquelein, nous aurions le capital, plus la légitimité et tous ses droits. — Candidat féodal, question complexe.

Avec M. de Lamartine, nous aurions toutes les contradictions à la fois, capital, monarchie, aristocratie, papisme, etc. — Candidat omniforme, question complexe, indéchiffrable.

Avec M. Ledru-Rollin, nous aurions, ce sont ses amis qui le disent, le capital, plus des tendances anti-capitalistes ; la propriété, avec certaines modifications peu ou point définies; l'économie de l'État, comme dit M. Jean Reynaud, à la place de l'économie de la société. Nous faisons trop de cas de l'intelligence de M. Ledru-Rollin pour lui attribuer ces fadaises. Ce n'est pas au moment de la lutte qu'un chef politique se pose en homme de transition, de transaction pour parler plus juste : c'est après la victoire. La candidature de M. Ledru-Rollin en ce moment est plus qu'un non-sens ; c'est une faute. Qu'il nous permette donc de dire de lui, pour cette fois : Candidat en réserve, question ajournée.

Cavaignac seul représente le capital, sans augmentation

ni diminution, sans équivoque, sans accessoire. Il est fils de régicide, simple bourgeois, point infatué de théories constitutionnelles, ni catholique, ni philanthrope. Cavaignac, en un mot, est le soldat du capital. Donc candidat logique, comme Raspail; question simple.

Cavaignac seul nous convient pour président de la République, nous voulons dire pour adversaire. Avec lui le catholicisme, la royauté, le système féodal, le constitutionnalisme, ne nous embarrassent point; les réticences ne nous compromettent pas. Que le capital, seul en lutte aujourd'hui, soit vaincu, et de toutes les ruines que l'esprit révolutionnaire a accumulées depuis trois siècles, pas une ne se relèvera.

Ce que Cavaignac est pour nous, il l'est à ses propres yeux; il le sait, il le sent.. Seul encore, parmi ses compétiteurs, il a l'intelligence nette et sincère de ce que doit être le président de la République.

Nous voulons la république du travail : Cavaignac personnifie la république du capital, et se donne comme tel. En juin, Cavaignac, nommé dictateur, a posé le socialisme en face de lui, comme sa partie adverse. C'est ainsi que Louis-Philippe, élu roi le 9 août 1830, avait posé comme son antagoniste la République.

La République est venue au bout de dix-huit ans, après que l'idée républicaine eut été suffisamment élaborée par la contradiction. Le socialisme commencera à venir lorsqu'il aura trouvé son contradicteur : le jour où Cavaignac sera élu président sera un progrès pour le socialisme. Car, s'il est vrai que les extrêmes se touchent, il l'est encore plus que les contraires se suivent : or, Cavaignac est l'anti-socialiste comme Louis-Philippe était l'anti-républicain : comprenez-vous cela ?

Et voilà pourquoi, sans nous inquiéter de la valeur personnelle ni des vertus privées des individus; sans établir aucune espèce de comparaison entre Lamartine, Thiers,

Ledru-Rollin, etc., et Cavaignac, nous n'hésitons point à dire que nous souhaitons passionnément d'avoir, pour président d'une République qui n'est pas la nôtre, mais aux lois de laquelle nous sommes prêts, comme minorité, à nous soumettre, l'homme qui, de lui-même autant que par la force des circonstances, se pose comme la négation personnifiée du socialisme, qui représente avec le plus de franchise et d'énergie le principe contre-révolutionnaire, le capital.

Avec tout autre que Cavaignac, il nous faudrait disputer de monarchie, théologie, idéologie, constitutionnalisme ou romantisme : avec Cavaignac, la question est admirblement simplifiée, nous n'avons affaire qu'au produit *net*. Si le produit *net* succombe en Cavaignac, il entraîne irrévocablement avec lui dans sa ruine tous les principes qui n'en sont que des variantes ou des corollaires : c'est fait de la vieille civilisation et du vieux monde, c'en est fait pour l'éternité.

Que nous importe donc que notre opinion sur la présidence serve à la candidature de Cavaignac, si parmi tant de candidatures insignifiantes ou hostiles, celle-là est la seule qui puisse servir nos intérêts? N'est-il pas évident, pour qui raisonne, qu'il importe avant tout d'affaiblir l'ennemi, en le diminuant de tout ce qui lui servait auparavant de support et d'auxiliaire ; comme un général qui, après avoir coupé l'armée ennemie et enfoncé le centre, a bon marché des deux ailes? N'est-ce pas ainsi que Cavaignac lui-même a vaincu l'insurrection?...

Nous savons très bien, du reste, nous socialistes de bonne foi, qui n'aimons pas plus à tromper qu'à nous faire illusion, nous savons que nous ne formons encore dans le pays qu'une assez faible minorité. Ce que sont dans la presse les organes socialistes aux autres journaux, nous le sommes dans la République au reste des citoyens : un contre dix. Mais nous savons aussi que nous sommes le ferment de la

Révolution, le levain qui, dans le temps fixé par le destin, fera lever la pâte sociale. C'est pour cela que nous tenons à nous poser dans l'intégrité de notre principe et dans la plénitude de notre antagonisme; c'est pour cela que nous voulons, comme symbole de la situation présente, non pas Raspail et Ledru-Rollin, ce qui n'exprimerait qu'une division fratricide; non pas Ledru-Rollin et Cavaignac, ce qui exprimerait la transaction avant l'opposition; mais Raspail et Cavaignac, le travail et le capital. Serions-nous donc les seuls hommes dans la République à qui il fût interdit de professer hautement leurs opinions, et de les formuler par une candidature?

Oui, général, vous êtes notre ennemi, et parce que vous êtes notre ennemi, nous nous garderons de vous avilir. Vous nous avez fait trop de mal, pour que, au moment de commencer avec vous cette lutte suprême, nous ne tenions pas à vous grandir encore, à vous élever.

Vous avez été habile, quoi qu'on ait dit, parce que vous avez été vrai.

Vous avez été habile en juin, quand la commission exécutive vous disait : *Nous allons avoir une bataille : il faut en finir !* — Il n'a pas tenu à vous, en vérité, que ce ne fût fini !

Vous avez été habile quand vous avez appelé MM. Vivien et Dufaure. Votre situation était mal dessinée jusque-là : on pouvait douter encore si le vainqueur de juin avait fait la guerre au socialisme ou à des échappés de bagne. MM. Dufaure et Vivien vous ont donné votre véritable nom, votre véritable signification : vous vous êtes appelé dès lors le capital.

Vous avez été habile, quand, au grand regret de vos amis, et à la grande joie de vos accusateurs, vous avez voulu que l'élection du président de la République fût fixée au 10 décembre. Vous aviez calculé que le délai était plus que suffisant pour vous manifester dans votre essence, et marier à l'intérêt de votre candidature l'intérêt du capital. Vous saviez qu'un gouvernement, quel qu'il soit, est toujours sûr d'avoir la majorité à peine de révolution : or, le pays, encore chaud de février, de mars, d'avril, de mai, de juin, le pays a peur des révolutions.

Vous avez été habile, quand, à la surprise générale, vous avez défié à la tribune vos adversaires politiques. — Vous saviez encore que vous ne pouviez rencontrer en eux que des complices, qu'autre part étaient vos accusateurs.

Vous êtes habile, quand vous vous refusez obstinément, sous prétexte d'assignats, à toute création de papier de crédit. Tout ce qui peut amoindrir la féodalité capitaliste est contraire à votre principe ; et dans l'état actuel des choses, organiser le crédit, ce serait vous suicider.

Vous êtes habile, quand, malgré les clameurs de la gauche, vous vous renfermez, vis-à-vis de l'Europe, dans une neutralité impertubable. Vous savez que ce qui agite l'Europe en ce moment est le socialisme, et votre mission n'est pas de faire, pour le compte du socialisme, une propagande armée. Ceux qu'on fusille à Vienne sont les frères de ceux que vous avez fusillés à Paris : il faut être stupide pour ne pas le voir.

Vous êtes habile, et qui plus est, vous êtes heureux quand vous offrez au saint-père l'hospitalité de la République : parce que la République à laquelle vous allez présider, n'est autre chose que la République du capital, la République très chrétienne, entendez-vous, dont le centre ne sera plus désormais à Rome, mais, comme le voulait l'Empereur, à Paris. Il y a longtemps que le catholicisme a fait, en occident, un pacte avec l'usure : ce pacte, vous allez le renouveler par l'union mystique des noms de Pie IX et de Cavaignac.

Suivez donc, sans broncher, votre ligne ; faites chaque jour acte de gouvernement ; agissez, pendant que vos compétiteurs, réduits à promettre ce que vous exécutez avec tant de résolution, couchent à la porte des électeurs.

Mais sachez une chose.

En défendant le capital, vous êtes condamné à reconstruire tous ces vieux principes dont l'élimination successive vous a fait ce que vous êtes : d'abord la monarchie constitutionnelle, cette pitoyable sottise des idéologues politiques ; — ensuite la légitimité, à laquelle ne croient plus ses propres partisans ; — après, la féodalité, enterrée il y a plus de deux siècles par Richelieu ; — puis, la suprématie temporelle et spirituelle du pape, souffletée par Philippe-le-Bel, et démonétisée par Luther.

Sur le terrain du capital, il n'y a point d'arrêt pour vous. Ou vous rétrograderez jusqu'à la théocratie, ou vous serez absorbé par le socialisme. A peine de finir misérablement comme un Louis-Philippe, il faut que le président de la République devienne, ou pour le pape un Charlemagne, ou pour le socialisme, un Constantin. Mais, Charlemagne, c'est impossible, Constantin, vous n'en voulez pas. Louis-Philippe !... sera-ce donc là, ô Cavaignac, votre destinée[1] ?...

---

[1] Cavaignac n'a point été élu président de la République : à cet égard, les prévisions de l'auteur ont été trompées. Mais l'élection de Louis Bonaparte n'a fait que donner plus de force à ses raisonnements : à peine au pouvoir, Louis Bonaparte s'est déclaré le continuateur de Cavaignac. Louis Bonaparte, forcé de renoncer à ses fantaisies impérialistes et dynastiques, ne représente, comme Cavaignac, que le capital. C'est ce qui fait le triomphe de ce dernier, et la justification de l'écrivain. (*Note de l'éditeur.*)

Louis-Napoléon Bonaparte.

17 Décembre.

Nous avons combattu la candidature de Louis-Napoléon par les moyens qui étaient en notre puissance, la polémique et le vote.

Toute question de personnes mises à part, nous savions, et nul ne pouvait l'ignorer, que l'élection de Louis-Napoléon, posée par la réaction, soutenue par la réaction, ne pouvait profiter qu'à la réaction. A *priori*, donc, nous devions nous prononcer contre cette candidature.

D'accord ensuite avec le comité électoral central de Paris, qui crut devoir, au lieu de s'abstenir, intervenir dans le vote, nous voulûmes, en choisissant un candidat, élever le chiffre de la majorité absolue, et par là rendre plus difficile l'avénement de Bonaparte.

Tout le monde, dans le parti démocratique et social, semblait si bien d'accord de cette tactique, que, lorsqu'il s'agit de choisir un candidat, symbole de leur protestation, il fut unanimement reconnu que l'homme sur lequel seraient appelés les suffrages des démocrates ne pouvait être qu'un candidat honoraire : M. Ledru-Rollin, dans une lettre adressée au comité, l'a formellement reconnu.

Cavaignac était donc le pis-aller de la démocratie, qui, mieux inspirée alors qu'elle ne le fut plus tard, voulait avant tout, en sauvant l'intégrité de la forme, se ménager le travail plus facile pour la réforme du fonds...

Nous entrâmes franchement dans cette voie, dont nous

n'avions point pris l'initiative ; et, en faisant le sacrifice de notre opinion personnelle, nous donnâmes l'exemple de la discipline. Le but de notre vote ainsi marqué, peu nous importait le candidat; il était même égal pour nous qu'il y en eût deux ou un seul : toute la question était de connaître nos forces et d'écarter Napoléon.

Depuis, nous avons pu juger, à la vivacité de l'opposition qui nous fut faite au sujet de la candidature de Raspail, que plusieurs de nos co-réligionnaires politiques, tout en signant la foi démocratique et sociale, et faisant serment de haine à la présidence, cachaient la pensée, coupable à nos yeux parce qu'elle était aussi contraire au socialisme qu'à la démocratie, de faire aboutir leur candidat. La candidature de M. Ledru-Rollin, qui ne devait être, comme celle de Raspail, qu'une simple protestation, devint tout à coup une candidature sérieuse, aussi sérieuse, par conséquent aussi menaçante, aussi hostile pour nous que celles de Napoléon et de Cavaignac. C'était une apostasie contre laquelle notre devoir était de protester, une combinaison machiavélique que nous avons combattue de tous nos efforts, mais que nous ne nous vantons pas d'avoir fait échouer : la minorité flagrante du parti démocratique et social rendant, pour le moment, l'échec inévitable.

Au reste, pour mettre tout le monde à l'aise et ne rien déguiser de notre pensée, nous dirons sans feinte qu'indépendamment de notre fidélité inviolable au principe anti-présidentiel, si la candidature de M. Ledru-Rollin avait eu la moindre chance de succès, et qu'il eût dépendu de nous de la faire avorter, nous l'eussions fait. Nous n'avons pas plus de confiance aux idées que représente aujourd'hui M. Ledru-Rollin qu'à celles représentées par le *National* et Cavaignac. M. Ledru-Rollin, — nous voulons dire la fraction démocratique dont il est le chef, — n'a pas fait une assez longue quarantaine dans le lazaret socialiste pour que nous le croyions déjà transformé, purifié de cette rouille politique qui a produit tous les échecs de la Révolution depuis février.

Ainsi donc, si aujourd'hui Louis-Napoléon Bonaparte est élu président de la République, la responsabilité ne peut nous en revenir. Elle est toute entière à ceux qui, mangeant le mot d'ordre, ont voulu exploiter à leur profit l'horreur qu'inspirait Cavaignac, et qui, ne pouvant faire croire à leur succès, ont précipité vers Napoléon la plupart des démocrates.

Qu'on essaie, maintenant, d'atténuer la portée du vote ; qu'on l'explique, qu'on le torture, qu'on l'excuse, il n'en demeurera pas moins vrai que le fruit appartient tout entier à la réaction : car, en toute guerre, ceux-là seuls profitent de la victoire qui ont tenu le drapeau dans le combat. La démocratie socialiste a commis la même faute que le parti légitimiste, qui, lui aussi, a voté, par tactique, pour Napoléon, croyant servir les intérêts de Henri V, et qui n'a fait autre chose que couronner le prétendant bonapartiste à la place du sien.

Quoi qu'il en soit, Louis-Napoléon Bonaparte est président. C'est le président de la réaction, non pas de la réaction légitimiste, qui s'est annihilée en lui portant ses voix ; non pas de la réaction jésuitique, réduite, depuis 89, à se dissimuler sous tous les gouvernements et à chanter le *Domine salvum fac* pour tous les princes ; non pas même de la réaction financière et bourgeoise, qui depuis juin s'était personnifiée en Cavaignac ; mais de la réaction monarchique-constitutionnelle, qui, sur ce pivot de la présidence, s'apprête à reconstruire le système à bascule brisé en février.

Voilà ce que, de par la loi du vote, est pour nous Napoléon.

En vain vous protesterez, démocrates ; en vain vous essaierez de pallier votre défaite par les calculs d'une misérable tactique. Louis-Napoléon vous dirait, le sénatus-consulte de 1804 et l'acte additionnel de 1815 à la main : Je suis le vrai monarque constitutionnel qui devait régner sur la France. Louis XVIII, Charles X et Louis-Philippe n'ont été que des intrus, des usurpateurs contre lesquels le Peuple a protesté en juillet 1830 et février 1848, comme il vient de protester, en me choisissant pour président, contre la République du Luxembourg et des 45 centimes. La restauration et le dernier règne n'ont été qu'une surprise de l'histoire, un vol fait à la famille du grand Napoléon. Est-il surprenant que cet admirable système constitutionnel, œuvre de Siéyès et de l'Empereur, exploité par le mensonge, n'ait produit que le mensonge, et qu'il ait été balayé par deux révolutions? Français, vous n'avez pas vécu depuis 1814 : A recommencer avec moi !...

Tel pourrait être le discours de Louis-Napoléon, appuyé sur son parrain le *Constitutionnel* et sa marraine la *Presse*, et escorté de cinq millions et demi de suffrages ! Recommençons donc, puisqu'ainsi l'a voulu le Peuple. La voix du Peuple, dit-on, est la voix de Dieu : cette idée nous revient sans cesse depuis que nous voyons fonctionner le suffrage universel. Il faut convenir pourtant que le Peuple a parlé cette fois comme un homme ivre. Mais, dit le proverbe, il est un dieu pour les ivrognes. Recommençons. Combien durera l'expérience? C'est ce qu'il s'agit de calculer.

S'il n'est pas douteux que l'élection de Napoléon-Louis soit un retour vers le système monarchico-constitutionnel, aux trois pouvoirs balancés, à l'allure équivoque et bourgeoise; il est certain aussi qu'il y a dans cette élection quelque chose qui en amortit singulièrement l'effet, disons même qui en condamne le principe. Napoléon le Jeune, de même que Napoléon le Grand, porte avec lui l'idée, le dard qui le tuera. Notre devoir, à nous démocrates socialistes, loyaux adversaires, qui ne voulons pas la mort du pouvoir, mais qu'il se convertisse, est de dégager publiquement cette idée. Notre plan de campagne était fait d'avance contre Cavaignac : nous allons dire quel il sera contre Napoléon, si, dans le labyrinthe où il vient de s'engager, Napoléon se trompe de route !

Dans l'élection de Louis Bonaparte nous faisons deux parts, ou, pour employer le style des gens d'affaires, nous établissons deux comptes : l'un qui comprend tous les progrès de la réaction triomphante sous l'emblème de Bonaparte, et qui se résume dans cette expression décisive, MONARCHIE CONSTITUTIONNELLE ; — l'autre, qui contient toutes les obligations contractées envers le pays et les électeurs par le prétendant. Le premier de ces comptes forme, pour ainsi dire, l'*actif*, le second forme le *passif* de la présidence.

Nous savons suffisamment, par l'expérience des trente-trois dernières années, en quoi consiste l'actif : — voyons un peu quel est le passif.

Dans son manifeste aux électeurs, Louis-Napoléon Bonaparte a dit entre autres choses, que son unique ambition était, après avoir rendu la République heureuse et prospère, de rendre, à l'expiration des quatre années de sa présidence, le pouvoir, tel qu'il le reçoit aujourd'hui, à son successeur.

Par ces paroles, Louis-Napoléon a fait acte d'adhésion formelle, non-seulement à la République, mais à la Constitution. Il s'est engagé à respecter et à faire respecter la Constitution. Il a abjuré toute prétention monarchique, toute arrière-pensée contre-révolutionnaire. Et ceux qui ont voté pour lui, ont fait, comme lui, acte d'adhésion à la République à la Constitution.

C'est une première obligation, une première dette, qui engage l'avenir de Louis Bonaparte, qui l'arrête tout court sur la ligne où le porte fatalement le sens politique de son élection. — Louis Bonaparte, par le principe de sa candidature, bien plus encore que par son inclination, tend à rétablir la monarchie constitutionnelle, et, comme Louis-Philippe, à fonder une autre dynastie. Par les articles de son manifeste, au contraire, et par le principe de vote, il s'est obligé à rendre au bout de quatre ans la Constitution présidentielle en l'état où il l'aura reçue : je voudrais savoir comment lui et ses conseillers pensent satisfaire en même temps au vœu du principe et au devoir de l'engagement?...

Ce n'est pas tout.

Louis Bonaparte, qui, depuis son entrée à l'Assemblée nationale, a constamment gardé un silence prudent; qui a su avec tant d'habileté se taire, alors que tout le provoquait à parler; Louis Bonaparte n'a pas eu toujours la même réserve. Il a eu dans sa vie le malheur d'écrire : il a écrit des choses singulièrement hasardées, et ces choses-là, bien loin de les dissimuler, il les a reproduites à l'occasion de sa candidature ; il s'en est servi comme d'un levier électoral ; elles font partie de son manifeste, car elles l'accompagnaient. Nous voulons parler ici surtout de la brochure intitulée : *Extinction du paupérisme*.

Un Bonaparte doit savoir ce qu'il dit. L'extinction du paupérisme, c'est l'émancipation du prolétariat ; c'est le droit au travail ; c'est la société sens dessus dessous. Bonaparte, en un mot, n'a fait ni moins ni plus que Raspail et Ledru-Rollin : pour obtenir des voix, il s'est fait socialiste. Ainsi l'ont compris les paysans et ouvriers qui ont donné leurs voix à Louis-Napoléon.

Vive la République! criaient les uns : *Amnistie!* disaient les autres. *A bas Cavaignac! à bas les riches!* c'était le refrain de la majorité. Les plus déterminés ajoutaient : *Nous lui donnons six mois!* doublant le terme assigné au gouvernement provisoire par les insurgés de février.

Tout cela, qu'est-ce autre chose que le commentaire du *Manifeste* et de l'*Extinction du paupérisme?*

Vive la République! donc, à bas l'empire ! à bas la monarchie constitutionnelle, bâtarde de l'Empire et de la République !

Amnistie! c'est-à-dire : Rendez-nous Barbès, Raspail, Blanqui, Caussidière, Louis Blanc. Rendez-nous les transportés de Brest, de Cherbourg et de Rochefort. Oublions nos querelles de mars, d'avril, de mai, de juin, de décembre! Amnistie! Ah! président de la République, si vous avez jamais pressé la main du prolétaire, si votre cœur a battu sur sa poitrine, ce sera de toutes vos dettes la plus douce à acquitter, la moins périlleuse! L'amnistie vous fera durer autant que vos quatre millions de suffrages.

A bas Cavaignac! c'est-à-dire, à bas le capital! *A bas les riches!* traduisez : A bas les pauvres! à bas l'exploitation de l'homme par l'homme! à bas la misère! — Les représentants du Peuple, dévoués à la conservation du monopole, étaient allés solliciter en faveur de Cavaignac.—Non! non! point de Cavaignac, leur ont répondu les paysans : *Vive Napoléon! A bas les riches!*

La République, la Constitution, l'amnistie, l'extinction du prolétariat, l'organisation du travail ; voilà ce que nous appelons, nous, le *passif* de la présidence.

Maintenant il s'agit, pour le nouvel élu, de faire honneur à sa signature. Avec quoi paiera-t-il, le citoyen président? Comment pensez-vous qu'il satisfasse à toutes ces demandes, qu'il remplisse ces promesses, qu'il acquitte ces obligations, qu'il évite le protêt à l'échéance? Croyez-vous que ce soit avec la remise de quelques impôts, qu'il faudrait immédiatement remplacer par d'autres, que Louis Bonaparte donnera le change à ses créanciers?...

L'impôt sur le sel, la gabelle, produit au trésor 56 millions. Je suppose cet impôt intégralement aboli et la consommation doublée : ce sera comme si Louis Bonaparte faisait don au Peuple, qui l'a élu, de 116 millions par an.

L'impôt sur les boissons produit 103 millions. Je suppose cet impôt aboli, et la consommation doublée, c'est-à-dire l'usage ou bénéfice du vin augmenté du double pour le consommateur qui s'en prive, et par conséquent la vente doublée pour le vigneron qui ne sait qu'en faire : ce sera comme si Louis Bonaparte faisait un nouveau don au Peuple de 206 millions.

Je porte à 100 millions les droits d'octrois et de douanes sur la viande, les céréales et autres substances alimentaires. Supposant ces droits abolis, et la consommation doublée : bénéfice pour le Peuple : 200 millions.

Les droits sur les sucres produisent 70 millions. — Supposons cette perception abolie et la consommation doublée : ce sera un nouveau surcroît de bien-être pour le Peuple de 140 millions.

Ensemble 662 millions dont il faudrait dégrever immédiatement le budget des communes et de l'Éat, dans l'intérêt du bien-être et de la santé publics !

Six cent soixante-deux millions divisés par 36 millions de citoyens, et 365 jours dont se compose l'année, donnent au quotient, — comme expression arithmétique de l'amélioration physique, morale et intellectuelle du Peuple, obtenue par l'abolition de 662 millions d'impôts, — *cinq centimes dix millièmes* par jour et par tête !...

Mais ce résultat est exagéré, parce que les 662 millions défalqués au profit de la classe travailleuse devront être reportés sur la classe riche : c'est-à-dire que pour combler le déficit du budget il faudra augmenter ou créer d'autres impôts ; or, c'est ici que la question se complique et que l'embarras augmente.

L'impôt foncier ne peut pas subir d'accroissement : ce ne sont pas seulement les 45 centimes de la République qu'il faudrait en retrancher, ce seraient plutôt 90 centimes.

La patente est dans le même cas.

La personnelle et mobilière peut être rendue progressive au moyen d'un impôt sur le revenu : on évalue à 60 millions la recette qu'on en tirerait.

L'enregistrement et le timbre sont déjà excessifs : seulement on pourrait, par le procédé Goudchaux, faire rendre davantage au droit établi sur les successions collatérales : soit 20 millions par an.

Tabacs, postes, droits de navigation et transit, déjà trop forts : pas d'augmentation possible.

Soient donc 80 millions à déduire des 662 dont il faudrait dégrever la consommation du Peuple ; ce qui ramène à cinq centimes, au lieu de cinq centimes six dixièmes, la somme de bien-être que pourrait donner au Peuple l'abolition des quatre catégories d'impôts que nous avons précédemment énumérées ; impôt sur le sel, impôt sur les boissons, impôt sur la viande et les céréales, impôt sur les sucres.

Ainsi, pour donner au Peuple cinq centimes de revenu par jour et par tête, on endetterait chaque année l'État de 582 millions ! Mais comme l'État ne peut pas plus se passer de budget que la société ne peut se passer de gouvernement, il arriverait infailliblement, avant l'expiration de la première année, ou que tous les impôts seraient rétablis, et par conséquent la misère ramenée au *statu quo ;* — ou que l'État ferait banqueroute, c'est-à-dire que la nation n'aurait plus de gouvernement, chose impossible dans une république à présidence.

Au lieu de 662 millions, ne diminuez que la moitié, le tiers ou le quart ; faites telle combinaison et compensation que vous voudrez : vous ne sortirez jamais de ce cercle de la misère du Peuple et de la banqueroute de l'État.

On parle en ce moment d'un emprunt de 500 millions, à 6 pour cent, sous la caution de l'empereur Nicolas ! — — J'admets que cet emprunt soit rempli demain. Quand vous aurez comblé le déficit déjà connu pour l'année 1848, et le déficit prévu pour l'année 1849, il ne restera des 500 millions empruntés qu'une rente annuelle de 30 millions à ajouter au budget de la Républiqe et à répartir entre les travailleurs. Tel est le résultat le plus clair, le plus net, qui puisse nous advenir de la nomination de Napoléon.

Je demande donc à Louis-Napoléon Bonaparte, président de la République française :

Avez-vous de quoi faire face à vos obligations électorales ?

Et sans m'enquérir des questions politiques, faciles à résoudre quand vous aurez résolu le problème de la misère, pouvez-vous, dites-moi, réduire des trois quarts votre budget, doubler la production nationale, quadrupler la moyenne du revenu du travailleur?

Pouvez-vous dégrever le prolétariat, non pas momentanément de 500 millions, qu'il vous faudra lui redemander ensuite, à peine de livrer le pays à l'anarchie; mais à perpétuité de cinq milliards de rentes que le travail paie au capital?

Pouvez-vous créditer les associations ouvrières, faire cesser l'antagonisme industriel, garantir à tous l'instruction, le travail, la santé, la richesse, la liberté?

Si vous le pouvez, hâtez-vous de nous le faire connaître et de justifier le choix du peuple : car nous sommes, vis-à-vis de ceux qui nous gouvernent, impatients et impitoyables. Sinon, je vous le déclare au nom de ce même Peuple, vous n'êtes qu'un emprunteur de mauvaise foi, un misérable faussaire, qui, le jour même où il signe son contrat, rêve déjà aux moyens de faire banqueroute.

Le serment.

21 Décembre.

Hier, à quatre heures et demie de relevée, dans la salle des séances de l'Assemblée nationale, Louis-Napoléon Bonaparte, président de la République française de par le suffrage universel, a prêté serment à la Constitution.

Ce serment, a-t-il dit dans son discours, *engage son honneur et sa politique.*

Nous ne doutons pas de la parfaite bonne foi, de la résolution sincère de M. Bonaparte. Mais, en vérité, qu'est-ce que cela prouve ? S'agit-il de l'observation littérale du serment ? S'agit-il même de l'intention actuelle du président ? Ne sait-on pas qu'il est mille moyens, sans violer un serment, de faire exactement le contraire de ce qu'il suppose ? Et d'ailleurs, la nécessité n'est-elle pas plus forte que tous les serments ?

Ce matin, nos lecteurs ont dû apprendre avec une satisfaction bien vive que cinq millions et demi de citoyens avaient fait, par la bouche de M. Bonaparte, acte d'adhésion à la République. Ils ont dû croire que la Constitution et la République, grâce à M. Bonaparte, étaient affermies pour jamais. Eh bien ! que ces mêmes lecteurs daignent suivre notre raisonnement, ils se convaincront bientôt que si M. Bonaparte était maître de jurer, il n'est pas du tout maître de tenir.

Nous procéderons comme les géomètres, nous ferons, pour ainsi dire, une opération de trigonométrie parlementaire, dont le résultat sera de prouver que M. Bonaparte, à son insu, travaille dès ce moment à démolir la Constitution.

1. Il est de fait, et on l'a remarqué maintes fois, que M. Bonaparte s'est constamment abstenu de voter lors de la discussion de la Constitution. Il n'a rien voté de cette Constitution, ni chapitre, ni article, ni paragraphe, ni ensemble. Si M. Bonaparte professe une opinion quelconque sur la Constitution, nul ne la connaît : il l'a toujours tenue secrète. Pense-t-il, sur cette importante matière qui a fait l'objet de son serment, comme M. Thiers ou M. de Larochejacquelein, comme Ledru-Rollin ou Pierre Leroux ? Il serait singulier que le président de la République, le premier organe de la Constitution, la créature de la Constitution, n'eût pas d'opinion arrêtée sur la Constitution !....

M. Bonaparte, en prêtant serment à la Constitution, a donc juré comme président de la République, parce qu'il ne pouvait faire autrement : il n'a point engagé sa conscience d'homme. En lui, le citoyen a fait ses réserves contre le magistrat. Pendant que le président de la République donnera l'exemple de l'obéissance au pacte, il se pourrait que le neveu de l'Empereur pensât, sur le pacte, tout juste comme le dernier des croisés ou le premier des socialistes. Que peut-il résulter de cette contrariété d'opinion entre l'homme public et l'homme privé ? C'est ce que la suite va nous apppendre. Voilà notre premier jalon planté : voici le second.

2. Après la prestation du serment, le premier acte de M. Bonaparte a été de nommer M. O. Barrot président du ministère.

Or, il se trouve que M. Barrot n'a, non plus que M. Bonaparte, voté la Constitution. Il était présent au vote sur l'ensemble, il s'est abstenu. Ce n'est pas tout : M. Barrot a appuyé et voté l'amendement de M. Duvergier de Hauranne, relatif à la dualité de la Représentation nationale : principe tout à fait contraire à la pensée démocratique qui domine toute la Constitution.

Sans doute M. Barrot, qui est honnête homme, saura, par

une transaction avec sa raison, respecter et faire respecter le pacte ; mais il n'est pas moins vrai qu'en agissant de la sorte, il agira contre sa conviction, il fera un sacrifice au serment prêté par le président. Nous aimerions mieux un ministre qui n'aurait rien à sacrifier, et en qui la conviction serait d'accord avec le pouvoir.

Les autres ministres, choisis par M. Barrot, sont à peu près dans le même cas que lui. Tous ont voté, il est vrai, l'ensemble de la Constitution : mais tous ont voté aussi le principe monarchique des deux chambres, posé par M. Duvergier de Hauranne. De sorte qu'en résumé, le ministère premier-né de M. Bonaparte, se compose en entier de partisans du système constitutionnel renversé en février. Le président du conseil, M. Odilon-Barrot, est le même que Louis-Philippe, cédant à la pression de la bourgeoisie mécontente, et au vœu de l'opposition dynastique, offrait au pays la veille de son expulsion. Sauf quelques noms nouveaux, — tel que celui de Bonaparte qui remplace celui de d'Orléans, le personnel gouvernemental est de même nature, même valeur, qu'il était la veille du jour où fut proclamée la République. Supprimez, par la pensée, la fusillade des Capucines et ce qui s'en est suivi jusqu'au 20 décembre, et vous trouverez que dans l'intervalle de ces dix mois, l'histoire n'a pas marché, tant les dates se raccordent !

3. Ce que nous venons de dire de la foi personnelle du président de la République et de ses ministres à l'encontre de la Constitution, ne pourrait donner lieu qu'à une probabilité. Ce que nous allons rapporter convertira cette probabilité en certitude.

La bouche parle de l'abondance du cœur. M. Bonaparte, qui, jusqu'au jour du serment, n'avait dit mot, le serment prêté, a montré ce qu'il avait dans l'âme en prononçant son *Discours de la Présidence.*

Ce discours confirme ce que nous n'avions fait que soupçonner, savoir, que le président de la République est le fondateur désigné d'une dynastie bonapartiste. Dès les premiers mots, la pensée monarchique se révèle :

« Je verrai des ennemis de la patrie, a dit M. Bonaparte,
« dans tous ceux qui tenteraient de changer, *par des voies*
« *illégales*, ce que la France a établi. »

Entendez cela. M. Bonaparte parle de *voies illégales ;* tout le monde est d'accord sur ce point. Mais des voies légales il n'en dit mot. C'est qu'en effet la Constitution peut être changée par les *voies légales;* du tout au tout. L'article 111 le dit explicitement. Quant aux voies LÉGITIMES, c'est autre chose. Nos légistes ne vont pas jusque là : la légalité leur suffit.

Mais en quel sens M. Bonaparte, qui n'a rien voté de la Constitution ; M. Odilon Barrot, qui s'est prononcé pour les deux chambres, et qui s'est abstenu lors du vote de la Constitution ; MM. de Falloux, Léon Faucher, Drouyn de Lhuys, Bixio, Rulhières, qui tous, comme M. Barrot, ont voté l'amendement Duvergier de Hauranne, destructeur de la Constitution ; en quel sens, disons-nous, ces messieurs pensent-ils que doive être changé, par les voies légales, ce que l'Assemblée nationale a établi ?

Là est toute la portée du serment : là est la clé du discours de M. Bonaparte.

Continuons nos recherches.

4. En quittant l'Assemblée, M. Bonaparte fit savoir à M. Marrast qu'il chargeait M. Barrot de composer un ministère.

Personne assurément n'a dû voir dans cette communication un indice de restauration monarchique ; et puisque la Constitution ne le défend pas, nous le tenons pour très légal et tout à fait parlementaire.

Voici donc M. Barrot, par délégation du président de la République, chargé en sous-œuvre d'organiser le gouvernement, et de régler les destinées de la France. M. Barrot, comme M. Guizot le 29 octobre 1840, est le maître de la situation. C'est lui qui, couvrant le président de sa personne, se présente comme caution de la politique du cabinet. M. Barrot, enfin, répond pour M. Bonaparte, en faveur duquel il rétablit, de fait, la vieille fiction de l'irresponsabilité monarchique, en attendant qu'il l'écrive, le plus légalement du monde, dans la Constitution.

En cela, M. Barrot fait preuve à la fois de haute raison politique; mais aussi de peu d'amour pour la Constitution.

Sans cette condition d'irresponsabilité, la position du président de la République n'est pas tenable. C'est la responsabilité qui a perdu Cavaignac : c'est elle qui, en six mois, tuera Bonaparte, si M. Barrot ne réussit à se faire accepter du pays comme paratonnerre. L'inviolabilité est donc la condition *sine quâ non* de la présidence.

Mais l'inviolabilité, c'est la royauté. Ce premier point obtenu, le reste de la Constitution y passera : vous aurez tour à tour, avec l'inviolabilité du président, l'hérédité de la présidence; puis, l'égalité des pouvoirs, actuellement dans un rapport de subordination entre eux; puis enfin les deux chambres.

Dès que vous vous engagez sur ce terrain de la présidence, d'un chef du pouvoir exécutif élu par le Peuple et indépendant du pouvoir législatif, il vous faut, pour être logique, pour être possible : 1° déclarer le président inviolable; 2° rendre sa fonction héréditaire; 3° le faire égal au pouvoir législatif; et 4° comme cette égalité par elle-même ne peut créer qu'un fâcheux antagonisme, établir un troisième pouvoir, modérateur et conciliateur, il faut une haute chambre.

Ainsi, l'inviolabilité présidentielle, posée en fait par M. Odilon-Barrot, est le premier pas que fait le nouveau gouvernement vers le rétablissement de la monarchie constitutionnelle *par les voies légales*.

Pour compléter cette démonstration, il nous reste à poser un cinquième terme, que nous tirons, comme le précédent, du discours de M. Bonaparte. Il s'agit de la politique du cabinet.

5. Cette politique était donnée par la situation, et il faut convenir que M. Bonaparte l'a saisie admirablement.

La révolution de février est non seulement politique, mais sociale.

En politique, la révolution consiste à abolir l'ancienne distinction des pouvoirs et à gouverner l'État au moyen d'une Convention nationale, légiférant par ses délibérations d'ensemble, et gouvernant par ses comités. L'amendement Grévy était la transition naturelle à ce système.

En économie sociale, la Révolution consiste à abolir la distinction de propriétaires et prolétaires, entrepreneurs et salariés, capitalistes et travailleurs, au moyen de l'association intégrale et de la soumission du capital au travail.

La Révolution ayant été vaincue sur le terrain politique, devait l'être aussi sur le terrain économique : l'idée gouvernementale et l'idée socialiste étant au fond la même idée, sous une double formule.

L'Assemblée nationale le comprit tout d'abord ; Cavaignac y conforma sa pensée : Bonaparte, en prenant possession de la présidence, suit la même tradition, les mêmes errements.

Rasseoir la société sur ses bases, que le socialisme a ébanlées ;

Relever le pays, que la Révolution de février a abattu ;

Guérir ses plaies ; — il ne s'agit déjà plus de rembourser les 45 centimes !

Ramener les hommes égarés, par les théories anti-malthusiennes, sans doute !

Pas d'utopie! surtout, c'est-à-dire pas de réforme, pas de papier-monnaie, pas de droit au travail, voilà pour le dedans !

Au dehors, *la paix!* la paix partout et toujours, comme au temps de M. Guizot ; avec cela, *si nous ne faisons pas de grandes choses, nous tâcherons au moins d'en faire de bon-*

nes! telle est la conclusion de cette étonnante profession de foi.

Ainsi, à l'intérieur, M. Bonaparte borne son ambition à remettre les choses en l'état où elles étaient avant février, et à arrêter, s'il est possible, le torrent socialiste; à l'extérieur, sa politique se résume en un mot, la paix! Et de vrai, ce qui agite l'Europe, ce qui soulève les Allemands contre leurs despotes, les Italiens contre leurs conquérants, les Romains contre le pape, n'est-ce pas l'utopie, le droit au travail, la folie socialiste ?

A qui donc irions-nous déclarer la guerre? Aux conservateurs de Berlin, de Francfort, de Vienne ou de Rome? Contradiction! La cause qui vient de triompher là-bas est la même que celle qui a vaincu en juin à Paris. En vertu de la solidarité des castes, notre devoir est de rester chez nous.

> Bourgeois, formez une Sainte-Alliance,
> Et donnez-vous la main !

On ne parlera plus même de la Pologne. La Pologne! c'est le foyer du socialisme chez les peuples slaves !...

Donc, M. Bonaparte ne vient point continuer la Révolution, il vient pour refouler la Révolution. C'est pour cela qu'il loue la politique du général Cavaignac, qu'il lui serre la main en signe d'intelligence, qu'il le salue comme son maître et son modèle. Cavaignac a aplani la route à Bonaparte : après Dieu et les électeurs, c'est à Cavaignac que Bonaparte doit le plus. — C'est pour cela que Bonaparte appelle à lui des hommes de toute couleur et de toute origine : il veut, dit-il, former un ministère de *conciliation,* traduisez de COALITION, contre la barbarie moderne, contre le socialisme. — C'est pour cela enfin que l'on parle de donner à M. Bugeaud le commandement de cette armée des Alpes qui, au lieu de regarder le Piémont, a l'œil constamment ouvert sur Paris et Lyon, les deux centres de l'insurrection prolétarienne.

Courage donc, Bonaparte ! Marchez, par les voies légales, à la restauration monarchique, contre laquelle vous avez prêté serment; organisez la croisade des exploiteurs contre les exploités, qui vous ont donné cinq millions et demi de voix ; élu de la Révolution, étouffez, autant qu'il est en vous, la Révolution. Vous n'arrêterez point la destinée ; vous ne saisirez point au vol ces idées que vous voulez proscrire ; vous ne les empêcherez pas de se traduire en faits plus puissants que votre politique et vos bataillons.

Courage ! il est une gloire que vous êtes sûr d'obtenir ; comme ce dernier des empereurs, que les contemporains nommèrent par dérision *Romulus Augustulus,* vous serez Bonaparte le petit, Napoléon le nain.

Toast à la Révolution.

17 Octobre.

Citoyens,

Quand nos amis de la République démocratique, inquiets de nos idées et de nos tendances, se récrient contre la qualification de *socialistes* que nous ajoutons à celle de démocrates, que nous reprochent-ils? — Ils nous reprochent de n'être pas révolutionnaires.

Sachons donc une fois qui d'eux ou de nous est dans la tradition ; qui d'eux ou de nous est dans la vraie pratique révolutionnaire.

Et quand nos adversaires de la bourgeoisie, inquiets pour leurs priviléges, déversent sur nous la calomnie et l'outrage, quel est le prétexte de leurs accusations? — C'est que nous voulons tout détruire et tout perdre : propriété, famille, civilisation.

Sachons donc aussi qui de nous ou de nos adversaires mérite le mieux le titre de conservateurs.

Les révolutions sont les manifestations successives de la JUSTICE dans l'humanité. — C'est pour cela que toute révolution a son point de départ dans une révolution antérieure.

Qui dit donc révolution dit nécessairement *progrès*, dit par là même *conservation*. D'où il suit que la révolution est en permanence dans l'histoire, et qu'à proprement parler il n'y a pas eu plusieurs révolutions, il n'y a qu'une seule et même et perpétuellle révolution.

La révolution, il y a dix-huit siècles, s'appelait l'ÉVANGILE, la *Bonne Nouvelle*. Son dogme fondamental était l'*Unité de*

Dieu ; sa devise, l'*Égalité de tous les hommes devant Dieu.* L'esclavage antique reposait sur l'antagonisme et l'inégalité des dieux, ce qui voulait dire sur l'infériorité relative des races, sur l'état de guerre. Le christianisme créa le droit des gens, la fraternité des nations ; ce fut en raison de son dogme et de sa devise que furent abolis simultanément l'idolâtrie et l'esclavage.

Certes, on ne niera pas aujourd'hui que les chrétiens, ces révolutionnaires qui combattaient par la parole et par le martyre, ne fussent des hommes de progrès : j'ajoute qu'ils étaient des hommes de conservation.

L'initiation polythéiste, après avoir civilisé les premiers humains ; après avoir converti ces hommes des bois, *sylvestres homines,* comme dit le poète, en hommes des villes, en citoyens, était devenue elle-même, par le sensualisme et le privilége, un principe de corruption et d'asservissement. L'humanité était perdue, quand elle fut sauvée par le Christ, qui reçut pour cette mission glorieuse le double titre de *Sauveur* et *Rédempteur,* comme qui dirait, dans notre langue politique, conservateur et révolutionnaire.

Tel fut le caractère de la première et de la plus grande des révolutions. Elle renouvela le monde, et en le renouvelant elle le conserva.

Mais, toute surnaturelle et spiritualiste qu'elle fût, cette révolution, n'exprimait pourtant que le côté le plus matériel de la justice, l'affranchissement des corps, l'abolition de l'esclavage. Établie sur la foi, elle laissait la pensée esclave ; elle ne suffisait pas à l'émancipation de l'homme, qui est esprit et corps, matière et intelligence ; elle appelait une autre révolution. Mille ans après la venue du Christ, commençait, au sein de la religion qu'il avait fondée, une agitation inconnue, prélude d'un nouveau progrès. La scolastique portait dans ses flancs, à côté de l'autorité de l'Église et des Écritures, l'autorité de la raison !.... Vers le XVIe siècle la révolution éclata.

La révolution, à cette époque, sans abandonner sa première donnée, sans se renier elle-même, prit un autre nom, nom déjà célèbre ; elle s'appela la Philosophie. Elle eut pour dogme, la *liberté de la raison* ; et, je puis bien le dire, puisque l'une est la conséquence immédiate de l'autre, pour devise, *l'égalité de tous devant la raison.*

Voici donc l'homme déclaré inviolable et libre dans sa double essence, l'âme et le corps ! Était-ce progrès ? Quel autre qu'un tyran pourrait le nier ? Était-ce conservation ? cela n'a pas même besoin de réponse.

La destinée de l'homme, a dit un sage, est de contempler les œuvres de Dieu. Après avoir connu Dieu par le cœur, par la foi, le temps était venu pour l'homme de le connaître par la raison. L'Évangile avait été pour l'humanité comme une instruction primaire, maintenant adulte, elle avait besoin d'un enseignement supérieur, à peine de croupir dans l'idiotisme et la servitude qui le suit.

Ainsi les Galilée, les Arnaud de Bresce, les Giordano Bruno, les Descartes, les Luther, toute cette élite de savants, de penseurs et d'artistes, qui brillèrent dans les xve, xvie et xviie siècles, grands révolutionnaires, furent en même temps les conservateurs de la société, les hérauts de la civilisation. Ils poursuivirent, contre les représentants du Christ, le mouvement commencé par le Christ : à eux aussi la persécution et le martyre ne manquèrent pas !

Voilà quelle fut la seconde révolution, la deuxième grande manifestation de la Justice. Elle aussi rajeunit le monde ; elle le sauva.

Mais la philosophie, ajoutant ses conquêtes à celles de l'Évangile ne remplissait pas, il s'en faut, le programme de cette justice éternelle. La liberté, évoquée du sein de Dieu par le Christ, n'était encore qu'individuelle : Il fallait l'établir sur le forum ; il fallait de la conscience, la faire passer dans la loi.

Vers le milieu du siècle dernier commença donc une nouvelle élaboration; et comme la première révolution avait été religieuse, et la seconde philosophique, la troisième révolution fut politique. Elle s'appela le Contrat social.

Elle prit pour dogme la *souveraineté du peuple* : c'était la contre-partie du dogme chrétien, l'*unité de Dieu*.

Sa devise fut l'*égalité devant la loi* ; c'était le corollaire de celles qu'elle avait précédemment inscrites sur son drapeau, l'égalité devant Dieu et l'égalité devant la raison.

Ainsi, à chaque révolution, la liberté nous apparaît toujours comme l'instrument de la justice, et l'égalité comme son critérium. Le troisième terme est le but de la Justice; ce but, toujours poursuivi, toujours approché, est la fraternité.

Ne perdons jamais de vue cet ordre du développement révolutionnaire. Au témoignage de l'histoire, la fraternité, but suprême des révolutions, ne s'impose pas, : elle a pour condition la liberté d'abord, l'égalité après. Comme si la justice nous disait à tous : Hommes, soyez libres; citoyens, devenez égaux ; et puis, frères, embrassez-vous.

Qui oserait nier que la révolution entreprise, il y a soixante ans, par nos pères, et dont l'héroïque souvenir fait vibrer nos cœurs avec tant de force qu'il nous ôte presque le sentiment de nos propres devoirs ; qui niera, dis-je, que cette révolution fût un progrès? Personne. Eh bien ! je le demande : n'est-il pas vrai qu'autant elle était progressive autant elle fut conservatrice? La société pouvait-elle vivre avec son despotisme usé, avec sa noblesse avilie, avec son clergé corrompu, avec des parlements égoïstes, indisciplinés, livrés à l'intrigue, avec un peuple en guenilles, avec une gent taillable et covéable à merci et miséricorde?

Mais qu'est-il besoin d'éclairer le soleil, de démontrer l'évidence? La révolution de 89 fut le salut de l'humanité ; c'est pour cela qu'elle mérite le titre de révolution.

Mais, citoyens, si nos pères ont fait beaucoup pour la liberté et l'égalité, ils ont ouvert plus profondément la route de la fraternité, ils nous ont laissé encore plus à faire.

La justice n'a pas dit, en 89, son dernier mot; et qui sait quand elle le dira?

Ne sommes-nous pas témoins, nous génération de 1848, d'une corruption pire que celle des plus mauvais jours de l'histoire; d'une misère pareille à celle des temps féodaux; d'une oppression de l'esprit et de la conscience, d'un abrutissement de toutes les facultés de l'homme, qui dépassent tout ce que l'on a vu aux époques de la plus affreuse barbarie? A quoi nous servent les conquêtes du passé, et la religion, et la philosophie, et les constitutions et les codes, quand, en vertu des droits mêmes que nous garantissent ces constitutions et ces codes, nous nous trouvons dépossédés de la nature, excommuniés du genre humain? Qu'est-ce que la politique, alors que nous manquons de pain, alors qu'on nous ôte jusqu'au travail qui donne le pain? Que nous importent la liberté d'aller et devenir, la liberté de penser ou de ne pas penser, la garantie de la loi, et le spectacle des merveilles de la civilisation, et le maigre enseignement qu'on nous délivre, quand, par le retrait de tous les objets sur lesquels peuvent s'exercer l'activité humaine, nous nous sommes plongés dans le vide absolu; quand à l'appel de nos sens, de nos cœurs, de notre raison, l'univers et la société répondent : Néant!...

Citoyens, j'en jure par le Christ et par nos pères? La justice a sonné sa quatrième heure, et malheur à ceux qui ne l'ont point entendue!

— Révolution de 1848, comment te nommes-tu?

— Je me nomme le *Droit au travail!*

— Quel est ton drapeau?

— L'*Association!*

— Ta devise?

— L'*Égalité devant la fortune!*

— Où nous mènes-tu?

— A la *Fraternité!*

— Salut à toi, Révolution! je te servirai comme j'ai servi

Dieu, comme j'ai servi la Philosophie et la Liberté, de tout mon cœur, de toute mon âme, de toute mon intelligence et de tout mon courage, et n'aurai point d'autre souveraine et d'autre règle que toi !

Ainsi la Révolution, après avoir été tour à tour religieuse, philosophique, politique, est devenue économique. Et comme toutes ses devancières, ce n'est rien de moins qu'une contradiction au passé, une sorte de renversement de l'ordre établi qu'elle nous apporte ! Sans ce revirement complet de principes et de croyances, il n'y a pas de révolution, il n'y a que mystification. Continuons à interroger l'histoire, citoyens.

Sous l'empire du polythéisme, l'esclavage s'était établi et se perpétuait, au nom de quel principe ? Au nom de la religion. — Le Christ parut, qui abolit l'esclavage précisément au nom de la religion.

Le christianisme, à son tour, soumit la raison à la foi ; la philosophie renversa cet ordre : elle subordonna la foi à la raison.

La féodalité, au nom de la politique, asservissait tout le monde, soumettant l'ouvrier au bourgeois, le bourgeois au noble, le noble au roi, le roi au prêtre, le prêtre à une lettre morte. — Au nom de la politique aussi, 89 soumit tout le monde à la loi, et ne reconnut plus parmi les hommes que des citoyens.

Aujourd'hui le travail est à la discrétion du capital. Eh bien ! la révolution vous dit de changer cet ordre. C'est au capital à reconnaître la prépondérance du travail, à l'instrument de se mettre à la disposition de l'ouvrier.

Telle est cette révolution, à qui le sarcasme et la calomnie, à qui la persécution n'aura pas manqué, non plus qu'aux autres. Mais, comme les autres aussi, le révolution de 1848 devient plus féconde par le sang de ses martyrs. *Sanguis martyrum, semen christianorum !* s'écriait l'un des plus grands révolutionnaires des temps passés, l'indomptable Tertullien. Sang de républicains, semence de républicains.

Qui n'ose pas avouer cette foi, scellée du sang de nos frères, n'est pas révolutionnaire : c'est un infidèle. Qui la dissimule est un renégat. Séparer la République du socialisme, c'est vouloir accorder la liberté de l'esprit avec l'esclavage des sens, l'exercice des droits politiques avec la privation des droits civils : c'est contradictoire, c'est absurde.

Voilà, citoyens, la généalogie des idées sociales : sommes-nous, oui ou non, dans la tradition révolutionnaire ? Il s'agit de savoir à présent si nous sommes aussi dans la pratique ; si, comme nos pères, nous serons tout à la fois hommes de conservation et hommes de progrès : car ce n'est qu'à ce double titre que nous serons des hommes de révolution.

Nous avons le principe révolutionnaire, le dogme révolutionnaire, la devise révolutionnaire. Que nous manque-t-il pour accomplir l'œuvre confiée à nos mains par la Providence ? Une seule chose : La Pratique révolutionnaire !

Or, quelle est cette pratique qui distingue, des temps ordinaires, les époques de révolution ?

Ce qui constitue la pratique révolutionnaire, c'est qu'elle ne procède plus par détail et diversité, ou par transitions imprescriptibles, mais par simplifications et enjambements. Elle franchit, dans de larges équations, ces termes mitoyens que proposent l'esprit de routine, dont l'application aurait dû normalement se faire dans la période antérieure, mais que l'égoïsme des heureux ou l'inertie des gouvernements a repoussée.

Ces grandes équitations de principes, ces transitions gigantesques dans les mœurs, ont aussi leurs lois, rien de moins arbitraire, de moins abandonné au hasard que la pratique des révolutions.

Mais quelle est-elle enfin cette pratique ?

Je suppose que les hommes d'État que nous avons vus au pouvoir depuis le 24 février ; que ces politiques à courtevue, à petits moyens, à routine étroite et méticuleuse, eussent été à la place des apôtres : je vous le demande, citoyens, qu'auraient-ils fait ?

Ils seraient tombés d'accord avec les novateurs dans des conférences particulières, en conciliabule secret, que la pluralité des dieux était chose absurde ; ils auraient dit, comme Cicéron, qu'ils ne concevaient pas que deux augures pussent se regarder sans rire ; ils auraient condamné très philosophiquement, et à voix basse, l'esclavage.

Mais ils se seraient récriés contre cette propagande téméraire qui, niant les dieux et tout ce que la société avait de plus sacré, soulevait contre elle la superstition et tous les intérêts ; ils auraient cru de bonne politique, au lieu d'attaquer les vieilles croyances, de les interpréter ; ils auraient voulu qu'au lieu d'abolir le culte, on le purifiât. Ils se seraient inclinés devant Mercure le larron, Vénus l'impudique, Jupiter l'incestueux. Ils auraient parlé avec estime, avec respect, des jeux Floraux et des Bacchanales. Ils auraient fait la philosophie du polythéisme, raconté l'histoire des dieux, renouvelé le personnel des temples, publié des règlements pour les sacrifices et les fêtes publiques, accordé, autant qu'il eût été en eux, la raison et la morale avec les impures traditions de leurs pères, à force de ménagements, de complaisance, de respect humain ; au lieu de sauver le monde, ils l'auraient fait périr.

Il y eut, dans les premiers siècles de l'ère chrétienne, une secte, un parti puissant par le génie et l'éloquence, qui, en face de le révolution chrétienne, entreprit de continuer l'idolâtrie à ce point de vue d'une république modérée et progressive ; ce furent les néoplatoniciens, auxquels se rattachent Appolonius de Thyane et l'empereur Julien. C'est ainsi que nous avons vu, de nos yeux, certains prédicateurs essayer la rénovation du catholicisme, en interprétant ses symboles au point de vue des idées modernes.

Vaine tentative ! La prédication chrétienne, je veux dire

la pratique révolutionnaire emporta tout, les dieux et leurs hypocrites adorateurs; et Julien, le plus grand politique et le plus bel esprit de son temps, pour s'être follement opposé à la justice évangélique, est resté flétri dans l'histoire du nom d'*apostat*.

Citons encore un exemple.

Supposons qu'en 89, les conseillers prudents du despotisme, les esprits avisés de la noblesse, les tolérants du clergé, les sages de la bourgeoisie, les patients du peuple; supposons, dis-je, que cette élite de citoyens, aux vues les plus droites, aux idées les plus saines, aux intentions les plus philanthropiques, mais pénétrée du danger des brusques innovations, se fût entendue pour ménager, suivant les règles de la haute politique, la transition entre le despotisme et la liberté? Qu'auraient-ils fait?

Ils auraient voté, après longue discussion, mûre délibération, en mettant entre chaque article dix ans au moins d'intervalle, une charte octroyée; ils auraient négocié avec le pape, et avec toute sorte de soumission, la constitution civile du clergé; ils auraient traité avec les couvents, à l'amiable, le rachat de leurs biens; ils auraient ouvert une enquête sur la valeur des droits féodaux, sur l'indemnité à accorder aux seigneurs; ils auraient cherché des compensations aux priviléges pour les droits accordés au peuple. Ils auraient fait durer mille ans une révolution que la pratique révolutionnaire accomplit en une nuit.

Et tout ceci n'est point une vaine hypothèse : il ne manqua pas d'hommes en 89 pour enchaîner avec cette fausse sagesse de révolution. Le premier de tous fut Louis XVI, Louis XVI, révolutionnaire de cœur et de théorie autant que personne, mais qui ne comprit pas qu'il devait l'être également en pratique. Louis XVI se mit à marchander et chicaner sur tout, tant et si bien, que la révolution, impatientée, l'emporta!...

Voici donc ce que j'entends, aujourd'hui, par pratique révolutionnaire.

La révolution de février a posé le *droit au travail*, c'est-à-dire la prépondérance du travail sur le capital.

Partant de ce principe, je dis qu'avant de passer outre à toute réforme, nous avons à nous occuper d'une institution généralisatrice, qui exprime, sur tous les points de l'économie sociale, la subordination du capital au travail ; qui, au lieu de faire commanditer comme auparavant le travailleur par le capitaliste, rende le premier arbitre et commandeur du second, une institution qui change le rapport entre les deux grandes puissances économiques, le travail et la propriété, et de laquelle découlent ensuite, par voie de conséquence, toutes les autres réformes.

Sera-ce donc procéder révolutionnairement que de proposer ici une banque agricole servie, comme toujours, par les monopoleurs d'argent ; là, de créer un comptoir de garantie, monument de stagnation et de chômage ; ailleurs, de fonder une salle d'asile, un mont-de-piété, un hôpital, une crèche, une pénitencerie, une prison cellulaire, d'augmenter le paupérisme en en multipliant les foyers ?

Sera-ce faire œuvre de Révolution que de commanditer de quelques millions, tantôt une compagnie de tailleurs, tantôt une société de maçons ; de réduire l'impôt sur les boissons et de le relever sur les propriétés ; de convertir des obligations à terme en fonds perdus ; de voter des graines et des pioches à douze mille colons partant pour l'Algérie ou de subventionner un phalanstère d'*essai ?*

Sera-ce parler ou agir en révolutionnaire que de disputer quatre mois durant si le peuple travaillera ou ne travaillera pas, si le capital se cache ou s'il s'expatrie, s'il attend la confiance ou si c'est la confiance qui l'attend, si les pouvoirs seront divisés ou seulement les fonctions, si le président sera le supérieur, ou le subordonné, ou l'égal de l'Assemblée nationale, si le premier qui remplira ce rôle sera neveu d'empereur ou fils de roi, ou s'il ne vaudrait pas mieux, pour ce bel emploi, d'un solat ou d'un poète ; si le nouveau souverain sera nommé par le peuple ou par les représentants, si le ministère de *réaction* qui s'en va mérite mieux la confiance que le ministère de *conciliation* qui vient, si la République sera bleue, blanche, rouge ou tricolore ?

Sera-ce être révolutionnaire, quand il s'agit de reporter au travail la production fictive du capital, de déclarer le revenu net inviolable, puis de le saisir par l'impôt progressif ; quand il faudrait organiser l'égalité dans l'acquisition des biens, de s'en prendre au mode de transmission ; quand 25,000 commerçants implorent un concordat, de leur répondre par la banqueroute ; quand la propriété ne reçoit plus ni fermage ni loyer, de lui refuser encore crédit ; quand le pays demande la centralisation des banques, de livrer ce crédit à une oligarchie financière qui ne sait que faire le vide dans la circulation et entretenir la crise en attendant que le découragement du peuple ramène la confiance ?

Citoyens, je n'accuse personne.

Je sais qu'à l'exception de nous autres, démocrates-socialistes, qui l'avons prévue et préparée, la Révolution de février a été une surprise pour tout le monde ; et s'il est difficile à de vieux constitutionnels de passer en si peu de temps de la foi monarchique à la conviction républicaine, il l'est encore plus à des politiques de l'autre siècle de comprendre rien à la pratique de la nouvelle Révolution. Autres temps, autres idées. Les grandes manœuvres de 93, bonnes pour l'époque, ne nous vont pas plus que la tactique parlementaire des trente dernières années ; et si vous voulez faire avorter la Révolution, vous n'avez pas de plus sûr moyen que de reprendre ces errements.

Citoyens, vous n'êtes encore dans le pays qu'une minorité. Mais déjà le flot révolutionnaire grossit avec la rapidité de l'idée, avec la majesté de l'Océan. Encore quelque temps de cette patience qui a fait votre succès, et le triomphe de la Révolution est assuré. Vous avez prouvé, depuis juin, par votre discipline, que vous aussi vous étiez des hommes politiques : vous prouverez désormais, par vos actes, par votre association, que vous êtes des organisateurs.

Le gouvernement suffira, je l'espère, avec l'Assemblée nationale, à maintenir la forme républicaine : telle est du moins ma conviction. De ce côté, vous n'avez rien à redouter, rien à craindre. Mais le pouvoir révolutionnaire, le pouvoir de conservation et de progrès, n'est plus aujourd'hui dans le gouvernement; il n'est pas dans l'Assemblée nationale : il est en vous. Le peuple seul, opérant sur lui-même sans intermédiaire, peut achever la Révolution économique fondée en février. Le peuple seul peut sauver la civilisation et faire avancer l'humanité !

FIN.

TABLE DES MATIÈRES

                                            Pages

PRÉFACE DE L'ÉDITEUR..................................

Ire SÉRIE

1848. — Avril—Juin.

La Situation..	1
Comment les révolutions se perdent....................	7
Mystification du suffrage universel....................	13
La Réaction...	18
Aux patriotes.......................................	29
Séance d'ouverture de l'Assemblée nationale............	34
Question étrangère..................................	38
Ce que la révolution doit à la littérature..............	46
Programme révolutionnaire...........................	53

IIe SÉRIE

1848. — Juillet—Août.

1re lettre.—Au rédacteur en chef du *Représentant du Peuple*	93
2e lettre.—Au rédacteur du *Représentant du Peuple*......	97
Le 15 juillet..	104
Loi sur les clubs et la presse........................	110

268 TABLE.

	Pages
Les Malthusiens	114
La Calomnie	122
Le *National*	135
Les Procès de presse	141
Proposition relative à un emprunt national	146

IIIᵉ SÉRIE
1848. — Septembre—Décembre.

Manifeste du *Peuple*	155
La Présidence	165
Manifeste électoral du *Peuple*	198
Argument à la Montagne	214
Cavaignac	228
Louis-Napoléon Bonaparte	237
Le Serment	247
Toast à la Révolution	255

FIN DE LA TABLE.

LAGNY. — Imprimerie de GIROUX et VIALAT.

www.ingramcontent.com/pod-product-compliance
Lightning Source LLC
Chambersburg PA
CBHW071125160426
43196CB00011B/1806